名校名师通识教育
新形态系列教材

U0597982

大学生
职业生涯规划

第 2 版 ┃ 慕课版

宗敏 夏翠翠 涂翠平◎主编

胡志峰 石薇 叶青青◎副主编

人民邮电出版社

北 京

图书在版编目（CIP）数据

大学生职业生涯规划：慕课版 / 宗敏，夏翠翠，涂翠平主编. -- 2版. -- 北京：人民邮电出版社，2024.8
名校名师通识教育新形态系列教材
ISBN 978-7-115-64349-0

Ⅰ．①大… Ⅱ．①宗… ②夏… ③涂… Ⅲ．①大学生－职业选择－高等学校－教材 Ⅳ．①G647.38

中国国家版本馆CIP数据核字(2024)第087702号

内 容 提 要

本书依据教育部办公厅印发的《大学生职业发展与就业指导课程教学要求》编写，内容涵盖多变时代的生涯规划导论、探索自我、探索职业、探索资源、生涯决策、规划及行动、核心能力建构、就业准备和创业等内容。本书通过丰富的内容和灵活的形式来激发大学生关于职业生涯发展的自主规划意识，促使大学生树立正确的就业观，理性地规划自身未来的发展，并自觉地在学习过程中增强就业能力和生涯管理能力。

本书既可作为高等院校与职业生涯规划相关课程的教材，又可供对职业生涯规划感兴趣的读者阅读参考。

◆ 主　　编　宗　敏　夏翠翠　涂翠平
　　副 主 编　胡志峰　石　薇　叶青青
　　责任编辑　古显义
　　责任印制　马振武

◆ 人民邮电出版社出版发行　　北京市丰台区成寿寺路 11 号
　　邮编　100164　电子邮件　315@ptpress.com.cn
　　网址　https://www.ptpress.com.cn
　　北京鑫丰华彩印有限公司印刷

◆ 开本：787×1092　1/16
　　印张：13.5　　　　　　　　　　2024 年 8 月第 2 版
　　字数：341 千字　　　　　　　　2025 年 7 月北京第 4 次印刷

定价：49.80 元

读者服务热线：(010)81055256　印装质量热线：(010)81055316
反盗版热线：(010)81055315

　　教育部办公厅于 2007 年印发了《大学生职业发展与就业指导课程教学要求》（教高厅〔2007〕7 号），要求各大高校开设与大学生职业发展与就业指导相关的必修课或选修课，并在经过 3 ～ 5 年完善后将其全部过渡为必修课。《教育部关于做好 2024 届全国普通高校毕业生就业创业工作的通知》（教就业〔2023〕4 号）中再次强调"推动各高校以全覆盖、精准化、特色化为目标，将课程建设作为强化就业指导服务的重要内容，作为必修课列入教学计划，给予学时学分保障"。近年来，很多学校开设了与大学生职业生涯规划相关的必修课。"职业生涯规划"这一相对陌生的概念逐渐进入大学生的视野，很多大学生开始有了主动进行职业生涯规划的意识，这是一个非常大的进步。随着社会发展，生涯发展理论和研究也有了变化，而且"00 后"大学生在移动网络普及、物质生活丰富、社会文化多元化的环境中长大，他们在职业认同、价值观念和人生规划方面显现出新的变化和特殊性，这都对我们当今的大学生职业生涯规划教育提出了新的挑战。

　　"充满变动"是当今全球化社会的一大特点。与 20 世纪 70 年代相比，当今世界格局发生了深刻的变化，职业环境变得更为复杂，个人职业的发展也充满了变数——这就是我们当前进行大学生职业生涯规划教育和就业指导的环境背景。原来的"以人职匹配为目标的生涯教育"已经不适应现在的社会环境。如今，偶然事件、机遇，甚至危机都会被关注，如何提高生涯适应力，发展生涯韧性，识别机遇，把握机遇，然后创造机遇，等等，才是职业生涯规划教育的关键。

　　"及时行动"为大学生职业生涯发展创造机遇。当今职业的创新性特点和个性化特征越来越明显，生涯发展路径也从阶梯式的晋升变得越来越非线性。弹性工作、灵活就业成为职业发展的新业态。而在这个过程中大学生要不断提高自己的通用能力，承担掌管自己生涯的责任。科伦波茨认为当前职业发展的核心，不再是一个人的战略能力，或做某种事情的能力，而是一种更高层次的自我管理的技能。好奇、坚持、乐观和主动，这 4 种态度成为人们在面对当今环境快速变化的时代所需要具备的核心技能。从今天职业发展的规律来看，我们其实没有办法控制长期的事业发展，影响事业后续发展的因素太多，很可能需要根据事实做调整，做长远的目标设定变得越来越困难，所以我们需要做的更多的不是寻找最合适的工作，而是在当下多实践、多行动。唯有行动才能创造机会，唯有行动才使我们有把握机会的可能性。

　　"建构使命"是大学生职业生涯发展的方向。现在，职业的发展到了一个追求使命感的阶段，未来职业将会变得越来越个性化。对个人来说，使命更多来源于自身内部或者外部的召唤，指向特定的领域或者职业的强烈体验。使命感让我们在从事相关的活动或者工作时获得了目标感和意义感，相应地就会产生社会价值。而对广大青年学生来说，完成自己人生使命的关键，就是把个人发展与中华民族伟大复兴战略全局协调一致，在科技创新、乡村振兴等领域中创造，而不只是匹配属于自己的工作，青年学生应当在普通的工作中建构人生的价值，书写自己生命的意义。

这些变化和挑战都要求高校的职业生涯规划教育更贴近学生，更接近社会，创造尽可能丰富和自由的环境，引领学生在其中发现资源和机会。2019年出版的本书第1版，正是在对社会变化的理解、对现有职业生涯规划教育的反思和对学生切实生涯困惑的回应的基础上进行的有益尝试。此次改版，更是充分结合了当前就业形势和社会发展格局的变迁，结合了素质教育的理念，对大学生生涯规划和就业指导事业做出了进一步的探索。

本书视角新颖，涵盖了生涯建构理论、社会认知职业理论等新的研究成果；内容丰富，包括大学生生涯探索、生涯决策、生涯规划、就业创业的全过程；形式活泼，书中大学生的生涯故事读来亲切生动，每章结尾处的"对话空间"总能带来新的思考。书中还用二维码的形式补充了实用的微课和音频指导，大学生学起来会颇有收获。

本书既可以满足大学生了解职业生涯规划的需要，又可以帮助大学生在阅读和活动中提升职业生涯规划的能力，同时也对从事大学生职业生涯规划教育的工作人员有较大的参考价值，是一本集知识讲解和技能提升于一体、具有较强可读性和可操作性的教材。

本书的编者们来自外交学院、北京师范大学、北京邮电大学、北京外国语大学、郑州大学等高校。她们是具有十几年丰富教学和咨询经验的工作者，长期从事一线职业生涯规划和心理健康教育工作，既了解前沿的职业生涯规划理论，又了解大学生的真实感受。本书是她们对自己多年来工作经验和心得体会的一个总结。其中宗敏是我的博士研究生，夏翠翠、涂翠平、叶青青也是我带过的学生，所以不管是作为她们的老师还是同事、同行，我很欣喜通过这个成果看到了她们取得的进步，祝愿她们在未来的工作中取得更多的成绩，为大学生职业生涯规划和心理健康教育做出自己的贡献！

乔志宏
2023 年 12 月于北京师范大学

2024 届全国普通高校毕业生规模预计达 1179 万人，面临如此巨大的就业竞争和压力，每位大学生都需要积极进行职业生涯规划和就业准备。

在社会快速发展、物质条件优越的时代，职业对大学生而言已经不再只是一份维持生存的工作，更多的是对美好生活和对自我实现的追求。因此，进行职业生涯规划非常契合当代大学生自我发展的需要。

很多学生步入大学便松了一口气——终于不用像高中那样拼命学习了！可迷茫随之而来——"我该如何度过大学生活？"要回答这个问题并不容易，因为这与大学生对未来的规划密切相关。大学生正处于职业生涯的探索阶段，需要在学习、休闲活动甚至一些工作经历中，进行充分的自我探索和职业探索。因此，大学生应尽早进行生涯规划。合理的生涯规划除了可以帮助大学生规划自己的学习、生活，还可以为大学生今后的生涯发展打下坚实的基础。

本书的初衷是帮助大学生建立生涯与职业意识，引领大学生对自己、对职业进行探索，使大学生有能力做出决策并执行决策，初步了解就业所需要的知识、能力，了解创业的过程。本书的特点主要有以下几个方面。

（一）内容灵活，案例贴切

· 本书在内容上并没有一味地讲理论，而是通过互动、实践和社会调查等方式，促进大学生在学习过程中探索和反思，在体验中规划、探索自我。

· 本书的案例从几个不同性格、背景的设定人物出发，以大学生的视角探讨生涯、职业、就业、创业等话题，通过巧妙的案例故事和对话反映大学生常见的困惑与思考，案例设计更贴近大学生的实际生活。

（二）形式新颖，知识立体

· 本书每章的开头设置了"困境引入"，末尾设置了"对话空间"和"价值引领"，帮助大学生构建系统化的知识架构，让大学生学会带着问题学习，学会从不同的角度思考。

· 本书配套大量视频课程。读者扫描二维码可以跟随微课视频学习每节知识点，也可登录人邮学院（www.rymooc.com）学习完整慕课。

· 本书还提供了大量音频资料作为补充内容，包括案例、知识拓展和语音指导等。读者可以扫码听取，丰富学习层面。

（三）资源丰富，辅助教学

· 本书提供了教学大纲、教案、PPT 等教学资料，辅助教师教学。

· 本书附赠考试练习题，题型包含选择题、判断题、简答题、分析题等，供读者自我测试和教师教学使用。

以上资源均可在人邮教育社区（www.ryjiaoyu.com）下载。

本书编者都是多年从事大学生生涯咨询、讲授生涯规划与就业指导课程的教师。本书编写过程中参考和使用了大量相关资料，在此谨向这些资料的作者致以诚挚的谢意。

编　者

2023 年 12 月

07

第七章　规划及行动

08

第八章　核心能力建构

第一章 多变时代的生涯规划导论

困境引入

多变的人生需要规划吗

一天下午，男生516宿舍所在的班级听了一个生涯规划专家的讲座，晚上回到寝室后，大家的卧谈话题也围绕着未来要不要规划展开。贾道是专家的坚定支持者，当场就要了专家的联系方式，"专家说了，规划越早越好，我想出国留学，从现在开始就要制订学习方案……"张逸对此却不屑一顾，说："计划赶不上变化，社会变化这么快，谁知道等你大学毕业时还想不想出国留学了，规划也没用吧？"甄力觉得自己没有特别的想法，本来期望自己大学毕业后直接就业，但是听了讲座后反而迷茫起来。隋毅半天没有插话，后来发表的观点却很超脱："这多变无常的人生随性最好，本来就无所谓规划……"

本来是答疑解惑的讲座，却引发了更多的争论和迷茫。你支持谁的观点？又是如何看待自己的生涯和生涯规划的呢？当下社会发展的不确定性日益增强，很多事情的发展变得模糊、易变、复杂且充满不确定性，而正处于大学阶段且要对自己的人生做出选择和规划的你是否想过要做什么准备，发展何种能力，如何回应时代和社会的要求？本章我们就一起来学习什么是生涯、什么是生涯规划，帮助你开始思考进行生涯规划的意义，了解生涯规划的影响因素和步骤，带你发现和书写自己的生涯和生命故事。

第一节　计划赶得上变化吗——了解生涯与生涯规划

一、什么是生涯——生涯的概念与定义

（一）西方对生涯的解读

生涯和职业的概念一直联系紧密。职业（Vocation），指参与社会分工、利用专业知识技能、创造物质或精神财富、获取合理报酬、满足物质和精神需求的活动。20世纪初，美国开展了职业指导运动，帮助解决社会的失业问题，协助人们就业。随着职业社会形态的变动和人本主义思潮的兴起，职业和被指导的人都不是一成不变的，职业指导也渐渐地由最初的"协助人择业"，演变成了一项"协助个人发展并接受适当、完整的自我形象，同时发展并接受完整而适当的职业角色形象"的工作，它的名称也由最初的"职业指导"变成了"职业生涯规划"或"生涯规划"。但是什么是生涯呢？美国生涯理论专家舒伯认为，生涯（Career）是"生活中各种事件的演变方向和历程，包括人一生中的各种职业和生活角色，及由此表现出的个人独特的自我发展类型"。这个定义非常宽泛和全面，综合考虑了职业与其他活动如休闲、退休等发展的统一，从生涯的角度看待职业发展，认为职业生涯是有意义的相关工作经验的系列组合，包括职业、职位的变动及工作理想实现的整个过程。

（二）中华传统文化下的生涯观

在中华传统文化的语境下，生涯的概念更广。庄子说"吾生也有涯，而知也无涯"，"生"是指生命或人生，"涯"就是边界，生涯就是人生的边界，指向未来，具有持续性。此外，中国文人又把生涯视为一种生活方式，刘长卿有诗云，"杜门成白首，湖上寄生涯"。生涯咨询专家金树人认为，"Career"本来就有竞争、冒险的含义，这比较贴近中国文化中"志业"的概念，即致力于某种事业的意思。"志"字上面是"士"，下面是"心"，这个"心"包含致力于此的决心和憧憬，但在古代，中国"士"阶层的人，普遍向往学而优则仕，主要的生涯目标就是出仕，成为官吏，成为君子。钱穆认为中国人强调一种通才取向的生涯观，既强调谋得一官半职，光宗耀祖；也强调这个职位对个人的职能要求是术德兼修、内圣外王。

对比中西方对生涯的理解，可以发现：西方人的生涯观更强调专业化和职业化，自我在职业发展中得以充分发展；而中国人的生涯观不仅包含自我的充分发展，也包含关系的和谐，如自我与他人（特别是家人）、自我与社会、自我与职场的和谐。

（三）生涯的特点

在中西方的语境里，生涯都包含与工作、职业相关的所有生命历程，金树人总结了生涯的六大特点。

（1）方向性：生涯指向某个方向。一个人的生涯发展轨迹，犹如茫茫大海中轮船的航道，虽不可见，但却有方向可循。

（2）时间性：生涯可以是一个阶段，但整个生涯的发展是人的一生中连续不断的过程。

（3）空间性：生涯可以横跨生活的各个空间，以事业的角色为主轴，也包含其他与工作有关的角色。

（4）独特性：每个人的生涯都是独一无二的，我们要寻找的不是唯一正确、最佳的生涯规划，而是最适合自己的。

（5）现象性：生涯包含对生活现象的反思，它是对客观"位置"的主观觉知，在发展中觉察、彰显人生的意义。

（6）主动性：人是生涯的主动塑造者，通过生涯决策来完成对生涯的塑造。

职业生涯在每个人的生活中都扮演重要角色，因为不同的职业角色，我们的生活和生涯变得有所区别。回顾本章开篇中的案例，如果4年后贾道出国留学，而甄力也找到了一份工作，你觉得他们的生涯会有哪些特点，又有什么不同？

👁 练习1-1 　　　　　　　　　**人生望远镜**

（1）假设你有一个神奇的人生望远镜，可以看到未来的生活，你最希望了解谁的人生？最好奇什么问题？

（2）我们生活中的重要人物会给我们的人生提供某些借鉴。请你挑选3个从事不同职业的人，通过访谈、询问熟悉他们的人等方法，观察不同人的职业生涯到底有哪些独特之处。

（3）你可以以金树人总结的生涯特点为提纲进行观察，或者按照你自己的好奇点来组织你的观察活动，将观察内容写下来，与小组的同学分享。

（四）职业生涯形态的变化

从职业生涯的发展来看，随着社会的变迁，职业生涯形态也发生了很大的变化，主要可以分成以下3种。

1. 传统职业生涯

传统职业生涯，是在工业经济时代，依托稳定的科层制组织结构而产生的。在传统职业生涯模式下，个体可能终身受雇于某一或少数组织，基于组织所需发展特定的技能；由组织通过职业阶梯为员工提供职业生涯管理计划，帮助员工发展职业生涯。

2. 易变性职业生涯

易变性职业生涯是指员工自己来管理职业生涯，根据其核心价值做出职业决策。个人判断职业成功的主要标准是心理成功感，即主观成功。易变性职业生涯的展开不受特定职业发展路径或组织的约束，而是遵循个人内心的意愿，因此更加强调个人通过自己的价值观和态度来引领自己的职业发展。

3. 无边界职业生涯

无边界职业生涯的概念最早出现于20世纪90年代，是指一种不限于单一雇佣范围的一系列就业机会的职业发展路径。无边界并不是指没有边界，而是指个人的工作机会、组织、职位、工作环境等方面具有更高的流动性。所以与传统职业生涯不同，无边界职业生涯强调以个人的就业能力的提升替代长期雇佣保证，使个人能够跨越不同组织实现持续就业。

不难发现，当前的社会新技术、新产业、新业态带来了大量的职业流变、组织变迁，现在越来越多的职业生涯呈现出易变性或无边界的特点，终身受雇于特定组织的传统职业生涯变得越来越少，近年来我国高校毕业生灵活就业比例的大幅度增加已经证实了这一点。这让某些大学生倾向于追求"稳定"的工作，但是社会的发展和变化让传统职业生涯也可能充满"变化"。所以作为大学生，不管你具体选择何种职业生涯，都需要增加对自我的探索和反思，以内在心理满足为价值观导向，发展自己通用的就业能力，增强生涯适应力和就业竞争力，主动去适应新的或发生改变的环境。

二、什么是生涯规划——理解生涯规划

如果练习1-1中你的观察对象也是你的人生榜样，相信你会很想知道怎么做才能像他一样。这就涉及一个很重要的概念——生涯规划。黄中天教授认为，生涯规划是有目的、有计划地设计、规划不同的人生阶段，在考虑个人的智力、性格、价值，以及阻力和助力的前提下，做出合理安排，并且借此调整和摆正自己在人生中的位置，以期自己能适得其所，获得最佳发展和自我实现。所以生涯规划不是简单地制订计划、实施计划，而是包含对自己、对职业的理解和探索，有能力做出决策、执行决策，并且保持开放和灵活。

为了适应社会发展的进程，生涯规划可以分为传统的生涯规划和新形态的生涯规划两种。

（一）传统的生涯规划

传统的社会发展形态较为固定，社会分工明确、边界清晰。在这种职业生涯形态中，生涯规划就是帮助个人澄清自己的兴趣和能力，使个人与社会所能提供的职业相匹配，做出选择和合理安排的过程。这种充分探索后的匹配规划过程比较适用于专业性和组织性的职业发展路径。

1. 专业性职业生涯

专业性职业生涯是指专业性较强的职业发展路径，例如医学、法律与教育等专业，准入门槛较高，拥有专业资格的人可能在不同的组织间流动，但是往往一直停留在同一行业或职业。一心出国留学的贾道，他的理想就是成为一名专家，所以学好基础知识、提高成绩，就是他努力的方向。对他来说，生涯规划就是了解心仪大学的具体要求，按照要求安排自己的学习和生活节奏，未来获得更高层次的学位，成为名副其实的专业人士。这样的人对进步的感觉往往来源于某种工作的完成、目标的实现，而不是职位的晋升。

2. 组织性职业生涯

组织性职业生涯是指在同一组织内部规划职业发展路径，个人可能随着晋升或调动从事不同的工作，成为管理型人才。例如，某些大的企业会在校园招聘时不规定具体的职位，而是录取"储备人才"或"管理培训生"，侧重人才的全面培养。新员工入职后可

能在企业的各个部门轮训，最后再定岗。但是大部分组织会采用"金字塔"式的组织结构，组织高层只有少数职位，而且在当前竞争性的商业环境中，组织重组越来越普遍，员工个人可能始终要面临被取代的威胁。个人要想在组织中生存，就需要不断培养自己不可替代的能力，提升自己的价值。

（二）新形态的生涯规划

进入21世纪，随着全球化、数字化的发展，职业发展路径也变得易变和难以预料。不管是认为"计划赶不上变化"的张逸还是很随性的隋毅，都暗示了一种新现象：我们现在所处的社会已经发生了很大的变化。你在高考的时候，因为某个专业是就业热门专业而做了选择，但是等到毕业时，你有可能发现自己的专业已然处于就业困难专业之列了。在这个多变的社会中，我们的生涯规划不应只停留在选择、确定未来的某一份工作上，而是应努力发展自己的创造性和适应力，塑造个人品牌，做有意义的工作。每个人最后的目的地不止一个，选择什么样的生涯，取决于我们对方向和目的地不同的理解。新形态的生涯规划包括创业型职业生涯和多变的职业生涯。

扫一扫听音频

在全球化时代，职业发展有什么样的特点

1. 创业型职业生涯

创业之路，不是按照外界的要求安排自己的生活，而是基于新价值与新组织的空缺创造一条新的职业发展路径。创业的人不再受雇于某一组织，而是自我雇用，为自己工作。选择这条路径的人往往追求更大的自主性，拥有较强的成就动机，更愿意冒险，也更能忍受不确定性。

2. 多变的职业生涯

如今，跨边界和无边界的生涯发展模式变得更为普遍。越来越多的人偏离了传统职业，寻求更加灵活、流动的生活轨迹。人们可能有不同的雇主，在其他组织中也有工作能力，通过更广泛的人际关系来实现自己的职业生涯发展，不仅追求传统意义上的成功，更看重自己心理上的满足感和意义感，会根据自己的需要放弃或把握工作机会，总之对自己的职业生涯有自己的理解。例如，隋毅的老乡申汴在大学毕业后，申请了芬兰的一个实习项目，边打工边游学，走遍了整个欧洲，他把自己的经历写入微信公众号，在互联网上有了知名度，也有很多的旅游公司向他伸出橄榄枝。但是他认为旅行者加网络作家的身份非常适合自己，他没有选择某家公司，而是开通了自己的自媒体账号，计划3年后环游整个亚洲，让自己继续"流浪"下去。在这一过程中，申汴的工作地点和身份的边界变得越来越模糊。

斜杠青年

斜杠青年来源于英文slash，指的是不再满足于"专一职业"的生活方式，而选择拥有多重职业和身份的多元生活的人群。这些人在自我介绍中会用斜杠来区分其职业，例如：张强，记者/演员/摄影师。"斜杠"便成了他们的代名词。在当今社会，斜杠越来越流行，已成为年轻人热衷的生活方式。

因此，生涯规划不只是如贾道想的实现大学毕业后出国留学的目标或者甄力想的找到一份工作，也不是按照某种测试结果绝不浪费"一分"的精准匹配，更不是简单地按照职业声望排序找工作。它本质上是一个自我与外界职场互动的过程，在这个过程中我们需要不断地回到自己的内心，澄清自己的能力和偏好；同时又要不断从自己的小天地里走出来，了解外界的要求和时代的变化，了解自己的局限和优势，在心理现实和客观现实中穿梭，不断明确自己心中真正想要实现的梦想，并且努力在真实的生活中活出自己内心渴望的样子。

有人说生涯规划越早做越好，但这并不意味着因为觉得"大家都在奔跑，我不跑就要落后了"，就很匆忙地定下某个"就业方向"。因为生涯规划并不是一次性选择，而是思考并践行自己的人生。人生不是马拉松比赛，它根本就不是比赛，每个人想去的地方并不一样，在上半程和你竞争的对手到了下半程可能已转到了另外的道路。所以不用着急，真正的生涯规划一定是基于你自身，基于你对自身与生活之间的独特关系的不断探索。

三、我的生涯谁做主——生涯规划的影响因素

一个假期过去了，男生516宿舍的兄弟们又回到了熟悉的寝室，大家聚在一起开起了家乡美食会，边吃边议论起假期参加同学聚会的趣闻。刚分开一个学期，曾经熟悉的高中同学却有了很多变化，有在大城市上学的，有在小城市上学的，还有没考上大学直接工作的。贾道感慨道："看来不同的环境对人的影响还是很大的，许多同学都有了很大的变化。"隋毅反驳："就算是同在一所大学的我们几个，理想志向也并不相同。"大家纷纷加入讨论，开始思考到底是什么在影响自己的生涯。

探索生涯规划的影响因素，可以帮助我们理解自己在生涯规划中有哪些优势和资源，又有什么短板和限制。接下来我们从个人内部的影响、他人外部的影响两个视角来探讨职业生涯规划的影响因素，最后用社会认知职业理论来对这些影响因素之间的关系进行探讨。

（一）"我"的影响

每个人的生涯规划和未来发展都是不同的，个人的内在因素发挥根本作用。个人内在因素主要包括个人的性格、性别、能力、健康状况等个人特点因素，以及成功经验、职业认同、价值观和自我效能感等内在动机因素。其中内在动机因素的影响最为重要，它给我们提供了源源不断的内在动力。

1. 个人特点

个人特点既包括受先天影响较大的性别、性格、健康状况因素，也包括可以被后天改善的能力、素质等因素。比如，随心所欲的隋毅难以严格地规划自己的每一天，这是其个性使然。这些特点决定了他很可能不会选择按部就班的生涯发展道路，而会选择更随性、更偏重个体生涯成长的道路。本书的第二章和第三章会带领大家探索与职业有关的个人特点。

2. 自我效能感

在内在动机因素中，自我效能感是指个人对自己能否成功进行某一成就行为的主观判断，它代表一种自我能力感。这种对自身能力的期望会产生一种动力，让人们更容易开展相对应的行动。例如，就算儿童感到上课认真听讲就会获得他所希望的好成绩，他也不一定会认真听课，但是当他同时能感觉到自己有能力听懂教师所讲的内容时，就会认真听课。自我效能感高的人对自己的期望值高，更愿意表现出自己的能力，乐于迎接挑战；而自我效能感低的人则容易犹豫不决，更可能情绪化地处理问题，难以发挥自己的水平。如何才能提高自己的自我效能感呢？一般来说，自我效能感需要建立在真实的行为基础上，成功会提高自我效能感，而反复的失败会降低自我效能感。所以营造适当的环境，设定适

当的目标，寻找心中的榜样，更多地尝试和行动都能帮助我们提高自我效能感。

影响生涯规划的个人内在因素，归根结底是我们对自己的觉知和看法。舒伯综合所有可能影响个人生涯的因素，建立了以自我概念为中心的生涯发展拱门模型理论。他认为有问题的自我概念会成为生涯发展的阻碍。如果要预测男生516宿舍每个人的发展轨迹和未来，你会做何判断？优先考虑什么因素？或许对自己有更清醒认识的人，更容易取得职业发展的内在和谐和外在成功。

（二）"他"的影响

如果你和贾道一样，觉得大学的影响不可忽视，这就表明你注意到了环境变量对生涯规划和生涯发展的影响。在人类发展生态学理论中，一般用4种生态结构（微环境系统、中环境系统、外环境系统和大环境系统）来描述影响人类发展的环境。环境变量一般包括家庭环境、学校环境和社会/经济因素等。生活中一些重要的人或重要的形势变化对我们的生涯选择、发展轨迹，甚至对我们的自我认知都会产生或大或小的影响。

1. 家庭环境的影响

家庭被认为是儿童、青少年发展特别是社会化发展的重要环境和影响力量。布朗芬布伦纳认为，家庭是对个人发展有直接影响的微环境系统。有研究表明，家庭的社会经济地位及稳定的环境是职业抱负和成就有力的预测指标。父母的社会经济地位影响子女的受教育水平，而受教育水平影响其获得的职业。但是有关的研究结果并不一致，家庭对个人的影响并不绝对，如果家庭不顾及子女的个性需求而强加自己的影响，家庭的社会经济地位反而会成为孩子人生发展的"魔咒"。

当然家庭对个人生涯发展的影响不只是静态影响，还表现为动态互动，如父母通过亲子互动、提供社会支持、教育等方式给子女的生涯发展施加影响。父母是否认同自己的职业，他们与子女的互动方式、对待某个职业的态度、在职业探索上为子女提供的支持都可能影响子女最终的职业选择和职业发展路径。

2. 学校环境的影响

学校的地位和资源、学校里的师生关系都是中观层面的环境变量。学校是否提供了丰富的探索机会，是否提供了容忍错误的环境，都会对大学生的职业探索行为产生影响。尤其是良好的同伴关系在我们的每个生涯阶段都可以提供重要的心理和生涯发展支持。

👁 **练习1-2** **了解你的学校**

请你在小学同学、中学同学和大学同学中各找3个人，分别与他们进行一次访谈，和他们一起分析，你的学校到底给你的职业发展施加了什么影响，最后得出你的结论。

（1）小学同学

_____

_____

_____

（2）中学同学

_____

_____

_____

（3）大学同学

3. 社会/经济因素影响

仅从个人能动性或意志的视角讨论生涯规划是非常片面的，"我们选择职业，也同时被职业选择"。个人生涯一直是在大环境的框架内发展的，考虑生涯发展不能脱离和自己息息相关的成长环境。国家和国际社会的变化快速且剧烈，这些社会/经济因素处于外环境系统和大环境系统的位置，可能通过引导和倡导的规范作用来影响我们的生涯发展。同时个人的受教育水平和经济资源也可能支持或阻碍个人实现自己的职业抱负。

例如，随着万物互联和人工智能等技术的发展，智能驾驶、智慧农业、ChatGPT、智能大模型等新技术层出不穷，计算机专业的林飞必须具有对技术更新的敏感性，否则毕业找工作时就可能处于劣势。

这些因素可能给个人职业选择的范围和机会带来一些限制，但也可能给大学生的生涯发展提供新的机遇。

例如出身农村的甄力是村里少有的大学生，他很多少年时期的同学都已经外出打工了，过年回家也没见上几个。但是随着家乡经济的发展，大山里的绿水青山变成了"金山银山"，当初外出打工的年轻人又纷纷回到家乡，从事旅游和山货加工行业，随着直播电商行业的兴起，不仅自己开启了新的职业生涯，还带动了当地的农民就业和致富。

（三）综合影响过程——社会认知职业理论

职业选择和发展是一个复杂的系统工程，不仅涉及心理变量，还涉及社会、经济方面的变量。个体与环境的关系是动态变化的，伦特等人提出的社会认知职业理论（Social Cognitive Career Theory，SCCT）综合考虑了各种因素，很大程度上接近真实的生活，让我们从一个相对开放的角度系统看待生涯发展中的不确定性。它尝试用"个人–行动–环境"的互动来看待生涯规划的全过程（见图1-1）：我们的学习经验会受到个人特点和社会背景的交互影响，例如父母受教育程度高的家庭更愿意在子女教育上多投入；学习经验、自我效能感和我们对结果的期待又综合影响我们的职业兴趣和偏好；这些内在因素和社会与经济因素综合影响我们的职业目标和职业选择行为，以及我们在职场中的表现，其中社会与经济因素起到直接（实线）或间接（虚线）的影响。

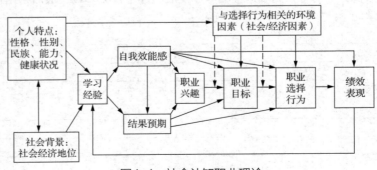

图1-1　社会认知职业理论

如果从限制的角度来看，图1-1中的环境因素像一顶大帽子一样盖住了生涯规划的整个过程。环境确实影响了个人的选择，甚至影响了一代人的选择。比如在20世纪60年代左右，工人是人们向往的职业；改革开放后，经商成了潮流；而现今社会不断发展和进步，出现了很多更个性化的职业。

但是环境系统对于我们并不是一限了之的，它同时也为我们提供了丰富的资源和机会。如果从资源的角度来看，你所处的学校、你的家庭、你的同学朋友、你所在的城市等，也会为你的生涯发展提供助力。关键是你是否能够将其识别出来，并且加以利用，最终落实到行动中。行动也是SCCT提到的3个重要变量之一。我们拥有的主观条件和所处的客观环境都处在动态变化中，我们只有更开放、更勇于学习，并且不断地积极行动，才更有可能抓住成长的机会。具体应如何发现和利用资源参见本书第五章。

第二节　生涯规划有什么用——生涯规划的意义

扫一扫看微课

本来只是想着为减轻家里负担而打工的甄力，既被贾道的积极行动感染，也因张逸的随遇而安动摇，翻来覆去睡不着，"或许我也可以规划一下自己的未来，但是规划后的人生和现在相比到底会有什么不同？"

本节我们会一起探讨生涯规划的意义，思考规划与不规划的人生有何不同。

一、我的方向在哪里——找到自己的方向

生涯规划就像对自己的生活进行排列组合，你想去的地方决定你会如何安排生活中的事件，而行动会带你去往不同的方向。所以生涯规划最重要的作用就是帮助我们找到自己的方向，澄清要去哪里。

练习1-3　　　　　生涯幻游练习

这是一个类似冥想的练习，请找一个安静且不被打扰的地方，舒适地坐下或躺下，准备好后请扫旁边的二维码，跟随音频的指导做这个练习。

请大家与同学分享自己的体验（如果是独自做的练习，也请思考以下问题）。

扫一扫听音频

（1）分享5年后的自己在幻游中看到或听到的是什么，有什么感受。

（2）你最喜欢10年后生活的哪个部分？为什么？

（3）在幻游中，你想到的可能是什么职业？它跟你现在的学习有什么关系？你可以通过什么途径获得那样的生活？

生涯幻游

（一）确立目标

哈佛大学的爱德华·班菲尔德博士对美国社会进步动力的研究发现，成功的人往往具

有长期的时间观念。他们在做每天、每周、每月规划时，都会用长期的观点去考量。

扫一扫听音频

我的生涯规划从哪里开始

我们可以通过确立目标来明确自己的方向。目标是我们想要达成的结果或境况，它是引发我们行为的强大动力。目标在生涯规划中发挥着强大的作用。

1. 目标使我们专注

聚焦目标，能调动内在和外在的资源，促进结果的达成。例如，你想要买一部手机，你会发现周围全是有关手机的广告，这并不是因为手机广告增多，只是我们的大脑在调动各种资源使我们对这方面的信息更加关注。

2. 目标帮助我们取得结果

目标反映了我们内心的希望和意图，有助于规范我们的行为。甄力从大一起就计划通过打工来减轻家里的经济负担。他总是在各种场合表达自己想打工的意愿，寻找各种机会面试，于是很快找到了系里勤工助学的机会和校外当家教的机会。两个月后，高中同学在聚会上见到他都说他好像"变了个人"。这其实是甄力的打工经历塑造和改变了他的行为举止和表现，这或许就是一种成长。

3. 目标帮助激励自我

目标给了生活一个方向，我们在朝着这个方向努力时，也提高了自己获取成功的可能性。同时完成目标能给我们带来满足感，这使目标成了我们的自我激励源和兴奋剂。我们因为在完成目标时更容易相信自己所付出的努力是值得的，所以会变得更有行动力。

（二）取得成功

1. 外在和内在的成功

一身艺术家气质的陈悦完成了人生望远镜的练习，她访谈了一位大四的师姐贾静。师姐已经明确了自己想要从事艺术、时尚、文化产业方面的工作，她的理想工作是时装记者或摄影师。师姐说起自己在一家人文、摄影类杂志社做实习生的经历时充满了幸福感和成就感，这令陈悦印象深刻。

明确了方向的人生更容易取得成功。可是成功的标准是什么？一般来说，我们在谈到"成功的职业生涯"时，指的是外在、客观的职业生涯，其实职业生涯可以分为客观性职业生涯和主观性职业生涯。

（1）客观性职业生涯：指外在的表现，即从事职业时的工作单位、职务、环境、工资待遇等因素的组合及其变化过程。

（2）主观性职业生涯：指内在的体验，即从事职业时所具备的知识、观念、心理素质、能力、内心感受等因素的组合及其变化过程。

成功可能是你创造了新的财富或技术，可能是你帮助了他人，可能是你获得了更大的影响力，也可能是你找到了自己满意的生活方式。在当今多变的职业生涯中，成功的定义可能不仅仅是外在的成功，更要包括"内心的成功"。

2. 成功的背后是内在需求

那么是什么在推动我们追求不同的生活目标和成功呢？马斯洛提出的需求层次理论认为，人们追求不同生活的动力源自每个人内心深处的需求，从低到高分别是：生理的需求、安全的需求、爱与归属的需求、尊重的需求及自我实现的需求。只有当低层次的需求得到满足后，人们才会追求更高层次的需求。我们既可能被生理的需求推动，也可能被自我实现等更高层次的需求推动（见图1-2）。如果基本生理需求得不到满足，你就会被生活所累，难以体会到生命的美好；如果失去了内在的安全、爱与归属，你就算获得了大量的财富，可能也感受不到成功的喜悦和幸福。那么如何才算自我实现呢？是不是全然不考虑外界而只关心自己呢？马斯洛在自我实现者的15个特征中指出：要关心社会、他人，有强烈的同情心；能以问题为中心，能献身于事业，真正的自我实现往往是个人需求和社会需求的统一。进行生涯规划，就是要尊重自己的内在需求，努力发掘外界资源，平衡发展的过程，理解自己所追求的成功处于哪一个阶段，不断成长；要做自己喜欢做的事情，充分发挥自己的潜能发展自我，满足自我实现的需求。

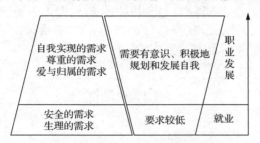

图1-2　需求层次理论和职业发展

（三）发展生涯使命

男生516宿舍的隋毅也完成了自己的生涯人物访谈，他特意选择了一位做生涯规划研究的老师，问道："您当初是如何确定这就是自己的方向的？"老师的回答让他印象深刻："最重要的就是觉得做这份工作有意义、有价值。你会累，但是你心理上却不会疲惫和沮丧。"

生涯规划就是不断发展和明确自己的生涯使命的过程。生涯规划大师、社会建构论的代表人物马克·萨维卡斯认为个体生命的意义属于他自己，生涯发展没有固定的路线，但却有一个大致的主题，有使命和任务要去完成。而当我们带着使命和任务去生活时，就会体会到像那位老师说的虽累却不疲惫、不沮丧的感觉。这就是使命或愿景的力量。

1. 建构你的生涯使命宣言

使命能带给我们勇气和力量，让我们跨越障碍，敢于追求自己想要的人生。

👁 练习1-4　　　　　　　　**个人使命宣言**

请写一段你个人对自己使命的宣言，即你想成为具有什么品质的人，做出什么样的事业、贡献和成就，希望满足什么核心需求，等等，形式和内容可以多样。

_____

_____

_____

_____

请思考完成这些使命需要的条件。

随着人生阅历的增加，你的个人使命宣言也会发生相应的变化。从内心体会到的使命感，能让我们更加投入，也更有机会获得成就感和价值感。需要澄清的是，在海量的生活事件中，听到内心的声音并不容易，而国家的发展社会的需求中蕴含着我们的使命。当我们真的与自己的生命主题相遇时也可能并不相信，这就需要我们不断地探索和澄清，有的时候甚至需要推翻当前的发现，重新再来，这一切都是建立在生活经验的基础之上的。而从事有使命感的工作的人往往有更高的生活满意度和工作投入度。

2. 建构生涯意义

艾米丽·伊斯法罕·史密斯在TED演讲中提到获得人生意义的4个途径：一是获得归属感，二是获得目的感，三是获得超然的体验，四是重新建构个人故事的讲述方式。获得生涯的意义同理，但我们真的能重构生涯的意义吗？

> **扩展阅读**
>
> ### 工作就是健身
>
> 心理学家在美国7家酒店招募服务员作为研究对象，做了一项关于信念如何影响健康和体重的研究。打扫酒店是一项辛苦的工作，每小时会消耗超过1.26千焦的热量，相当于每小时走5.6千米的运动量。但是这些服务员普遍认为自己没有规律锻炼身体，研究者测量了他们的平均血压、腰臀比、体重，然后随机选择4家酒店作为实验组，对服务员说明他们每天的工作等同于锻炼，具体到每项工作消耗的热量，告知他们的工作对身体有益，然后把这些信息制作成标签，挂在醒目的地方。而剩余3家酒店作为控制组，研究者只发放运动有益健康的资料。4周后，研究者回访了这些对象，那些被告知工作等于锻炼的服务员与控制组的相比，体重和体脂率都有所下降，血压更符合健康标准，自尊水平也更高。

同样的处境，不同的心态和信念带来的是截然不同的结果。如果你身处困境，那么对待苦难的态度就是生命的意义；如果你非常忙碌，但有支撑自己的信念，就可以增强成长动机，减小压力带来的负面影响。我们的生涯是有限的，我们能做出的生涯选择也是有限的，我们的生涯使命更脱离不了外界条件的限制，但是对生涯使命和生涯意义的思考可以帮助我们重新建构这些限制与自己的关系，创造属于自己的职业生涯。

二、面对多变怎么办——成为自己的支柱

面对多变的社会环境，进行生涯规划可以帮助我们澄清职业认同，确定职业锚所在的领域，获得一定的确定感，成为自己的支柱。

（一）澄清职业认同

职业认同是在个体经验与环境互动中形成的一个阶段性的结果，是个体对自己的职业目标、兴趣和天赋方面的阶段性总结，具有一定的稳定性和清晰度，能够帮助个体面向未来。职业认同的概念最早是从心理学家埃里克松的"自我同一性"理论发展而来的，是自我概念在职业领域中的表达。本书中的自我探索和职业探索部分就旨在帮助你澄清职业认同，在生涯规划的过程中越澄清自己的需要和目标，就越容易发展出对某个职业的认同感和内在动机。职业认同就是我们作为职业从事者的所思、所想、所感，不仅可以带来客观的职业成功，更能带来积极的内在工作体验。职业认同对个体应对当今无边

界的职业环境具有重要意义。

职业认同包含一系列积极特质：职业态度、职业承诺、职业信仰、解决问题的态度及职业决策风格。这些积极的特质不是凭空产生的，而是在职业环境、个体成长经历与职业感知的相互作用下，逐步形成与发展的。所以进行生涯规划就是帮助我们澄清和认同自己的职业方向，成为更好的自己。

（二）确定职业锚所在的领域

在多变的生活中，人们更需要固定的事物来提供安全感，为生涯提供持续的目的感和方向感。埃德加·沙因提出了职业锚的概念，用帮助船员免受风暴的"锚"的隐喻，来描述职业上的确定感。职业锚就是"一些持久的、自我感知到的、与职业相关的才能、动机和价值观"，就是一种"我知道我是谁，我知道我要去哪里，我能胜任"的确定感。例如锚定在"技术/功能胜任力"上的人，更关注自己技能的提升和应用，所以用自己的技能获得一定的成绩是更有价值的奖励。大家可以仔细看看表1-1中列出的8种职业锚，它们并没有好坏之分，每一种都反映了一种职业价值观和生活偏好。相信对职业锚的思考可以为你的职业探索提供一些框架，你可以在实习、兼职中寻找更符合自己职业锚的工作机会来进一步实践和了解。

表1-1　沙因的职业锚

职业锚名称	特征总结	有价值的奖励
技术/功能胜任力	特定工作中的技能使用；关注技术工作，而非管理	收获对技能的认可
管理胜任力	关注管理他人，侧重责任感和人际交往能力	晋升
自主/独立性	不受组织规则约束，掌控自己的生活	增加自主权
安全/稳定	在工作、行业和地点方面对未来感到放心；可预期的工作	收获对忠诚的认可
创业能力	个人创新（如在组织、产品方面）	自身收入、组织盈利能力提升
为事业服务/奉献	做符合个人价值观的工作（如服务他人）	获得价值感
纯粹的挑战	不是靠运气得到结果，克服困难	获得新颖或有挑战性的工作
生活方式	将工作需求与其他需求（如家庭责任）相结合，平衡时间的分配	具有工作灵活性（如弹性工作时间）

三、什么是最重要的心理资源——发展生涯适应力

面对变化，生涯规划的重要意义就是真正提升一个人的生涯适应力。萨维卡斯认为生涯适应力就是个体应对社会变化和保持与环境协调的心理资源，让个体尽力为可以预测的任务做好准备，并为不可预测的改变留出空间。他认为生涯适应力应该包含生涯关注、生涯好奇、生涯控制和生涯自信4个方面的内容，如表1-2所示。

表1-2　生涯适应力

维度	关注点	态度与信念	能力	问题	有效行动	干预
生涯关注	我有未来吗	计划的	计划	不关心	觉察、投入、准备	生涯导向练习
生涯好奇	未来我想要做什么	好奇的	探索	不真实	尝试、冒险、询问	从事信息收集
生涯控制	谁拥有我的未来	确定的	做决定	不确定	自信、有条理、执着	决策训练
生涯自信	我能做到吗	有效的	问题解决	抑制的	坚持、努力、勤奋	建立自尊

（一）生涯关注

生涯关注是指一个人开始关注自己的职业生涯，尽量关注未来可能的变化，通过合理的计划思考未来，这是生涯适应的起点。例如甄力摒弃"一心打工挣钱"的想法后，开始思考自己的生涯规划和前途问题。

（二）生涯好奇

生涯好奇是指一个人对自己的能力和不同的职业保持好奇，愿意尝试和冒险，收集尽可能多的信息，开始更多的探索行为。如果甄力想继续提升生涯适应力，就要进行更多的尝试和探索，保持好奇心。

（三）生涯控制

生涯控制包括决策和自我监控，是指一个人把进行的探索行为和收集到的信息进行整合，能够拥有选择未来的权利，做出职业选择，并落实到每日的目标规划中去。甄力设定目标、做出选择的行动都属于生涯控制。生涯控制是生涯适应力中最难的部分，很多同学会在这个环节出现问题，比如只是完成作业任务，而忽视了自我探索，或者设立了远大的目标，但是并没有采取行动。如何才能帮助自己进行生涯控制呢？请参考第六章和第七章生涯决策和规划及行动部分。

（四）生涯自信

面对变化或遇到困难是常态而不是意外，而生涯自信是指一个人直面生涯中的困难，同时努力克服困难，实现职业理想的积极态度。面对不确定的未来，仍愿意面对问题，解决问题，保持灵活，增强解决问题的能力并对改变保持开放的态度，正是适应的核心所在。

👁 练习1-5　　　　　　　　　　**测一测你的生涯适应力**

每个人在发展自己的生涯时，都有不同的优势，没有人擅长所有的事。请根据自己的实际情况进行选择，在表1-3所示的量表中评定你在每项能力上的发展程度。

表1-3　生涯适应力自测表

能力项	不强	有点强	强	很强	非常强
1. 思考我的未来会是什么样子的	1	2	3	4	5
2. 知道现在的选择会塑造我的未来	1	2	3	4	5
3. 为未来做准备	1	2	3	4	5
4. 知道我必须做出的教育和职业选择	1	2	3	4	5
5. 计划如何实现我的目标	1	2	3	4	5
6. 为实现我的目标制订计划	1	2	3	4	5
7. 保持乐观	1	2	3	4	5
8. 靠自己做决定	1	2	3	4	5
9. 为我的行为负责	1	2	3	4	5
10. 执着于自己的信念	1	2	3	4	5
11. 依靠我自己	1	2	3	4	5
12. 做适合我的事	1	2	3	4	5
13. 探索我周围的环境	1	2	3	4	5
14. 寻找成长的机会	1	2	3	4	5
15. 在做决定前考量各种可能的选择	1	2	3	4	5
16. 观察别人做事的不同方式	1	2	3	4	5
17. 深入探究我所关心的问题	1	2	3	4	5
18. 对新的机遇感到好奇	1	2	3	4	5
19. 高效执行任务	1	2	3	4	5
20. 认真把事情做好	1	2	3	4	5
21. 学习新技能	1	2	3	4	5
22. 逐步发展我的能力	1	2	3	4	5
23. 克服阻碍	1	2	3	4	5
24. 解决问题	1	2	3	4	5

　　计分方法：1～6题的总分是你在生涯关注方面的得分；7～12题的总分是你在生涯好奇方面的得分；13～18题的总分是你在生涯控制方面的得分；19～24题的总分是你在生涯自信方面的得分。这样你就可以分别得到这4个方面的分数了。得分越高，说明你在这个方面的表现越好。

　　建议你在学完本书内容后再进行一次测试，看看自己在哪些方面有所提高，在哪些方面变化不大，然后思考并和小组的成员讨论可以做些什么来提高这些方面的能力。

第三节　如何进行生涯规划——生涯规划的步骤

生涯规划的具体过程与不同生涯理论的假设密切相关，不同的理论都试图从某个视角来解读生涯规划的过程。例如，特质因素理论强调生涯规划和生涯指导就是帮助人们进行个人与职业的匹配；生涯发展理论认为生涯规划就是帮助人们发展稳定和成熟的生涯自我概念；信息加工理论强调生涯决策流程的科学性；而生涯建构理论则强调生涯规划就是在生涯经历中不断发现个人的生命主题，发展生涯适应力的过程。

扫一扫看微课

一、如何决定生涯——信息加工法

（一）信息加工金字塔

从信息加工理论看，生涯规划就是帮助人们做出最符合自己内心期望的生涯决策的过程。针对如何进行职业指导，彼得森、桑普森和里尔登等人把规划的过程比作信息加工的过程，提出信息加工金字塔模型（见图1-3）。在进行生涯规划和选择的时候，充分了解自我知识和职业知识，探索自己所拥有的资源是起点，然后在此基础上进行决策和选择，最后进入执行层面，落实目标和反思效果。

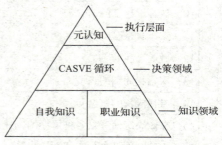

图1-3　信息加工金字塔模型

（二）生涯规划的基本流程

彼得森等人提出的信息加工金字塔模型具有很强的操作性，但是在现实多变的环境下，要进行生涯规划，尤其在探索部分，还需要有积极探索资源的意识。图1-4所示为据此构建的一个生涯规划基本流程，主要包含以下8个步骤，其中步骤2、3、4为并列步骤。

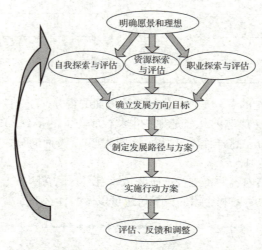

图1-4　生涯规划的基本流程

（1）明确自己的愿景和理想。

（2）进行自我探索与评估。

（3）进行职业探索与评估。

（4）进行资源探索与评估。

（5）为自己确立发展方向/目标。

（6）制定发展路径与方案。

（7）实施行动方案。

（8）进行评估、反馈和调整。

第（1）步是觉知和承诺部分。生涯规划的起点就是了解生涯规划的重要性和作用，愿意花时间来规划自己的生涯。

第（2）步是自我探索部分，需要我们从内到外地认识自己，了解自己的性格、兴趣、价值观和能力，找到自己真正重视的东西。对自己越了解，越容易做出自己满意的选择。

第（3）步是职业探索部分，需要我们认识职业世界，了解职业与专业的关系，考虑眼前的机遇和制约因素，探索具体职业对个人的要求和限制。

第（4）步是资源探索部分，需要我们充分认识到社会环境、学校、家庭，甚至自身具备哪些资源，思考如何运用这些资源。

第（5）步和第（6）步就进入了决策的环节，核心就是要选择适合自己的目标，同时制定切实可行的方案。

第（7）步和第（8）步就进入了行动和评估领域，需要我们具体实施自己的行动方案，并且进行反思和调整。

这个生涯规划基本流程最大的特点就是"循环"，当情况发生变化或方案经过评估不适合自己的需求或环境的要求时，就要重新考虑自己的愿景和理想，再次启动整个流程。循环的设计再次提醒我们生涯规划不是一劳永逸的事情，而是不断调整的过程。

二、如何探索生涯——完成大学生涯发展任务

舒伯的生涯发展理论把生涯分为成长（0～14岁）、探索（15～24岁）、建立（25～44岁）、维持（45～64岁）和衰退（65岁及以上）5个阶段，每个阶段都有不同的发展任务。生涯发展理论视角下的生涯规划，就是在不同的发展阶段完成该阶段的生涯发展任务。对大学生而言，他们正处于职业生涯的探索阶段，需要完成与生涯探索相关的任务，具体的步骤就是在学习、工作实践甚至一些休闲活动中，进行充分的自我探索和职业探索，形成相对稳定的职业目标和自我概念。聚焦大学生的生涯发展任务，大学的生涯发展可以细分为生涯适应期、生涯探索期、生涯决策期3个阶段，每个阶段都有生涯规划和个人成长两部分任务。

扫一扫听音频

我的人生是否掌握在自己手中

（一）生涯适应期

大学刚入学时，大学生经历了从想象到实际体验的过程，这个阶段的主要任务是"适应"，应注重建立对大学的认识和对未来职业的设想，具体任务如下。

1. 学习方面

（1）了解专业发展（包括如何利用资源去查找与自己专业有关的信息）。

（2）改变学习策略（制订学习计划和进行时间管理）。

（3）学习使用学校资源。

（4）社团工作（发展与人交往的能力和团队合作能力）。

2. 个人成长方面

（1）探索个人兴趣和价值观（发展自己的兴趣，同时避免在众多兴趣中迷茫）。

（2）自我适应（包括适应现在的生活，克服自卑情绪，正确定位，培养自理自立能力）。

（二）生涯探索期

大学第二年或第三年，大学生对自己的专业和兴趣的了解不断深入，开始进行职业的探索，经历从校园到职场的转变，这个阶段的主要任务是"尝试"，注重职业生涯的实践，具体任务如下。

1. 专业发展方面

（1）专业学习（着重培养专业核心能力）。

（2）了解职业（了解相关专业对应的职业需要什么样的能力）。

（3）辅修/选修/转系（衡量自己的兴趣和能力并做出选择）。

（4）职业目标确定与规划（探索工作或进修的实际要求，并将其与自己的兴趣和能力相匹配）。

（5）缩小与职业目标的差距（开展与职业发展相关的实践）。

（6）兼职和实习（注重工作的价值与金钱管理）。

2. 个人成长方面

（1）进一步了解自我兴趣和价值观。

（2）发展与职业生涯相关的能力（注重在活动或兼职中发展自己的能力，特别是负责任、团队合作、时间管理等可迁移能力）。

（3）培养创新意识和同理心（在工作中发现自己的独特价值，关怀自己并能从他人的角度考虑问题，发展对他人的信任及与他人的亲密关系）。

（三）生涯决策期

大学毕业季，不管是工作、考研还是出国深造，大学生都要在此刻做出决定。经过前面二、三年级探索定位的阶段，在这个阶段大学生要经历从尝试到实战的过程，其发展任务就是"理性决定"，这要求大学生能够根据自己的需求以及社会的形势做出最适合自己的生涯决定。需要强调的是，这个生涯决定虽是人生中的重要决定之一，但不是"一选定终身"。这个阶段的具体任务如下。

1. 生涯决定方面

（1）求职技巧（收集/使用信息，写简历，学习着装礼仪，进行面试准备，关注面试结果）。

（2）了解相关信息（求职、出国和考研等的相关信息）。

（3）不同地方/行业/学校/专业可能的发展前景/利弊。

（4）职业选择（理性选择并对选择负责）。

（5）考研过程中的准备（包括知识、心理和其他方面的准备）。

2. 个人成长方面

（1）理解工作或深造对恋爱关系和生活的影响（学习处理事业与爱情的关系，考虑多种生涯角色的平衡)。

（2）适应工作（提升工作能力，适应工作时间)。

（3）规划以后的发展（分析此次生涯决策对下次规划的影响，再次进行自我探索、工作探索，为下一次生涯决策做准备)。

对很多人来说，对生涯规划的思考基本是从大学才开始的。大学阶段既包含探索的任务，即确定职业兴趣和方向，还包含建立职业生涯的任务，即选择特定的职业，这确实是一个不小的挑战。但是寻找自己真正的人生方向，进行规划并付诸实施的过程是值得我们投入的。

三、如何建构生涯——创造对话空间

隋毅的随性并不是真的无所谓，只是他非常不喜欢按图索骥式的生涯规划方式，他总觉得自己的生涯不能被"规定"，而应该是流动变化的，而"规划"两个字总给他一种限制感，暗示着不能出错，让他避之不及，但是他还是非常愿意对自己的生涯和未来进行思考和探索的。他在想，或许这也是一种独特的生涯规划？对自己的生涯不做具体的限制，而对失败和转化抱有开放的态度。

（一）生涯建构理论

在快速变化和充满不确定性的知识经济时代，由组织或社会主导的传统职业生涯模式越来越难以解释和匹配多变的时代需求。萨维卡斯提出的个体生涯建构理论认为，个体职业发展的实质就是追求主观自我与外在客观世界相互适应的动态建构过程，而不同的人所建构的内容和结果往往是不一样的。因此生涯建构理论中的生涯规划流程强调了我们对自己命运的解读和建构，把生涯发展的机会也考虑进来，不断诠释自己如何应对环境的变化，并且落实在行动中。所以最佳的职业选择并不是生涯成功的唯一标准，个人可以通过在具体的工作中提高自身的价值和能力，来重新定义成功和发展。

2017年在我国上映的电影《摔跤吧，爸爸》在播出后受到热议，有人认为主人公女儿吉塔的摔跤之路完全是在实现他父亲的梦想，她完全没有自我；另一些人也认为在当时的印度社会中，女孩几乎没有选择命运的机会，是爸爸给吉塔开启了一条不同于普通印度女孩的人生道路，怎么能说是限制呢？

命运中确有束缚的一面，但也有很大的发展空间，这就取决于我们怎样应对外界环境，采取怎样的行动，以及怎样对自己的行动进行解读。米切尔等人提出了生涯偶然论，他认为个体所拥有的主观条件和所面临的客观现实处于动态互动中，个体的职业选择被偶发事件或某一个机遇所左右的可能性很大，所以提倡大家在进行生涯规划的过程中保持开放，灵活地审视和处置生涯发展过程中的偶发事件（机遇），并勇于在偶发事件（机遇）中学习和成长。

（二）在叙事中发现人生主题

请你反思一下，你是如何对自己的人生进行解读和建构的？相信大家更容易想起一个个画面或故事。这是因为叙事，也就是讲故事是我们发现人生主题、进行生涯建构的一种重要手段，我们在叙事过程中，开始整合自己内心的倾向和外界发生的事件的关系，建构属于自己的生命意义。我们在不断诉说自己的故事的过程中，建构新的视角，重新发现自己的优势和倾向，澄清自己大致的发展方向。

👁 **练习1-6**　　　　　　　**生涯叙事练习**

　　请你回顾一下自己过往的生活经历，通过回答以下6个问题，慢慢贴近自己的感受，找到自己的人生主题。

　　（1）你在生活中最为敬佩的楷模都有谁？他们最为打动你的地方在哪里？他们有没有共同点呢？

_____

_____

_____

　　（2）你最喜欢的杂志、电视节目或网站是什么？你被吸引的理由是什么？

_____

_____

_____

　　（3）你最喜欢的书或电影是什么？它们对你的未来有什么启发？

_____

_____

_____

　　（4）你最喜欢的座右铭是什么？你对自己的建议是什么？

_____

_____

_____

　　（5）你的成功经验有哪些？你当时的感觉是什么？你有什么发现？

_____

_____

_____

　　（6）综合这些内容，你发现其中有哪些联系，反映了什么主题？

_____

_____

_____

　　不同的理论对生涯规划的具体步骤及其最终达到的目标所持有的观点是不同的，你可以选择最符合自己价值观的生涯发展路径，也可以在不同的发展阶段灵活地采用多种生涯视角来帮助自己更好地适应社会的发展变化，从而获得成就感和满足感。

对话空间

男生516宿舍对于"生涯要不要规划"这一问题达成了一点共识，那就是生涯需要规划，但他们对于规划的程度还有争议。

隋毅：我坚决反对设定明确的生涯目标和需严格执行的计划，因为刚上大一的学生既不了解自己也不了解世界，一上来就排除了其他的选择和机会，完全得不偿失。

贾道：我是严格执行计划的支持者，因为时间就那么多，如果没有明确目标的指导，很快你就发现时间被浪费掉了，既没有用来了解自己，也没有用来了解社会，再想弥补就晚了。

研究生师兄：作为过来人，我觉得隋毅说的应该经过多次尝试再做决定的做法很对，因为我自己也是到了大三才彻底放弃找工作的规划、决定复习考研的。但是贾道提到的时间问题也很重要，时间对我们来说其实很有限，必须抓紧时间，努力学习，否则到时候会追悔莫及。

职业规划专家：隋毅和贾道的观点看起来针锋相对，其实背后有他们各自的个性特点和生活背景的影子。隋毅的兴趣广泛，他对新技术很感兴趣，也更开放包容，天性不喜欢被束缚；而贾道本来就很严谨。他们会选择不同的生涯发展道路也就很好理解了。生涯规划是要建立在充分探索的基础上的，如果隋毅为了避免规划或贾道为了执行规划而没有充分探索，则二人都无法得到期望的结果。每个人都可以选择不同的规划程度，但是切莫偏离了自己的本心。

价值引领

勇闯科技创新"无人区"

第26届"中国青年五四奖章"获得者，出生于1987年的湖北小伙黄帆，在自己的办公桌上摆放着一架歼−20战斗机模型，他觉得这样可以激励自己勇闯科技创新"无人区"——精研国家真正需要的高精尖产品。作为苏州蛟视智能科技有限公司的创始人，黄帆不仅是青年企业家，也是一名学霸。他从华中科技大学本科毕业后，被保送至法国巴黎第十一大学应用物理学专业深造。博士研究生毕业前夕，28岁的黄帆参加"赢在苏州"全法创新创业大赛，凭借"激光探照技术"项目获得一等奖。2015年他博士研究生毕业时，世界500强企业、全球最大的飞机制造研发公司向他发出邀约。而现实给黄帆出了一道选择题，因为公司的核心敏感部门不接收中国人，如果他选择入职，就要放弃中国国籍。黄帆不能接受这样的条件，因为，在他内心深处，当时出国就是为了学习更多知识技能，希望有朝一日能回来报效祖国。于是就有了后面的故事，他和团队成功研发了国内首款激光大灯，他们打破了国外的技术垄断。之后又经过连续两年的奋战，他们最终通过算法的优化，实现了500米以上物体测距及成像功能。目前，黄帆和团队设计发明的激光成像系统已遍布苏州水产技术推广站的各级养殖田，系统性能远超同类激光雷达。作为一名青年科技工作者，黄帆深有感触：做科学研究，既要力争解决"卡脖子"技术难题，也要胸怀"国之大者"，加快推动高科技产品在民生领域的落地转化，不断促进科研成果实现便民、利民、惠民，把论文写在祖国大地上。

　　黄帆正是把个人的专业兴趣和祖国的需要相结合书写了属于他的生涯故事，其攻坚克难、不怕失败的背后是对国家和人民幸福有所贡献的使命感。对个人来说，使命感让我们在从事相关的活动或工作中获得了目标感和意义感，把个人的职业使命感和国家的需要相结合还将产生社会价值。所以我们每个人都要去创造，而不只是匹配属于我们自己的工作，我们要在日常工作中建构人生的价值，书写自己生命的意义。

　　社会的多变带来挑战也带来机会，新时代的大学生如何才能确定自己的生涯发展路径呢？可以先从社会需求的视角思考自身能力的培养，积极接纳职业生涯的不确定性，对生涯决策持开放和灵活态度，不断培养自己的生涯适应力，并坚持行动。

性格决定命运，兴趣只是点缀吗

　　夜晚，女生 302 宿舍展开了卧谈。张帆制作了一张清单——"进入知名企业的必经之路"，上面详细列出了需要打造的几项能力以及相应的课程。看着她每天目标明确地执行计划，杨洋羡慕地感慨："你真有激情啊，对名企这么执着！"但张帆却回答："其实我谈不上喜欢名企，只是目前我也不知道自己喜欢什么，就按照家长的规划积极行动，我相信这样也能有所成就！"

　　陈悦接话说："的确，现在喜欢什么未必将来就要从事那个行业，我将来就不会以艺术作为职业，还是会依靠外语专业找份工作解决生存问题，再利用业余时间发展艺术，兴趣和工作双线并行，人生体验更多！"

　　张帆继续发表自己的见解："虽然名企不是我的兴趣所在，但我的个性适合进企业。专家说了，职业要和性格相符。相信我凭借雷厉风行的个性，在企业可以发展得很好，我也会依靠自己的激情和毅力做出一番事业！"

　　杨洋听了感到困惑，自己性格内向，喜欢安静，难道只能做翻译？可自己的兴趣是当老师教外语，这和性格矛盾吗？兴趣能培养吗？性格能不能改变呢？

兴趣和性格在生涯规划中担任什么角色？如何发现自己的兴趣和性格特征，并发挥它们的重要作用？如何培养自己的兴趣和完善自己的性格，以更好地适应工作？本章介绍兴趣和性格的自我探索方法，这是学习生涯规划的重要内容。

第一节　我喜欢做什么——探索兴趣

一、喜欢自己的工作有多重要——兴趣与生涯发展的关系

扫一扫看微课

兴趣是生涯发展最稳定的动力。人格心理学家奥尔波特认为，人类有一种"自主性功能"，那就是兴趣，它处于动机的最高水平，可以驱策人们去行动。学者丁肇中就曾深有感触地说："任何科学研究，最重要的是要看自己对所从事的工作有没有兴趣，或者说有没有事业心。比如搞物理实验，因为我有兴趣，我可以两天两夜甚至三天三夜在实验室里，守在仪器旁，我急切地希望发现我所要探索的东西。"可见，兴趣推动了他所从事的科研工作，并使他获得巨大的成功。兴趣高度影响个人的关注力、技能、人格特征、发展方向等各个方面，它是人格特点的延伸和表现。在实践中我们发现，即使大学生在第一份工作中没有明确发现自己的兴趣，在职业生涯的中期，即大约40岁，他们也会重新考虑自己的兴趣所在，并对生涯做出调整，回到兴趣较浓厚的领域中来。

兴趣与一个人的能力有紧密的促进关系。兴趣可以发展出更多的能力，从而使职业生涯可以进阶。例如你对教外语感兴趣，那么就会坚持在该外语领域的学习，在日常生活中也会将注意力更多地集中在这门外语上，从而获得更强的专业技能，而更强的专业技能又会增强你的自信心和成就感，进一步加深你对该领域的兴趣，形成正向循环。

兴趣是职业生涯选择的重要依据。大量研究表明，兴趣和工作满意度、职业稳定性、职业成就感之间存在着明显的关联。因此，职业生涯规划领域普遍认可兴趣是自我探索的一个重要方面，并且研制出多种量表来测量人们的职业兴趣。

◎ 练习2-1　　　　　　　尽数你的幸福时刻

请回顾一下在你的记忆中，到目前为止，有多少时刻让你体验到幸福。在那些时刻，你可以专注、投入地去做一件事情；或在那些时刻，你始终感到好奇，并有执着的研究愿望。请把这些时刻和这些事情记录下来。

_____

_____

_____

请思考：这些时刻和这些事情与你的发展道路，如升学、选专业等大的选择有何关联？

二、我的兴趣点在哪里——探索兴趣的方法

（一）霍兰德的职业兴趣理论

从20世纪60年代至今，职业生涯规划领域广泛使用的探索兴趣的方法称作"霍兰德职业兴趣测评"，它是由一种探索个人职业兴趣的理论——约翰·霍兰德的职业兴趣理论在实践中发展而来的。该理论认为人的人格类型、兴趣与职业密切相关，从事与兴趣相关的职业，可以使人们更积极、愉快地工作；且对职业的兴趣与人格之间存在很高的相关性，个人特质应该和其适合的工作相匹配。这样一来，霍兰德巧妙地拉近了自我与工作世界的距离，强调对自我的兴趣、人格等重要特征的探索。霍兰德的理念是人的内在本质必须在职业生涯领域得以充分扩展，在适当的生涯舞台上充分地展现，这不仅能够帮助一个人安身，更能够帮助其立命。

1. 兴趣类型

霍兰德将大多数人的兴趣归为6种类型——实用型、研究型、艺术型、社会型、企业型和事务型，同时也将社会中的职业归纳成以上6种类型，他认为每个人都会追求与自己同类型的工作环境，因为这类工作环境能契合其个性，促使其施展能力、展示价值，也能使其胜任职业角色和更好地解决问题。

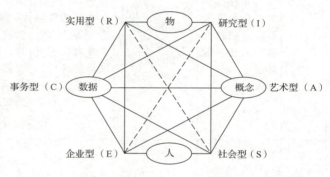

图2-1　霍兰德兴趣类型六边形模型

以上6种兴趣类型可以排列成一个六边形，如图2-1所示。图2-1展示了霍兰德理论的精华。图中相邻兴趣类型间的相关性最大，相隔兴趣类型间的相关性次之，相对兴趣类型间的相关性最小。

6种兴趣类型的相关信息如表2-1所示。

表2-1　6种兴趣类型的相关信息

维度	兴趣类型					
	实用型（R）	研究型（I）	艺术型（A）	社会型（S）	企业型（E）	事务型（C）
个人特征	给人的印象是诚实、节俭、脚踏实地，喜欢用实际行动代替语言表达，重视具体实际的事物	是思想家而非实干家，独立、温和、头脑聪明、理性，有逻辑，重视知识学习，重视方法，能提出新的想法和策略	有创意，重视自我表达、自由和美，有丰富的想象力和创造力，乐于独立思考和创作，不喜欢受人支配；对美的事物有敏锐的直觉	个性温和、友善、乐于助人，有服务精神，容易与人相处，在团体中乐于与人合作，有责任感，喜欢和大家一起完成工作，不爱竞争，重视公正、平等、理解	精力充沛，积极，社交能力强，善于沟通协调，看重经济和社会地位上的成就，有冒险精神，在工作上表现出强烈的上进心，希望受人注意；做事有组织、有计划，行动力强	较为保守谨慎，值得信赖，注意细节，重视准确性和条理性，做事按部就班，节俭，不喜欢改变、创新和冒险

续表

维度	兴趣类型					
	实用型（R）	研究型（I）	艺术型（A）	社会型（S）	企业型（E）	事务型（C）
喜欢从事的活动	对于操作机器、修理仪器等需要技术、体力的活动表现出浓厚的兴趣；不喜欢在办公室工作，不太喜欢需要社交和与人接触的活动	喜欢探索和理解事物，喜欢学习研究那些需要分析、思考的抽象问题，喜欢阅读和讨论有关科学性的议题，喜欢独立工作，对未知的挑战充满兴趣	喜欢自我表达，喜欢文学、音乐和表演等具有创造性、变化性的工作，重视作品的原创性和创意；喜欢艺术气息浓厚的工作，不喜欢文书处理等传统性的工作	喜欢从事与人接触的工作，喜欢倾听别人，能敏锐觉察别人的感受并积极回应，喜欢与人合作，热情关心他人的幸福，愿意帮助别人解决困难，不喜欢需要技术或体力的机械操作方面的工作	喜欢领导和支配别人、劝说他人或推销自己的观点，从而达成自己或组织的目标；不喜欢花太多时间做科学研究	喜欢有秩序的工作，喜欢在别人的领导下工作，乐于配合和服从，希望明确工作规范和标准，喜欢对文字、数据等进行细致有序的处理
对职业环境的要求	喜欢具体明确、需要动手操作的工作环境，这类工作环境通常需要运用特殊的技术	喜欢需要分析研究问题，运用复杂和抽象的思维创造性地解决问题的工作，倾向于不需要处理复杂人际关系的工作环境	喜欢可以非传统的方式来表达自己，鼓励个人表现自己的能力，能提供开发新产品与创造性地解决问题的自由空间的工作环境	喜欢鼓励人与人之间和谐相处，鼓励经验交流与指导、心理沟通的工作环境	喜欢允许承担风险，有机会领导和支配他人，重视升迁、绩效、权力、说服力、推销能力的工作环境	喜欢个人需要听取并遵从指示完成既定任务，对工作有严格的完成标准，重视组织性和计划性的工作环境
典型职业	园艺师、木匠、建筑工人、工程师、兽医、足球教练、计算机硬件人员、厨师	实验室人员、生物学家、化学家、心理学家、工程设计师、大学教授、研发人员	作家、编辑、音乐家、摄影师、厨师、漫画家、导演、设计师	教师、社会工作者、心理咨询师、护士	律师、企业家、营销人员、保险代理、媒体运营商	会计、秘书、行政人员、投资分析员

👁 练习2-2　　　　　　　　　**找出你的霍兰德职业兴趣类型**

　　阅读6种兴趣类型的相关信息，思考自己在日常生活中有哪些与之相符的事例，找出最符合自己的3种类型，并按相符程度递减的顺序排序，将最相符的排在第一，标出它的代码，例如ASI。这就是你初步探索的霍兰德职业兴趣类型。其准确性可以在后面的练习中进一步核查。

_____

_____

　　对照探索自己时应该注意，同一个行为特征有时代表不同的心理特点。例如，有A～F这6位同学对自己的描述都是爱看书，于是都把自己归为研究型，但加以分析就会发现他们有很大差异，属于不同的兴趣类型。

　　A同学爱独自阅读和专业相关的书，边看边沉思，常常批判性地仔细思考书中的观点。

　　B同学独处时喜欢翻翻小说，有朋友时立刻放下书和朋友聊天，并分享刚刚看到的内容。

　　C同学喜欢看科技类的书，喜欢画结构说明图，并亲自动手试验书里介绍的方法。

　　D同学爱看成功学的书，欣赏书中的榜样做法，并常常用书里的观点说服别人。

　　E同学看小说很入迷，对喜爱的章节反复地读，常沉醉在书中的故事中，想象着理想的生活。

　　F同学喜欢很安静地看书，看得很慢很细致，把看书当作一种消遣，没有那么痴迷。

　　对照霍兰德6种兴趣类型的说明会发现，A同学偏向研究型，B同学偏向社会型，C同学偏向实用型，D同学偏向企业型，E同学偏向艺术型，F同学偏向事务型。

　　2. 职业环境类型

　　霍兰德认为，同一职业群体内的人有着相似的人格特征，因此其工作的职业环境也有特定的价值观和行为模式。基于此，具体的职业可以分为若干大类及若干子类，用字母表示含义，例如建筑师这一职业的代码是AIR，客服是CSE，心理学家是IAS，等等。

　　霍兰德对庞大的样本量做了细致的研究并出版了《霍兰德职业代码词典》，其中包含了上千个职业代码。如今社会经济形态发生了较大变化，职业岗位也有很多增减变化，但这本词典仍然可以作为参考，用于拓展我们对职业的理解，也可以在使用过程中根据我国的国情和现实加以调整。

　　如果要了解更多的职业环境和岗位类型的内容，请参阅本书第四章。

　　3. 6种兴趣类型之间的关系

　　霍兰德兴趣类型六边形模型描述了各种职业之间的相似程度。在该六边形模型中，任何两种兴趣类型之间的距离越近，就表示相应的职业越相似，从业者的相似点也越多；距离越远，就表示相应的职业的相似程度越低，从业者的特点相差较远。例如，艺术型和研究型相邻，两类从业者的相似点较多，如都重视创造性和思想火花，善于表达自己，珍视个人价值，看重独特性，喜欢独立工作，等等；社会型和实用型处于对角位置，各自对应的职业环境差异性较大，从业者特点也较为不同，社会型注重与人交往，而实用型重视实物操作。

在霍兰德兴趣类型六边形模型中，还潜藏着两个双极的维度：一个维度是"数据－概念"，另一个维度是"人－物"。6种兴趣类型分别具有这两个维度中的某一端的特点。例如，社会型偏向做与人打交道的工作，较少与物打交道，并且其在"数据－概念"维度的偏好不明显。该六边形模型可以帮助我们对职业兴趣类型与职业环境类型之间的适配性进行评估。

（二）霍兰德理论的应用

经过多年的发展，霍兰德的职业兴趣理论已在教育、培训、企业管理等领域有了越来越多的应用。企业招聘时，常常通过对应聘者职业兴趣的测评来判定其职业兴趣类型，由此安排与其职业兴趣相匹配的岗位。

霍兰德职业兴趣测评在个人的升学和求职过程中也能起到重要的指导作用，可以帮助个人更加深入地了解自己的兴趣和相匹配的职业类型。

在个人与环境的适配过程中，大学生通常出现几种典型的情况，例如兴趣类型与所学专业不匹配、在兴趣类型六边形模型中同时拥有两种兴趣类型等，这就需要继续扩展对职业世界的探索。

1. 寻求兴趣类型与职业类型的良好匹配

在实际的职业咨询中常常出现这样的问题：大学生由于家庭期望等因素，没能根据个人兴趣选择专业，导致对所学专业不感兴趣，而在感兴趣的方面又缺乏专业技能，于是寄希望于转专业或通过考研来改变专业方向。这种兴趣与专业不匹配的情况常常令大学生感到困扰。

实际上，专业类型和职业类型不完全相同的情况是很多的，专业类型和兴趣不匹配，并不意味着职业类型和兴趣也不匹配。同一个专业可以匹配多种类型的职业，例如与外语专业相关的职业可能具有艺术型的特点，偏重创造性的语言应用，如翻译（ASE）；也可能具有社会型的特点，偏重提供语言服务，加强人际联系，如跨文化的教育咨询（SEA）；还可能具有企业型特点，偏重宣传、管理和引导，如导游（ESA）。这样一来，同样是外语专业，由于学生的兴趣偏好不同，选择的职业领域也会不同。

2. 为多种兴趣找到职业平台

在现实生活中，同时具有两种兴趣类型的人并不少见，例如同时具有社会型和实用型两种兴趣类型。这两种兴趣类型处于六边形中相对的位置，社会上同时提供大量与人打交道的机会和与物打交道的机会的职业不多，但还是有些职业可以兼顾，如体育教练既有身体操练技术，又有帮助运动员克服困难实现目标的强烈愿望。即使未匹配到合适的职业，也可以偏重其中一个类型来选择，而将另一个类型作为生活中的爱好来平衡，或是在工作中发展出个人的独特性。

（三）其他发现兴趣的方法

1. 回顾总结法

一个人对自己的过去和现在回顾总结得越多，就越能发现真正的自己。这里介绍回顾总结法，其可用于更深入、更全面地探索自己的兴趣。

一个人通过回顾自己的经历，看自己专注于做哪些事情、在什么事情上花的时间多，选择什么专业、选择什么样的课外活动，可以发现自己的兴趣所在。例如，一个人回顾童年和求学经历，发现自己花了很多时间阅读、思考、写文章，而花了较少时间参加社交活动，学习成绩很好，善于钻研，选择了哲学专业，课外的时间经常用于旅游和拉小提琴，那么可以大致判断，他的兴趣类型偏向于研究型或艺术型。

👁 **练习2-3** **自我兴趣探索**

我们可以使用"自陈法"来探索自己的兴趣。请向自己发问，思索并记录下答案，这些问题能帮助我们回顾自己所经历的事情，总结兴趣所在。

问题1：列举3种你最感兴趣的职业，请排除对现实的考虑，仅仅从兴趣出发。并思考这些职业的哪些特征吸引着你。

答案：

_____

_____

_____

问题2：请回忆3个令你感到满意和幸福的事件，详细描述这3个画面，并思考是什么让你感到如此满意和幸福。

答案：

_____

_____

_____

问题3：从小到大你担任过哪些职务？你喜欢哪些，不喜欢哪些？为什么？

答案：

_____

_____

_____

问题4：你最崇拜的人是谁？他的什么特点是你最欣赏的？你觉得自己哪里像他？

答案：

_____

_____

_____

问题5：闲暇的时候，仅从兴趣出发，思考你想做什么或学习什么，是什么吸引你做这些。

答案：

_____

_____

_____

_____

问题6：大学课程中你最喜欢哪一门？它的哪些方面吸引你？

答案：

_____

_____

_____

问题7：做什么事情会让你废寝忘食？哪些时刻你是投入忘我的？这些事情和时刻有什么特点吸引着你？

答案：

_____

_____

_____

问题8：上述问题的答案有什么共同的特点？可以归纳为什么主题或关键词？这些主题或关键词可以和霍兰德的哪种兴趣类型相对应？

答案：

_____

_____

_____

_____

2. 测量法

客观的心理测验量表可以帮助人们探索对于职业的兴趣类型，如"库德职业兴趣调查表"，借此你可以进一步验证自己的兴趣类型。

三、如何选我所爱，爱我所选——将兴趣探索应用于生涯规划

兴趣的探索并不是一劳永逸的，需要不断进行。在探索兴趣的过程中，会产生更多的疑问，例如清楚了自己的兴趣，但其和专业方向不同，这让自己很矛盾；或因为第一次认真考虑兴趣这个影响生涯规划的因素，这使原有的生涯规划条件变复杂了，给决策带来了负担。这些疑问是暂时的，会促进进一步的思考。对于这些关于兴趣的不确定的感觉和看法，我们将其称作"关于兴趣的迷思"。下面列出了一些大学生的迷思，请看看是否有和你类似的情形。每个迷思后面给出了一些可能的解答，这些解答也是生涯规划应用中一些常见的分析策略。

（一）始终重视兴趣在生涯规划中的核心作用

张帆对自己的兴趣采取"不闻不问"的态度，认为兴趣并不重要，所以并不探索自己的兴趣，甚至完全忽略兴趣，认为只要努力将所需能力培养到极致，就能做出成就。

年轻时被忽略的兴趣，通常在人到中年时顽强地浮出水面，并以巨大的内在推力促使人们在职业上重新选择自己的真爱，形成生涯转折。有时候人们会由于家庭的意见或

出于对现实的考虑，一门心思追求"热门"或"前景"，虽然短期内也能做出成就，但长久下去，当最初的工作热情被耗尽或遭遇挫折的时候，其在职业上的发展热情就会降温。此时如果没有内在稳定的动力支撑，是很难度过职业瓶颈期的，更重要的是，自己无法感到快乐和自由，无法真正地实现自我。

（二）寻求兴趣与专业的最佳结合点

陈悦计划将兴趣和工作"分而治之"，期望能工作归工作，生活归生活，二者互不相扰。或许她梦想着做一名"斜杠青年"，希望在外语工作之外，在艺术上也能寻求一些发展。

现代社会中，工作不再只是为了谋生，还有更深层的哲学价值，它揭示出一个人以什么样的方式存在着，是否发挥出了最大的心理能量和活力。仅仅为了谋生而从事的工作和倾注了热情和兴趣的工作有着截然不同的效率，也给工作者带来截然不同的感受。我们应该尽量将兴趣融入工作中，寻找兴趣和专业的最佳结合点。况且多元化和综合化也是现代社会对职场人的新要求，具备两个及以上擅长领域的人更容易找到好的职位。对陈悦来说，如果能将外语和艺术结合起来，相信她在工作中的表现会更好，生活也会更完整、和谐。所以，艺术和外语的交叉领域也许就是她的职业发展方向。

（三）考虑兴趣和其他因素的相互作用

杨洋不喜欢做翻译，她认为自己的兴趣是当教师，但又担心自己个性内向，不适合教师的工作方式。性格适合的工作不想做，性格不适合的工作又怕做不好，她因此陷入两难。

一个人的兴趣、能力、性格和价值观等因素会相互作用，例如，对某件事有兴趣可以促使自己做这件事的能力变得越来越强，能力变强反过来又激发了更浓的兴趣。因此我们可以注意培养自己的专业能力，以提升兴趣。此外，有些兴趣只是停留在好奇和幻想层面，没有经历过实际工作的检验，例如杨洋也许只羡慕教师的社会地位和权威感，而不一定是对授课本身有激情，当工作中经常需要表达和交流时，她内向的性格也未必能够接受。在这种情况下可以进一步探索自己的兴趣范围，发现与专业相关的其他工作领域，如一对一的语言指导等。

（四）坚持探索兴趣

隋毅很少考虑自己的兴趣是什么，感觉对什么事情都无所谓，既没有特别喜欢的事，又没有特别讨厌的事，好像一切都平平淡淡，对于这一点他也有点慌张，担心自己会因为没有任何兴趣而找不到合适的工作。

有调查表明，在遇到职业环境的限制时，人们最先放弃的就是兴趣。这说明兴趣在很多人看来并不是首要选择因素。在成长过程中，人们缺乏对兴趣的尊重，兴趣也不是人们习惯性的重要决策依据，一旦需要把兴趣纳入考虑，人们就会感到茫然不知所措。大学生需要加强对兴趣的探索，主动觉察自己在哪些方面有兴趣偏好。

四、干一行爱一行还是爱一行干一行 —— 兴趣的培养

（一）兴趣可以培养吗

有很多大学生都有这样的疑惑：我的兴趣是音乐，但我学的是数学，我究竟应该从自己的兴趣出发去选择职业，还是应该在自己的专业领域好好做？兴趣究竟能不能培养？

如果不做自己感兴趣的事情，就会一直痛苦吗？

好消息是兴趣是可以培养和发展的。心理学的研究发现决定兴趣的因素包括先天条件和后天培养，前者强调兴趣的遗传性，后者强调社会化和学习，并包括假设的可影响兴趣形成的多种环境和心理因素。

由中华全国总工会、中央广播电视总台联合举办的2023年"大国工匠年度人物"发布活动于2024年上半年在四川省成都市揭晓评选结果。干一行、爱一行，专一行、精一行，十位大国工匠立足岗位，默默坚守，孜孜不倦，潜精研思，生动体现了劳模精神、劳动精神、工匠精神。这些大国工匠的事例也告诉我们，兴趣不仅可以被培养，还可以帮助我们把工作做精做专。

一项关于大学生专业兴趣是否能培养的研究发现，大学阶段的专业兴趣的确是可以通过教育培养的，而且不同学生专业兴趣的培养途径不同。对于那些在大一对专业不感兴趣的学生，专业兴趣的培养主要靠学校投入，如提供新生入学指导（如学术规范、校规校纪等）、提供学生自主科研支持（如经费支持、教师指导等）会显著地提高学生的专业兴趣。那些在大一专业兴趣不确定的学生，反而是通过参与专业课程提高了专业兴趣。对这部分学生来说，他们的专业兴趣是在参与专业课程学习的过程中逐渐培养的。

所以当我们不能根据自己的兴趣来选择专业和职业时，情况也没有那么糟糕。只要调整心态，培养兴趣，相信你也可以从原本认为不感兴趣的学习和工作中获得一定的乐趣。

（二）大学生要如何培养兴趣

兴趣要如何培养呢？

1. 改变"我不感兴趣"的思维定式

兴趣，特别是对职业的兴趣有时候并不明显。对没有接触过的事物做出不感兴趣的判断往往是受思维定式的影响。

所以当你面对一个新事物、新专业或者新职业时，即使一开始你不感兴趣，也先别着急全盘否定它，如果一开始就抱有"我不感兴趣"的态度，那么你就不会真正去了解和走近它，比如在一堂不感兴趣的课上，我们可能会做别的事情而不认真听课，反而会忽略那些本来可能会让我们感兴趣的部分，然后一直维持"我对这门课根本不感兴趣"这样的认知。

2. 保持好奇心，靠近和了解它

兴趣是需要实践的，没有人一拍脑袋就能找到自己钟爱一生的职业。改变"我不感兴趣"的思维定式后，运用你的好奇心靠近和了解它；也许你会发现你不喜欢数学，只是你不喜欢某位老师枯燥的教学方式，对于数字你有着天然的好奇心和兴趣；你不喜欢法学，只是你不喜欢那些枯燥的法条，而对于灵活应用这些法条你很有兴趣；你不喜欢当小学老师，只是你认为自己没有办法和许多的孩子相处，慢慢地你会发现和孩子相处并没有那么难，你和他们在一起很开心。

3. 保持专注，努力克服困难

有时候我们对一件事情不感兴趣并非完全不感兴趣，而是遇到了困难而产生"我对它不感兴趣"的回避心理，所以请区分兴趣和困难。在从事某种活动时，我们往往因为专注的缺失而体验了失败，但是如果能对自己负责，保持专注，尽可能投入地工作，往往会获得较大的成就感，也容易发现兴趣和体验到对该工作的好感。这也是为什么喜欢把事做精的人更容易"干一行，爱一行"，而过早放弃的人可能就会"干一行，厌一行"。

4. 兴趣需要重新发现

如果手边的任务不能刺激你，你至少还应该关注一下能给你带来乐趣的部分。比如你对某门课程非常不感兴趣，如果你把注意力放在能够激发你兴趣的那一小部分，也不会特别无聊。比如观察老师是否尝试处理学生不好好听讲的问题，寻找老师讲的内容与自己兴趣的联系等。

总之，当你向内看，更能放下成见，投入地做事情时，就更容易觉察到兴趣和乐趣。无趣的状况往往是因为早早地决定了不再努力而产生的，而转念之间你就可能与自己内心的兴趣相遇。

有时候，人生会用砖头打你的头。不要丧失信心。你得找出你的最爱，工作也是如此，人生伴侣也是如此。你的工作将占掉你人生的一大部分，唯一获得满足的方法就是做你相信是伟大的工作，而唯一做伟大工作的方法就是爱你所做的事。如果你还没有找到这些事，继续找，别停顿。

——乔布斯对斯坦福大学毕业生的演讲

第二节　我适合做什么——探索性格

一、性格决定职业——性格与生涯发展的关系

（一）什么是性格

心理学家这样解读性格：我们的行为具有某种一致性，也就是说，我们天生具有某种适应能力，在生活中对自己、对他人、对事情表现出一致的适应方式，这就是我们的性格，也称作人格。性格具有独特性，在不同的情境中表现出特定的气质和特定的行为方式。

小袁今年31岁，毕业于名校，专业成绩好，目前在一家连锁教育机构任主管，有自己的研究课题和工作团队。她很喜欢这份工作，也制订了进一步的发展计划，但她的职业生涯并不是一开始就这么顺利的。22岁大学毕业那年，她就到这家连锁教育机构工作，由于专业成绩好，一开始机构安排她做专业课程的培训讲师，主要工作是给学生和家长上公开课。没想到的是小袁工作得很吃力，花很多时间准备，但讲课的效果并不好，没能吸引学生和家长。小袁不知道如何把自己的知识用学生能接受的方式传递出去，学生好像听不懂，家长也经常提一些问题，打断她授课的思路。同时她很想在专业上做些深入的研究，但备课占据了她太多时间。她的上司曾一度怀疑她的工作能力，想要辞退她。

后来机构的人力资源部门针对她的情况做了职业咨询和指导，发现小袁内向的性格占优势，并且她善于以独特的视角系统地思考问题，于是做出了工作调整，让她到新成立的咨询部门提供一对一的个别指导。这很符合小袁内向、擅长小范围深度交流的特点，也符合她以抽象思维认知世界的特点。小袁因此觉得工作非常有趣，能够专注于每个学生的特点并提供独特的解决方案。她很擅长新的工作，并开发出一套细致而有针对性的辅导策略，该策略很受家长欢迎。经验不断丰富之后，她开始担任咨询部门的主管，带领新的员工工作，并准备将自己的工作成果编成教材出版。

（二）提高性格与职业的契合度

性格的独特性会影响职业行为。如果能找到一个与性格相符的职业环境，我们会更自如、更有自信，也更容易取得成就。性格与工作的匹配方式有些很容易看出来：外向型的人匹配与人际交往相关的工作较为合适，如教师或销售人员；内向型的人更适合与研究相关的工作，如作家和科研人员。性格与职业的紧密契合能够让我们工作得更得心应手，不容易疲劳。在生涯规划中，寻求性格与职业的"契合"就是探索性格要达到的目标。

（三）在大学里探索性格

在大学里探索性格正所谓恰逢其时。小朱在一所本科院校的就业指导中心工作了5年，开设就业指导课，在课上他会介绍探索性格的方法。学生对"性格测验"有很强的好奇心，在课上做过量表后希望得到进一步的指导。为了满足需求，小朱在学校开设了"职业咨询室"，一对一地辅导学生进行性格探索和职业规划，参与的学生络绎不绝。小朱说："不少兄弟院校也有类似的情况，学生对性格探索很感兴趣，家长也越来越重视工作要符合个性的理念，性格探索成为职业规划的良好开始，而一对一的职业咨询也成为受欢迎的求职必修课。"

在18～22岁时，每一名年轻人都会不由自主地对自我的价值和自身存在的意义进行确认，寻求职业方向，渴望成功，因此探索性格成为必修的功课，同时，大学生也具备了探索的能力。高中生还无法从更广阔的视角去了解自己，而职场人又忙于各种例行的社会型事务并加快追逐成功的脚步。人在大学阶段恰好处于衔接处和转折期，可以全面深刻地探索自己。大部分大学生对用于了解性格的心理量表非常好奇，对测量的结果也很感兴趣，愿意花时间去核查，这些工作都是在为确定职业方向铺路。

二、我是什么样的人——应用MBTI量表了解性格

心理学家经过多年的研究，编制出一些专业的量表，以帮助我们了解复杂的性格。在心理学领域，不同理论取向的心理学家，会用人格、人格类型、人格特征等概念描述性格的部分特征，但是在本书中，主要为了帮助大家了解性格中稳定的因素，这些概念可以等同理解。这些量表中，迈尔斯-布里格斯人格类型（Myers-Briggs Type Indicator，MBTI）量表源于瑞士心理学家荣格的人格类型理论，有许多研究数据的支持，广泛应用于自我探索、人才选拔、管理培训和职业发展中。

MBTI量表测量4个维度：内向型与外向型、感觉型与直觉型、思考型与情感型、判断型与知觉型。这4个维度搭配形成16种性格类型，对于确定个人的工作偏好十分有益。

（一）找到你的性格类型

你可以借助下面列出的凯尔西4种性格类型调查问卷（简版）来确认自己属于4种性格类型中的哪一种，再根据下文对每个维度的描述来进一步确认自己的性格类型。

◎ 练习2-4　　　**凯尔西4种性格类型调查问卷（简版）**

在每一道题目中，依次排列了4个选项。将你最认可的选项标为1，次一些的标为2，再次一些的标为3，最不认可的标为4，将你所选择的数字对应填入表2-2中。

1. 我宁愿学习：
（　　　）a. 艺术与工艺　　　　　　　　　　（　　　）b. 文学与人文学科
（　　　）c. 商业与金融　　　　　　　　　　（　　　）d. 自然科学与工程

2. 我在什么时候自我感觉最好：
（　　　）a. 行为得体时　　　　　　　　　　（　　　）b. 与某人友好相处时
（　　　）c. 绝对可靠时　　　　　　　　　　（　　　）d. 发挥创造性时

3. 我的情绪更倾向于：
（　　　）a. 激动、易受刺激　　　　　　　　（　　　）b. 热情
（　　　）c. 谨慎　　　　　　　　　　　　　（　　　）d. 平静、超然

4. 我总是流连于：
（　　　）a. 完善我的手艺　　　　　　　　　（　　　）b. 帮助他人肯定自己
（　　　）c. 帮助他人做恰当的事情　　　　　（　　　）d. 了解事物的工作原理

5. 归根结底，我更倾向于：
（　　　）a. 实践和机会主义　　　　　　　　（　　　）b. 富于同情心和利他
（　　　）c. 尽职和勤奋　　　　　　　　　　（　　　）d. 有效和实用

6. 我会因下列何种原因更加尊重自己：
（　　　）a. 勇敢、喜欢冒险　　　　　　　　（　　　）b. 好心、具有良好意愿
（　　　）c. 做好事　　　　　　　　　　　　（　　　）d. 自主、独立

7. 我往往更信赖：
（　　　）a. 冲动与一时兴致　　　　　　　　（　　　）b. 直觉与暗示
（　　　）c. 风俗与传统　　　　　　　　　　（　　　）d. 纯理性与形式逻辑

8. 我不时地渴望：
（　　　）a. 产生影响　　　　　　　　　　　（　　　）b. 沉醉在浪漫的梦想之中
（　　　）c. 成为一个有价值的、行为合法的成员
（　　　）d. 取得一种科学突破

9. 我毕生都在寻求更多的：
（　　　）a. 兴奋与冒险　　　　　　　　　　（　　　）b. 自我了解
（　　　）c. 安全与保障　　　　　　　　　　（　　　）d. 效率高的操作方法

10. 面对未来：
（　　　）a. 我敢断定幸运的事情即将发生
（　　　）b. 我相信人性本善
（　　　）c. 我应该多加小心
（　　　）d. 我最好给予密切而谨慎的关注

11. 如果有可能，我愿意成为：
（　　　）a. 一位风雅的艺术大师　　　　　　（　　　）b. 一位英明的先知
（　　　）c. 一位首席执行官　　　　　　　　（　　　）d. 一位科技天才

12. 我所从事的工作最好是与哪一类事物打交道：
（　　　）a. 工具与设备　　　　　　　　　　（　　　）b. 人力资源
（　　　）c. 物资与服务　　　　　　　　　　（　　　）d. 系统与结构

13. 作为行动的引导者，我主要着眼于：
（　　）a. 直接利益　　　　　　　（　　）b. 未来潜力
（　　）c. 过去的经验　　　　　　（　　）d. 必要和充足的条件
14. 我在什么时候最为自信：
（　　）a. 适应性强、做事灵活的时候　　（　　）b. 真实可信的时候
（　　）c. 体面的时候　　　　　　（　　）d. 意志坚强、做事果断的时候
15. 我为什么感激他人：
（　　）a. 因为他们慷慨得令我惊奇
（　　）b. 因为他们了解我的本性
（　　）c. 因为他们在表达他们的谢意
（　　）d. 因为他们要求我解释基本原理
16. 回想起不幸的时候：
（　　）a. 我通常一笑了之
（　　）b. 我常常想知道为什么会这样
（　　）c. 我设法充分吸取教训
（　　）d. 我对它进行综合考虑

表2-2　选择记录表

选项	题目序号																	
	1	2	3	4	5	6	7	8	9	10	11	12	13	14	15	16	总分	
a																		A
b																		I
c																		G
d																		R

计分提示：第一，在表2-2中，记录你对16道题目的选择顺序（1～4）；第二，将4行数字分别相加并把结果填在右侧的总分栏内；第三，圈定最低的总分对应的字母（A、I、G或R）；第四，A代表艺术创造者（SP），I代表理想主义者（NF），G代表护卫者（SJ），R代表理性者（NT）。看看你可能是哪一种人。

（1）4种SP型人（艺术创造者）：ESTP（创业者）、ISTP（手艺者）、ESFP（表演者）、ISFP（创作者）。

（2）4种SJ型人（护卫者）：ESTJ（监督者）、ISTJ（检查者）、ESFJ（供应者）、ISFJ（保护者）。

（3）4种NF型人（理想主义者）：ENFJ（教导者）、INFJ（劝告者）、ENFP（奋斗者）、INFP（化解者）。

（4）4种NT型人（理性者）：ENTJ（领袖）、INTJ（策划者）、ENTP（发明家）、INTP（建筑师）。

（二）解读你的性格类型

MBTI量表测量的4种维度代表4组性格特点，它们代表的含义可以解释如下。

（1）内向型（I）与外向型（E）维度：代表从自身的内心世界还是从外部世界获取能量。

I型：从内心世界获取能量，自省，安静而显得内向，通过思考形成自己的意见，更愿意用书面沟通，兴趣专一，当情境与事件对他们有重要意义时会主动采取行动，其他情况下显得被动，先思考，后行动。

E型：通过与人交往和行动得到活力，关注外部环境，喜欢谈话，通过交谈形成自己的意见，喜欢与人交往，善于表达，兴趣广泛，在工作中很积极主动，先行动，后思考。

（2）感觉型（S）与直觉型（N）维度：代表获取信息的方式是凭感官还是直觉。

S型：用五官来获取信息，习惯于注意那些确实已出现的信息，观察细致，注意现实，能记住细节，经过详细的推理一步步得出结论，相信自己的经验。

N型：通过想象和直觉来获取信息，习惯注意整个事件的全貌与内在联系，忽略细节，善于看到新的可能性，靠直觉得出结论，相信自己的灵感。

（3）思考型（T）与情感型（F）维度：代表做决策的方式是依据逻辑还是依据价值观和情绪。

T型：做决策时会将自己从情境中分离出来，对事件的正反两方面进行客观分析，按照逻辑做出决定，目标是要找到一个能应用于所有相似情境的准则，擅长分析，爱讲理，喜欢运用因果推理，寻求一个合乎真理的客观标准，有时可能显得不近人情。

F型：做决策时会将自己代入情境并试图理解每个人的感受，然后根据自己的价值观做出判断，目标是创造和谐的氛围，使每一个人都能作为独特的个体被对待，善于体贴他人、感同身受，受个人价值观的引导，富于同情心，可能会显得心肠太软。

（4）判断型（J）与知觉型（P）维度：代表喜欢有组织的还是随意的生活。

J型：喜欢过一种井井有条的生活，按计划行事，注重事情的结果，按部就班，喜欢组织和管理自己的生活，爱制订计划，喜欢把各种事情落实敲定，不喜欢计划变更带来的压力。

P型：喜欢过一种灵活自发的生活，更愿意理解和体验生活，而不是控制它，不愿被过于详细的计划束缚，不喜欢把事情过早确定下来，希望可以留有改变的各种可能性。

以上8个字母可以看作组成性格的独立元素，不同的组合代表的性格类型也不同（见表2-3）。例如ESTJ型人具有以下特点：渴望向别人表达自己的观点（E），对环境有敏锐的观察力（S），意志坚强（T），做事有计划性（J）。而与之相对的INFP型人具有相反的特点：比较安静自在（I），富有直觉并擅长关注全貌（N），友善温和（F），热衷于探索事物发展的各种可能性（P）。这两种人做事各有所长：如果要协调一个多人参与的项目，ESTJ型人会做得更出色；但如果要创作一篇想象力丰富的文章，那么INFP型人更游刃有余。

表2-3 16种组合形式的性格特征表

ISTJ（检查者）	ISFJ（保护者）	INFJ（劝告者）	INTJ（策划者）
严肃认真、通情达理，重视承诺，值得信赖，能坚定不移地完成任务，工作缜密，对细节记忆出色，做事有次序、有条理；冷静的外表下很少有强烈的情绪反应，重视传统和忠诚	友善、谨慎、有责任感，务实、做事贯彻始终；替人着想、细心、关心别人的感受；有强烈的职业道德感，有传统的价值观，十分保守；努力创造一个有秩序、和谐的环境，能在困难中与人相处，有强烈的情感体验但不喜欢表达	寻求思想、关系、物质之间的意义和联系，希望了解什么能够激励人；对于怎样更好地服务大众有清晰的远景规划；有洞察力、尽职尽责，能践行自己坚持的价值观；理念清晰，能有条理地去践行自己的理念	精于理论，善于洞察外界事物的规律并形成长远计划，热衷于创造性地实现自己的想法，追求个人自由和能力，思维严谨，不受批评的干扰，坚持，独立，有批判精神，喜欢以自己的方式行事

续表

ISTP（手艺者）	ISFP（创作者）	INFP（化解者）	INTP（建筑师）
平和寡言、善于容忍、灵活，是冷静的观察者，当问题出现时便迅速行动，找出可行的解决办法；重视逻辑和前因后果，重视效率，好奇心强，善于观察，信服可靠的事实，能很好地利用资源，善于把握时机	友善、敏感、灵活，很容易与人友好相处，忠于自己的价值观，忠于自己所重视的人，不喜欢争论和冲突，很少支配别人，很客观，善于观察周围的人和物，但不寻求发现其更深层的动机和含义，在生活中需要和睦的人际关系	很少显露强烈的情绪，沉默而冷静；理想主义者，忠于自己的价值观和所重视的人，能为自己看重的事业献身，忙于实现理想，忠于自己的选择；好奇心强，思维开阔，能很快看到事情可行与否，试图了解别人、协助别人发展潜能，避免冲突，没有兴趣支配别人	沉静、灵活，善于分析，喜欢探寻理论上的合理解释，有非凡的能力去专注而深入地解决问题；追求精细，有独立见解，乐于为了改进事物的目前状况而思考，想法很复杂，有很好的逻辑性，善于解决问题
ESTP（创业者）	ESFP（表演者）	ENFP（奋斗者）	ENTP（发明家）
灵活，忍耐力强，注重实际，注重结果，对理论和抽象的解释不感兴趣，重视行动，喜欢通过亲身感受来学习新事物，享受与他人相处	外向、友善、热爱生活、擅长交际，常常是别人注意的中心，喜欢与人共事；在工作上讲究实用性和趣味性，容易接受新环境；对理念和概念上的解释感到不耐烦，希望以行动解决此时此刻的问题；喜欢通过实践来学习	热情洋溢、有魅力，富有想象力、充满新思想；灵活，有很强的即兴发挥的能力；自信，也乐于欣赏和支持别人；关心他人的发展，喜欢和睦，乐于保持一种广泛的人际关系；好奇，不墨守成规，常常发现新方法；善于从周围人当中获得能量，能把自己的才能与别人的力量成功地结合在一起	思维敏捷，能激励他人，重视灵感，有想象力，试图把新想法转变成现实；乐于争论，能随机应变地应对有挑战性的问题；善于有策略地分析问题，善于洞察别人，在人际交往中有感染力，朋友多；对日常性的事务感到厌烦
ESTJ（监督者）	ESFJ（供应者）	ENFJ（教导者）	ENTJ（领袖）
灵活、注重实际、注重结果，积极采取行动解决问题，能果断做出实际可行的决定；可以组织人员有效率地完成工作，有一套清晰的逻辑标准，以强硬的态度执行计划	有责任感，喜欢合作完成任务，重视细节上的精确，讲求实际，安排有序；追求和谐的人际交往环境，能体察别人的所需并全力帮忙，致力于创造友善的人际关系，希望得到他人的认可，对批评比较敏感	温和、反应敏捷、有同情心、有责任感，以热情的态度对待生活，对敬佩的人和事业非常忠诚；精力充沛，锲而不舍，善于发现别人的潜能并帮助他们成长，能成为个人或群体成长和进步的催化剂	拥有天生的领导力，果断，能系统地解决问题，善于制订长期计划和设定目标，把事实看得高于一切，渴望不断增加知识，乐于钻研复杂的理论性问题，能控制环境，有预见能力，并善于传播观点，陈述想法时坚定有力

💬 讨论 2-1　　　　**确定自己的性格类型**

　　学生分成若干小组，每组 4～6 人，按照 4 个维度分别进行描述，并确定自己的性格类型；在分享每个维度的相关内容后，其他人可以帮助其寻找证据或提出疑问，以便其在此过程中进一步确认。

（1）在内向型与外向型维度中，你偏向于哪个？能佐证的例子有什么？其对职业发展方向的影响是什么？

_____

_____

_____

（2）在感觉型与直觉型维度中，你偏向于哪个？能佐证的例子有什么？其对职业发展方向的影响是什么？

_____

_____

_____

（3）在思考型与情感型维度中，你偏向于哪个？能佐证的例子有什么？其对职业发展方向的影响是什么？

_____

_____

_____

（4）在判断型与知觉型维度中，你偏向于哪个？能佐证的例子有什么？其对职业发展方向的影响是什么？

_____

_____

_____

（三）性格类型与职业匹配

了解自己的性格类型有助于了解职业倾向。表2-4列出了16种性格类型及对应的典型职业领域。

表2-4　16种性格类型及对应的典型职业领域

ISTJ	ISFJ	INFJ	INTJ
政府机构、金融、技术领域、医护领域、行政管理等	医护领域、服务业、教育领域等	咨询服务、教学、艺术领域等	科研、科技应用、技术咨询、管理咨询、金融等
ISTP	ISFP	INFP	INTP
技术、金融、运动、艺术等	艺术领域、医护领域、商业、心理保健和护理等	艺术领域、教育、研究、咨询等	计算机技术、学术领域等

续表

ESTP	ESFP	ENFP	ENTP
商业、熟练工种、娱乐、体育等	健康护理、教学、熟练工种、公共服务、消费类商业、旅游业等	咨询服务、教学、艺术领域等	投资顾问、项目策划、市场营销、创业、公共关系等
ESTJ	ESFJ	ENFJ	ENTJ
管理等	教育、健康护理、旅游业、社区服务等	教育、咨询、新闻传播、公共关系、文化艺术等	管理咨询、培训等

表2-4虽只列出了一部分职业领域，但可以拓展我们对职业的探索，帮助我们学习如何将自己的性格与相关的职业连接。同时，了解自己的性格类型并不会限制对职业领域的选择，因为性格类型不同的人也可以从事同一个领域的工作，只是岗位分工不同，在工作团队中会有不同的角色贡献。

三、如何找到适合自己的职业——将性格探索的结果应用于生涯规划

（一）将性格类型与职业相连接

要将性格探索的结果应用到生涯规划中，就需要将自己的性格类型放到某一个具体的职业情境中去，了解这种性格如何在工作中表现出特定的行为特征。

徐鑫和金晓都是中学教师，然而两个人性格迥然不同：徐鑫的外向型特征明显，性格开朗，表情丰富，非常健谈，喜欢交流；金晓则偏内向型，比较深沉，话不多，喜欢思考，逻辑性强。两人在教师岗位上表现出来的特点也不同。徐鑫教语文，优势是课堂教学非常有感染力，课堂气氛活跃，师生关系非常融洽。金晓教化学，优势在于科研能力很强，能带领尖子生做研究，而且教案非常出色，结构合理，课程设计常常很有新意。二人都是很优秀的教师骨干，在教学中根据自己的性格特点发挥出了相应的才能。

MBTI量表4个维度的性格特征就像4块拼图，正面拼出来INFP，背面就是ESTJ，代表人不同的两面。以内向型与外向型维度为例，I和E相对，代表两类不同的能量来源，内向型的人从自身获取能量，外向型的人从社交中获取能量，将这两种不同的特征运用到职业情境中，会表现出不同的特点和行为方式。同一份工作，内向型的人和外向型的人都能够胜任，但侧重点可能不同。

扫一扫听音频

你了解心理测评吗

👁 练习2-5　　　　　将性格特征运用到职业情境

设想一个你理想中可能从事的职业，可以具体到何种机构中的何种职业，与同学一起讨论，以你的性格特征，你在这个职业情境中的表现会是怎样的。

（1）在这个职业情境中，以你的性格特征，你能做些什么最擅长的事情？

_____

_____

（2）在这个职业情境中，你可能会遇到什么样的困难？以你的性格特征，你会如何解决？

_____

_____

_____

（3）在这个职业情境中，以你的性格特征，你会如何发挥你的专业能力？

_____

_____

_____

（4）在这个职业情境中，以你的性格特征，你会如何应对与领导和同事的关系等专业能力之外的挑战？

_____

_____

_____

_____

（二）性格探索中的挑战

大学生在了解了自己的性格特征并把它运用到生涯规划中去的过程中常常会出现一些困惑，下面列出了常见的几点。

1. 性格测试结果不准怎么办

任何性格测试结果都不能百分之百地还原人的真实个性。性格是很复杂的，测试结果只是一个提示和参考，往往只能帮助我们树立探索自我的意识。如果测试结果和自己的认识有偏差，这正是一个深入探索的好机会：不相符的地方在哪里？是什么造成了这样的偏差？也许是"理想中的性格"左右了测试结果，或是发现了性格中不易觉察的部分，这些都是进一步了解自己的机会。

2. 能否改变性格以适应职业

性格是相对稳定的人格特征，构成了与众不同的自己。世界上有不同性格类型的人，也有相应的不同类型的生活方式。心理学家荣格认为，人在40岁之后，人格中处于相对次级位置的特征会被重新挖掘、变强，人会去觉察和体验不曾有过的感受，或去尝试不曾做过的事情。这也能解释当前较为普遍的中年创业或重新寻找职业领域的现象，但个人的优势性格在整个生涯中仍然是占主导地位的，它决定着个人对职业性质的要求和职业幸福感。

3. 怎样使用性格测试结果去寻找合适的工作

首先，要理解每种性格的内涵，充分了解自己具有什么样的独特的性格特征；其次，需要了解职业对人的性格有什么要求，有些职业在不同的岗位上对人的性格的要求是不同的；再次，尽可能多地列出那些符合自己性格特征的职业岗位作为备选；最后，详细讨论自己的性格与职业岗位匹配的优势在哪里，以加深对自己性格的了解。经过不断的探索练习，就会将性格探索和工作匹配运用得更熟练。

💬 讨论 2-2　　　　　　　　"接纳自己"的行动方案练习

（1）自己的性格特征会带来哪些优势？

学生以4人为一个小组，分别说说自己的性格特征具有哪些优势，并且举出生活中的例子。

_____

_____

_____

（2）这些优势怎样影响自己的专业学习？对自己的职业理想有哪些正面影响？

_____

_____

_____

_____

_____

四、性格可以改变吗——性格的完善

（一）性格可以改变吗

张帆的同学王淼面临一个困境，王淼是英语专业的学生，但是他性格非常内向，不善言谈。按理说王淼将来可以从事翻译或者编辑这样的职业，它们不需要太多与人打交道的技能，但是王淼的兴趣点又不在翻译或编辑上，王淼一心想做口译，可是做口译需要与各式各样的人进行沟通和交流，王淼该怎么办呢？

布赖恩·利特尔教授在《突破天性》一书中列出的这个小实验可以帮助我们较客观地了解自己的内外向倾向。一般来说，外向的人的棉签会继续保持水平，内向的人的棉签会有一端下沉。原因是内向的人对浓缩柠檬汁的刺激反应更强烈，分泌了更多的唾液。

在生活中，很多大学生可能有的时候觉得自己是外向的人，有的时候则会觉得自己非常内向，甚至困惑自己到底是什么样的人。或许做完柠檬汁内向、外向实验，你对自己的生物性人格就会有更多的了解。其实在生活中，内向和外向就像人们的左手和右手，人们都会使用到。有些人在朋友面前是开心果，在长辈面前则尽量降低自己的存在感，表现得像个内向的外向者；有些人喜欢安静独处，但在社交场合也可以如鱼得水，表现得像个外向的内向者。人们虽然有天生的生物学意义上的内向、外向差别，但是为了适应社会，还是会发展出适合当时情境的自由性格特质。因此，性格并非完全一成不变的，而是可以完善的。

- 测一测

柠檬汁内向、外向实验

（1）准备一支吸管、一根双头棉签、一根线和一杯浓缩柠檬汁（普通的柠檬汁效果不好）。

（2）把线系在棉签的中间，让棉签水平悬吊。

（3）做4次吞咽动作，然后把棉签的一端放在舌头上20秒，拿开。

（4）在舌头上滴5滴浓缩柠檬汁，吞咽。

（5）把棉签的另一端放在舌头上20秒，拿开。

（6）观察吊起来的棉签哪一端比较重。

（二）如何完善性格

王淼要怎么做才能发展自己外向型的部分呢？下面有一些建议。

1. 发展灵活的个人建构

人们在评价自己和他人的人格时，总是带着这样或那样的看法和观点，这种看法就叫作个人建构。比如王淼觉得性格内向的人做口译会遇到非常多的挑战，但是王淼只要认真审视自己，就会发现这些个人建构并不是一成不变的。提出个人建构心理学的美国心理学家乔治·凯利认为，与自我价值相关的人格特质，也就是人们对"我是谁"的核心理解就是核心个人建构，一般是相对稳定的。而我们对"我是谁"的核心理解给了我们一个安全的框架，但是也限制了我们对自己其他可改变的自由性格特质的探索。谁说一个人完全不可以改变呢？当人们的核心个人建构也就是对自己的认识越丰富、越灵活，人们的适应性也就越强。如果王淼的核心个人建构除了内向，也有仔细、灵活，那么对王淼来说，仔细和灵活可以帮助他更好地进行口译工作。

2. 制订与自我协调一致的发展计划

木桶理论认为，一个木桶必须每块木板都一样平齐且无破损才能盛更多水，如果这个木桶的木板中有一块短板，就无法盛更多水（见图2-2）。但是，如果将木桶向长板那一侧倾斜（见图2-3），也一样可以取得盛更多水的效果。我们制订自我发展计划时把精力集中于补齐短板、匡正缺点，这本身确实有一定的价值，但是如果把优势性格比作性格中的长板，发展自己的优势，并围绕优势管理自己的短板，一样可以扩大木桶的容积，为我们的未来带来更多可能。如王淼可以把自己的性格完善目标设立为成为一个外向的内向者，充分探索和发挥内向者的优势，并学习一些外向的沟通交流技能，这样更契合实际，也更接近自我完善的目标。为此，他可以制订一个个人发展计划，让自己有计划、有步骤地接近自己的理想状态。如果你曾经在开学初期制订过学期计划，那么一定会理解执行计划并不容易。个人计划是否能够顺利执行，有3个条件：第一，必须是自发的，并不是外界环境要求个人必须改变，而是自己希望有所改变；第二，这个计划是有可能实现的，不切实际的计划完全没有意义；第三，这个计划本身是可控且可持续的，因为人们在制订改造自我的计划的时候总是兴趣盎然，但是时间一长就很容易懈怠，所以个人计划的执行需要被监控，你可以请室友帮忙监督，互相帮助，一起成长。

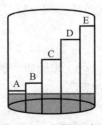 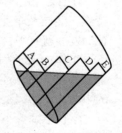

图2-2 木桶理论1　　图2-3 木桶理论2

3. 创造自我恢复的空间

雄心勃勃的自我性格改造计划要想顺利执行，一定不能忽视自己的生物属性，所以创造自我恢复空间就是重要的配套措施。如果你是内向的人，那么在发展自己外向的自由特质，如在完成班上主动发言、在同学聚会上侃侃而谈的挑战任务后，最好去图书馆找一个让自己舒适的角落，喝一杯热气腾腾的枸杞养生茶，读一读自己喜欢的书"冷静"一下。这样你就可以有更多的精力面对下次"突破天性"的举动，也会变得越来越平和。

4. 获得改变的智慧

我们需要有勇气改变可以改变的事，有胸怀接纳不可改变的事，有智慧来分辨两者的不同。有的大学生花了很多力气和自己的核心特质较劲，有的大学生把自己的问题归结为性格如此，不愿意踏出自己的安全区，做出改变。如何才能让做调节工作的"自我"充满智慧，做出最佳的选择呢？

（1）相信你的价值。无论你陷入了怎样悲伤和低迷的境地，你还是你。我们的核心特质的形成与发展是在当时的背景下的适应性选择。每个人作为独特的存在，都有自身的核心价值，即使出现暂时的不适应，也不必自我贬低。

（2）允许自己不完美。每个人都会做一些徒劳无功的事情，或者每个人都有可能做一些错误的选择或者决定，给自己下达"只做正确的选择"的命令没有任何意义，人们更多的智慧体现在失败、挣扎之后的发现中。

（3）对自我包容。人格健全的人能包容自己的不足之处，而不是排斥所有的缺点。大学生重点不应放在"改正"自己个性方面的缺点上，而应放在理解自己"缺点"背后的积极意义，进行转化，促进人格的协调发展上。

（4）有未来视角。性格完善是终身的追求，努力培养优秀的品质需要更多的人生阅历。对大学生来说，制订长远的发展计划，拥有更远大的目标，是促进自我接纳和性格完善的重要保障。

总体来说，大学生需要了解自己的性格，寻找与自己性格匹配的工作，同时也需要去完善自己的性格，以更好地适应社会和职场。

💬 对话空间

小田是大四的学生，经济学专业，在秋季双选会上给众多单位投了简历，收到了不同类型的多家单位的面试邀请。小田不知道如何选择职业方向，希望寻求家长、老师和职业规划专家的帮助。听专家说要结合自己的兴趣和性格来择业，小田更慌张，因为她一直是从市场前景的角度来选择专业和职业的，从未考虑过这2个个人因素。

工作2年的学长：有重点地去面试，选规模大的企业，不用考虑自己的兴趣和性格特点，能被大企业接收就行，在现在这个就业形势下别想那么多，先占位子、学东西，往后发展就有平台了。

工作5年的学长：一定要选择和专业相关的工作，这样符合个人兴趣，能让小田在繁重的工作之余还愿意进一步钻研。否则小田就会变成普通的"螺丝钉"，每天做琐碎的事情，消磨掉工作热情。

学校老师：小田的性格比较开朗，对专业之外的许多事情都有广泛的兴趣，这可以帮助她尝试多种类型的富有挑战性的工作，建议她选择一个与个性相符的岗位。

职业规划专家：收到多份面试通知，说明小田的专业能力得到了认可。外界平台多的时候，尤其要倾听内心的声音，应该选择与自己的兴趣和性格相符的职业岗位来发展自己的能力。对于自己的兴趣和性格，可以学着探索总结一下，使其尽量能和工作匹配。如果外界的选择不多，可以适当妥协和拓宽选择，只要不是自己特别抵触的工作都可以考虑，在工作的过程中也可以培养和发展自己的兴趣。

企业人力资源部门：现在大学生的综合素质和基本能力都是不错的，在工作的第一年就可以根据性格来安排工作岗位。那些性格与岗位相匹配的员工能更自如地胜任工作。从长远发展来看，对工作有持久兴趣的员工更能坚持工作，并能不断尝试，做出成绩。

听了大家的意见后，小田认为，短期内自己求职的心情很急切，只考虑短期竞争的话可以只关注单位的性质和发展前景，但要长远规划职业生涯就需要对自己有更多的了解，因此小田很明确接下来要做的事情：探索自己的兴趣和性格，然后选择一份与之相匹配的职业。

• 价值引领 ···

姚明的成长故事

姚明的父母都是篮球运动员，他从小就有身高优势。在别人眼中，姚明走上职业篮球道路似乎是顺理成章的，但谈到小时候的梦想，姚明的回答却出人意料："我小时候并不想打篮球，想做的是考古学家。"在一档访谈节目中，姚明回忆小时候看了很多历史书籍，对历史、考古相关的电视节目很感兴趣，学校里最喜欢的课也是历史和地理课。直到16岁时，在一次晚上的训练中，他突然发现球鞋摩擦地板、篮球撞击篮筐的声音很好听，自己奋力跑步时的风声也很好听，才真正感觉"篮球很好玩"。姚明说，有了爱好之后，他的篮球潜能被不断开发出来，训练态度和钻研度跟以前相比完全不一样。在他眼中，爱好才是最好的"天赋"。

兴趣需要实践、发现和培养，大学生不要对自己"设限"，要开放地去探索自己，积极实践，在实践中发现和培养自己的兴趣，这样才能做到干一行、爱一行、专一行。

困境引入

找工作要以价值观和能力特征为依据吗

几个学生刚刚听完一场关于职业生涯规划的讲座，针对专家提出的"找工作要以个人的价值观和能力特征为依据"的观点，他们展开了一番讨论。

贾道："原以为专业能力强就可以信心满满地去工作了，谁知道还要考虑价值观与工作是否契合！专家讲的东西我从没考虑过，这是一个空白的领域，我必须弄明白。这样才能更好地选择就业单位。"

甄力："我关心的是专家讲的那些能力特征，以前没听说过这些名词，我打工比较多，不知道那些能力培养起来没有。"

隋毅："其实能力那么多，培养什么也无法由自己决定，我们现在讨论再多都是纸上谈兵。未来？未来自有安排。"

张逸："价值观？我的价值观很明确，生活就是为了快乐，明天再努力吧！这样的价值观该找什么样的工作？"

　　价值观在职业生涯规划中到底发挥什么作用？大学生又该如何明确自己的价值观？本章就带领大家继续探索自我，帮助大家了解自己的能力，明确自己的价值观，从而更好地规划自己的职业生涯。

第一节　我能做什么——探索能力

一、如何创造生涯成就——能力与生涯发展的关系

　　明尼苏达工作适应理论提到：能力是指"我们能做什么"。例如：我们能够解一道复杂的数学题，能够说服别人改变想法，能够排除洗衣机故障，这些都表明了我们具有某些潜在的有价值的能力，并且有些能力是直接和职业相关的。企业在选择我们时，就会关注这些能力带来的价值。

扫一扫看微课

　　早在20世纪初，心理学家就对人的能力的差异性产生了兴趣，并开发了智力量表，用于测定学生是否适合某种教育形式。在20世纪职业生涯规划理论快速发展的时期，帕森斯和戴维斯等心理学家都倡导进行职业生涯规划时要考虑个人的能力特质以及不同的能力与职业环境的匹配情况，由此针对多种能力特质的测验被开发出来，用于测量人的资质，包括语言和数字推理能力、空间能力、科学技能及动手能力。

　　明尼苏达工作适应理论提出：当工作环境能满足个人需求（内在满意），个人也能顺利完成工作要求（外在满意）时，个人在该工作领域才能持久发展。也就是说，个人需要努力维持与职业之间的一致性，一致性越强，个人的工作满意度就越高，个人在这个工作领域的发展也越持久。而在影响这种一致性的多种因素中，能力是雇主较看重的，也是我们需要了解的：当个人的能力和工作要求匹配时，个人容易发挥自己的潜能并获得满足感。反之，当个人去做力所不能及的事情时，就会感到焦虑，产生挫败感。兴趣和性格因素虽然也对工作满意度有重要影响，但它们不直接影响工作效率，不直接决定工作完成情况。因此，让个人做其能够胜任的工作，培养和发展个人能力，使个人发挥潜能，这是企业和个人共同的追求。

二、我具备哪些能力——了解能力和技能

（一）能力的内涵

　　能力是一种个性心理特征，是能顺利完成某种活动的心理条件。每个人从婴儿成长为能读会算、能完成许多社会交往活动、能规划人生的成年人，已经积累了许多能力，这些能力需要我们识别出来并梳理清晰。这对于知道自己具备什么能力、适合什么工作是非常有必要的。

👁 **练习3-1**　　　　　　　**数数自己有哪些能力**

（1）请在10分钟内写出自己具备的所有能力，可以涵盖各个方面，然后按照能力的强弱，以10分为满分给每项能力打分。

_____

_____

_____

_____

（2）给这些能力分类，说说每一类别中各项能力有什么共性。

_____

_____

_____

_____

_____

_____

（二）能力的分类

关于能力的分类，经典的代表理论是多元智能理论。多元智能理论是由美国心理学家霍华德·加德纳提出的，该理论认为人的智能是由多种能力构成的，这对于学校的教学改革和人的发展价值的探讨都有积极的意义。该理论认为，智能是人在特定情境中解决问题并有所创造的能力。我们每个人都拥有8种主要智能：语言智能、数学－逻辑智能、音乐智能、肢体－运动智能、视觉－空间智能、自然智能、人际智能、自省智能（见表3-1）。这8种智能在个人的智能结构中处于同等重要的地位，但是它们以不同的方式、不同的程度组合起来，从而使每个人的智能各具特点。传统上学校较注重学生在数理方面（数学）的能力和语言方面（语文）的能力的发展，但这两方面并不是人类智能的全部。不同的人会有不同的智能长项和智能组合，例如，建筑师的空间感（视觉－空间智能）较强，舞蹈演员的动作技能（肢体－运动智能）较强，公关专家的人际交往能力（人际智能）较强等。

表3-1　人类的8种主要智能

智能种类	智能特征	相关训练活动
语言智能	善于表达，驾驭文字的能力强	读、写、讲故事或办一份报纸、期刊
数学－逻辑智能	能有效运用数字，推理能力强	计算
音乐智能	对音高、音色、节奏、旋律等较为敏感	唱歌、表演、谱曲
肢体－运动智能	有良好的身体技巧和控制平衡的能力	运动，学习舞蹈、体操，制作小模型
视觉－空间智能	能够准确地感知视觉空间，并能把感知到的表现出来	绘画、雕刻、设计服装和家具
自然智能	能够识别自然界的各种动物和植物，并能进行分类	采集各种标本（树叶、化石、蛇皮）、在花园里玩、收养宠物

续表

智能种类	智能特征	相关训练活动
人际智能	能够察觉别人的情绪、意向，辨别不同的人际关系	领导团队、解决朋友之间的问题
自省智能	能很好地控制自己的情绪并善于自我分析，有自知之明	独立思考、自我反省

多元智能理论让每个人都能看到自己的长处，使人们有信心在职业生涯规划中找到适合自己的方向。在未来社会，职场强调人的专业化发展，看重人的个性化能力，不同的人在不同领域都能取得成就，未来不再局限于用单一的智力标准来衡量人能力的强弱。了解自己具备什么样的智能，就可了解自己的个性特征，知道应重点培养哪些方面的技能，从而达到全面认识自己的目的。

吴刚今年36岁，在一家国际互联网公司做创意总监。他个人的职业满意度非常高，公司也很欣赏他的业务能力和管理能力。

中学时吴刚的成绩中等，且语文和数学这两科成绩较差，因此吴刚对自己未来的职业成就也没有过多的期待。

但吴刚一直喜欢绘画和摄影。他喜欢观察生活的细节，并用画笔或镜头捕捉、表现出来。在当时这被家长认为是"耽误学习"的活动。吴刚进入大学后，学的是平面设计，他的个人能力开始展现出来，他设计的作品常常受到老师称赞。

大学毕业后，吴刚顺利进入这家国际互联网公司，从美编做起，一直做到创意总监，整个过程非常顺利。在他进入职场后，数学和语文方面的能力已不是他的工作重点需要的，而较强的视觉-空间智能成了他的优势。

（三）技能的含义

技能是经过后天学习和练习形成的，它比能力更加聚焦于工作的领域。能力在实践和练习中得到提升和延展，就发展为技能，但是有些能力没有机会展现出来，有些能力甚至会荒废。在表3-1中，"智能特征"反映了能力倾向，"相关训练活动"则与技能的培养相关。二者都具备的人成为专业人才的可能性较大。上述例子中的吴刚，他具有视觉-空间智能的倾向，有两种可能的发展方向：一是重视这个智能倾向，积极培养和训练，使设计技能越来越强；二是忽视这个智能倾向，把时间花在学习数学和语文知识上，结果可能是无法发展出优秀的设计技能。因此，能力能否转化为技能，训练起到了关键作用。

大学生经过十几年的系统学习，已经培养了多项能力和技能，不管是否具备天赋，都经过了在各项能力上的全面训练，形成了一定的技能，大学生需要识别哪些是自己的优势技能。例如，有的大学生在音乐上没有什么天赋，虽然经过多年的学校教育，掌握了基本的知识和技能，具备了一定的音乐技能，但其音乐技能在求职中并不是优势技能。还有些具备音乐天赋的大学生，由于没有进行音乐专项训练，其音乐技能可能停留在兴趣爱好者的水平，无法作为优势技能来帮助其求职。如果一名大学生不仅具有音乐天赋，还在音乐学院进行了专业的学习和训练，那么他就可以作为音乐专业人才进入职场，音乐技能就是他的优势技能。

👁 练习3-2　　　　　　　　**识别自己的优势技能**

　　按照多元智能理论提出的8种智能，逐项对照思考自己的能力特征，并想想自己接受过哪些训练，通过这些训练具备了哪些技能，这些技能对从事相关的职业有哪些帮助，请在思考后填写表3-2。

表3-2　识别自己的优势技能

智能种类	接受过哪些训练	具备哪些技能	对从事相关的职业有何帮助
语言智能			
数学–逻辑智能			
音乐智能			
肢体–运动智能			
视觉–空间智能			
自然智能			
人际智能			
自省智能			

　　优势技能是通过训练形成的，日复一日的学校教育帮助我们形成了基本的技能。但有些技能并不能在学校里学到，或者我们没有足够的时间来训练以形成某些技能，这就需要我们对自己的技能有准确的认识，然后制订训练计划，发展有关方面的技能。

（四）技能的分类

　　辛迪·梵和理查德·鲍尔斯将技能分成3种类型：知识技能、自我管理技能、可迁移技能。

　　1. 知识技能

　　知识技能是指那些需要经过教育和培训才能获得的知识和能力。知识技能常常与我们的专业学习相关，有特殊的词汇、概念、方法论和程序，并且不可迁移。知识技能还包括所学专业之外的知识体系。要想在工作中获得成就，不仅仅要依靠专业知识，还要具备完备的综合性知识。

　　知识技能的获得有多种途径，其不仅可以从系统的教育中获得，还可以从专题培训中获得，甚至可以从个人兴趣爱好活动中获得。有些大学生认为自己所学的专业冷门，职业发展路径窄，只有转专业才能实现在其他领域的就业，这种想法具有局限性。在现代的教育和职业体系中，各个阶段、各个领域都有针对不同人群和知识结构的培训，人们可以有选择地学习，以丰富自己的知识技能。

👁 练习3-3 **盘点自己的知识体系**

回顾自己接受过的教育、培训和参加过的实践活动，尽可能地列出自己所掌握的知识技能。

（1）通过接受系统的教育，我掌握的知识技能有

_____

（2）通过参加社会实践活动，我掌握的知识技能有

_____

（3）通过兼职或实习，我掌握的知识技能有

_____

（4）通过参加专题培训和短期学习，我掌握的知识技能有

_____

（5）通过参加个人兴趣爱好活动，我掌握的知识技能有

_____

（6）通过其他途径，我掌握的知识技能有

_____

由于知识技能的学习伴随大学生的整个学生时代，因此大学生习惯用知识技能水平来衡量个人能力，甚至用知识技能取代自我管理技能和可迁移技能，盲目地考级、考证，通过获得较多的证书来证明自己的能力。实际上，一个人具有的知识技能即使再多，那也是有限的，真正对职业生涯产生重大影响的是自我管理技能和可迁移技能。

2. 自我管理技能

自我管理技能包含一个人如何运用自己的专业知识、以什么样的态度从事工作、用什么方法解决困难以及怎样与他人相处等特征。它更多地被看作一个人整体的个性品质，而不是某一种具体的技能。良好的自我管理技能能够帮助个体更好地适应工作环境，应对困难和挑战，因此，自我管理技能也被称作"适应性技能"。自我管理技能并不是通过集中的教育获得的，而是在生活中不断积累、在成长中不断学习而逐渐培养的。

自我管理技能通常用形容词或副词来表达，下面列出了一些，你也可以写出更多。

诚实、正直、自信、开朗、合作、耐心、细致、慎重、认真、负责、可靠、灵活、幽默、友好、真诚、热情、投入、高效、冷静、严谨、踏实、积极、主动、勇敢、忠诚、直爽、现实、执着、机灵、感性、善良、大度、坚强、随和、聪明、稳重、朴实、机智、敏捷、活泼、敏锐、公正、宽容、勤奋、镇定、慷慨、乐观、亲切、好奇、果断、独立、成熟、谦虚、理性、平和、有创意、有激情、有远见、有抱负、有条理、有想象力……

◎ 练习3-4　　　　　　　　**他人眼中的我**

（1）从他人眼中获得对自我形象的了解是非常有益的。你可以试着问他人一个问题：我在你眼里有什么特点？将他人的回答总结记录下来，形成对自我的描述。请询问10个以上的人。

_____

_____

_____

_____

（2）通过这个练习，你对自己有什么新的发现和认识？

_____

_____

_____

_____

_____

3．可迁移技能

可迁移技能是在某一种环境中获得的并可以有效地移用到其他不同的环境中去的技能，它是个人能够持续运用和依靠的技能，也称为"通用技能"。常用的可迁移技能包括交流表达能力、创新能力、自我提高能力、与人合作能力、问题解决能力、组织策划能力、信息处理能力、学习能力和管理能力等。

可迁移技能的特点是，它可以通过生活的方方面面体现出来，并且可以迁移到任意一个工作情境中去。例如，宿舍中有人晚睡，影响到他人，发生矛盾，宿舍长出面沟通调解，并召集大家共同制订宿舍作息守则，其中就要用到沟通能力、组织能力、与人合作能力、管理能力等多项重要的可迁移技能。

◎ 练习3-5　　　　　　　　**可迁移技能词汇表**

圈出所有你拥有的可迁移技能。如果某项技能使你回想起你的成就，则写下这项成就。请思考：你所具备的这些技能和你的职业方向有怎样的关联？

收集、比较、交流、学习、领导、调节、集中、倾听、纠正、发展、发明、生产、探测、研究、咨询、设计、创造、证明、编程、保护、宣传、测量、提问、阅读、推理、维修、指导、计算、阐述、引导、说服、购买、感受、装配、追随、组织、识别、执行、管理、表演、分析、预测、制图、照顾、分类、建设、控制、烹调、记录、描绘……

👁 练习3-6　　　　　　　　　撰写成就故事

　　请写下让你有成就感的5件事，并进行分析，看看这些事反映出你具备哪些可迁移技能。请注意：成就故事可以关于学习、生活的各个方面，不限于工作领域。"成就"的含义是自己感到满足，有价值感，为之兴奋或激动，也可以包括外界的认可或好评。

　　每个成就故事应当包括以下5个要点。

（1）你想达到的目标。

（2）你面临的困难和挑战。

（3）你是如何一步步克服困难、完成挑战的。

（4）你取得的成就。

（5）你使用的技能。

成就故事1：

_____

_____

_____

成就故事2：

_____

_____

_____

成就故事3：

_____

_____

_____

成就故事4：

_____

_____

_____

成就故事5：

_____

_____

_____

整理以上故事中的技能，找出多次运用的技能，这些多次运用的技能就是你已掌握的可迁移技能。

三、能力不足如何应对——树立正确的能力观念

生涯规划实践中常有大学生表达关于能力的种种疑虑，例如：和优秀的同学相比，有人会感到自己各方面能力都有欠缺，为难以在短期内达到较高水平而沮丧；有人在某些方面的能力很强，但在其他方面的能力却很弱，二者差距很悬殊，他们担心这会影响未来的职业表现；有人希望提升自己，却不知道哪种能力最值得投入时间和精力。这些疑虑涉及我们对能力持有何种观念。

（一）发展能力的重点是发挥优势还是恶补短板

曾经有一种关于能力的观念很流行：人的发展高度取决于人的最短板，即木桶理论，一个木桶能装多少水，取决于它最短的那块板。木桶理论曾经让很多大学生忙于补自己的短板，希望自己的木桶能装更多的水，自己能获得更高的职业成就。然而这个理论近年来得到了更好的诠释：木桶能装多少水，不仅取决于最短的那块板的高度，还取决于木桶的直径、木板的弧度、桶底的承受力等因素。这样一来，最短的板有多高，似乎不是关键的因素了。我们从中得到的启发是，任何一件事情要做成功，都不取决于单一的因素。补能力的短板也许是完善自己的路径之一，然而要想提高自己的竞争力，增强自己的综合能力，还有其他的方法。现在比较认可的是发展优势。在现代社会，一个人的优势能力将是他区别于其他人的标志性特征，能够让他在擅长的领域做出成就。所谓"扬长避短"，就是说要在自己有天赋、有基础的能力方面继续下功夫"深耕"，具有一技之长，积累发展的基础。

（二）合理接纳自己的能力限度

常有大学生提出以下问题："老师，我的组织协调能力不行，我要怎么提升？""老师，我的总结概括能力太差了，我该怎么提升？""老师，我不喜欢与人沟通，我要怎样才能让自己变得健谈呢？"对于这些情况，我们要弄清楚：这些能力是否必须提升？这在自己能达到的能力范围之内吗？如果是艺术型的学生，其组织协调能力可能稍逊一筹，优势能力应该是创造力和审美能力，那么其可以选择和创造性、审美相关的，且不太需要很强的组织协调能力的岗位。现代社会分工合作的特征越来越明显，并不需要一个人同时具备所有的能力。性格类型是内向型的大学生，可能擅长内省但并不健谈，但社会上仍有其适合的岗位，例如，编辑、财务、音乐制作、医疗等很多领域都需要从业者有自省的能力，而不把健谈作为对从业者的首要要求。因此，要合理接纳自己的能力限度，不要陷入对能力的无限追求中。

（三）找到应重点发展的技能

有些大学生认为自己的能力和兴趣不在同一个领域，有能力的没兴趣，有兴趣的能力不够。这其实涉及3类技能的掌握情况。专业能力通常与知识技能相关，而有兴趣的领域由于不是所学专业，因此知识技能的积累不够，造成暂时的能力不足。自我管理技能和可迁移技能不是通过接受学校的教育就能学到的，但这两种技能对工作的帮助往往更大。如果你具备查询资料的能力和学习能力，那么学习其他专业知识并不难。因此，在现代社会，相比知识技能，更需要重点发展的是自我管理技能和可迁移技能。

（四）对能力的探索也是自我认知的提升

有些大学生认为自己能力平平，和他人相比无突出的优势，好像自己具备的能力别人都具备，别人具备的能力自己却不具备。这样的理解是不全面的，大学生应该加强对自己能力的探索。学生时代的评价体系大多局限在学习方面，比较单一，而职场的评价体系则更加社会化，对人的要求更全面立体。我们的有些优势能力在求学时期并没有体现出来，因此需要我们去探索。例如，独立的研究能力和创新性在求学时期较少有机会展现，但具备这些能力的人在一个研究型的工作岗位上就能将其发挥出来。探索能力的过程也是自我认知不断提升的过程，大学生要学着不断去探索自己已经具备但未明显体现出来的能力特征，为职业生涯规划做好准备。

第二节 我应该做什么——探索价值观和意义

一、工作的价值和意义在哪里——价值观、意义感与生涯发展的关系

（一）价值观激励生涯发展

1. 内在需求决定价值选择

价值观是我们在生活和工作中所看重的原则、标准或品质，它是个体行为背后的深层动机，对个体的职业选择和发展起到重要的激励作用。

现代社会的职业模式正在发生重大变化，传统单一的、一成不变的职业模式正在受到冲击，出现了越来越多的多样化的、凸显个人选择的职业模式。价值观在多种职业选择面前扮演重要的决策角色，它引导个体朝向自己认同的发展方向。价值观对职业行为的影响非常明显，一个乐于助人的人可能愿意从事教师等工作，但一个追求高收入的人则会把高薪水作为找工作的标准。在职业生涯中，任何一项决策背后都有价值观的指引，可以说，如果你不确定你的价值观，你将无法做出决策。两份工作同时摆在你面前时，你需要清楚什么对你更重要：是社会地位，还是经济报酬？是助人精神，还是安全感？有了价值观的引领，你会发现自己做决策时更加坚定。

心理学家认为，当你的心理动机来源于你自己定义的价值观系统时，你会变得更加快乐、健康，你的状态会更好。在20世纪60年代，以马斯洛为代表的人本主义心理学家发现，价值观对于我们的内在决策过程起到至关重要的作用，我们的内在需求决定了我们会做出怎样的价值选择。

马斯洛认为，人潜藏着不同层次的需求，这些需求共分为5个层次，分别是：生理的需求、安全的需求、爱与归属的需求、尊重的需求、自我实现的需求。这些需求在不同的时期表现出来的迫切程度不同，人最迫切的需求是激励人行动的主要动力。

马斯洛的需求层次模型和对应的价值观如图3-1所示。

图3-1 马斯洛的需求层次模型和对应的价值观

李新新今年 40 岁，在一所中学任物理教师，他的教学方式非常有趣，学生很喜欢。他还成立了课后物理小组，带学生做项目和参加比赛。谈到自己的职业生涯时，李新新有很多感慨。

他的职业经历很丰富，从师范大学物理学专业毕业后，为了追求稳定的职业，他进了这所中学做教师。工作几年后，他做出了不少成绩，物理方面的科研工作获得过市级奖项。

此时有培训公司出很高的薪资邀请他做物理教师、带领学生研究小组工作，这实际上和他目前的工作内容很像，只是需要他从这所中学离开，到公司上班。他权衡之后没有答应。这家培训公司处在闹市区，所做的事情非常商业化，而李新新喜欢在安静、单纯的环境中工作，学校的氛围让他感到舒适。另外，每年的两个固定假期让他可以享受和家人在一起的时光。

又过了几年，他的老同学给他打电话，说自己现在在一家科研单位工作，邀请他加入一个物理新项目研究组，做科研工作，为一家公司做产品研发，薪水很高但是需要出国工作。这对李新新来说有很大的吸引力，因为薪水比当教师高出好几倍。但是为此就要离开学校，失去两个固定假期，这让他很难接受，另外，长期在国外工作也让他担心不能陪在家人身边，将来会有家庭方面的遗憾。经过反复比较利弊，他还是放弃了这个机会，虽然感到有些遗憾，但留在学校还是让他感到踏实、稳定。

两年后，由于教学和科研工作都非常出色，他担任了物理教学组组长，此时学校正好有人事调整的机会，他又被聘为重要的管理干部，任副校长兼教务处处长。一开始李新新非常乐于接受这样的安排，因为这意味着他得到了晋升，职业生涯有了新的挑战。他很努力地在新的岗位上工作，也慢慢积累了管理方面的经验，学习处理教学、科研之外的管理、运营、组织协调、教师培训等新的事务，他感到非常充实。但同时，他花在物理教学上的时间开始被其他行政事务挤占，他的课时量减少了，课后物理小组也不得不取消，这让他的专业工作乐趣少了很多。他开始思考自己的职业生涯发展问题：安于现状，虽然工作更加充实，但他会离自己的专业工作越来越远。

于是他做出了一个重要的决定，辞去了副校长和教务处处长的职位，回到一线专心做教师。和学生们在一起让他感到更有活力，教学让他有莫大的成就感。他可以把所有的时间都用来讲课、做实验，关注学生们的成长。每次看到自己的学生成绩提高或是获了奖，他就感到非常快乐。因此，他打算将来一直做一名专业教师，在教学一线工作下去，直到退休。

在上述案例中，李新新的内在需求影响到他 3 次的决策。安全的需求（学校工作的稳定性）是他始终坚持的，也是他看重的；生理的需求（薪水和经济保障）是不强烈的需求，基本满足即可，因此，高薪的工作最终没有打动他；自我实现的需求（助人，对教学、科研的兴趣，教学的社会意义）是他看重的，因此最终超越了担任领导这样的需求。

2. 多元价值观影响职业选择

由于所处的生涯发展阶段、社会环境不同，个人的需求会发生改变，从而可能导致价值观的变化。同时，社会多元化发展、多种价值观带来的冲击也会导致原有价值观体系产生混乱乃至改变。因此，价值观需要不断地被审视和澄清。

江涛是一名大三学生，经济学专业，成绩优异。面临求职选择，他很想去非政府组织工作，实现他为社会做贡献的抱负。江涛的父母的价值观相对传统，他们希望江涛拥有一份稳定的工作，有较好的收入和发展前景以及较高的社会地位，因为物质基础是很重要的，可以为实现人生抱负奠定经济基础，而不是让人生抱负成为空中楼阁；并且需要考虑照顾家庭和教育子女等现实问题，工作地点固定、生活规律也是很重要的。

但在江涛看来，人生有很多拼搏和尝试的机会，一成不变的职业时代已经过去了，他喜欢多元的发展空间，做自己梦想中的事情。但是江涛并没有马上去实现他的想法，因为传统的价值观仍然影响着他，他在金融机构实习期间拿到了很高的工资，这让他看到了自己在金融行业的发展前景，而对于闯荡世界过不安稳的生活他也有些担忧。因此，他陷入纠结中，开始考虑一种折中的方案：能否先在金融行业积累一些经济基础，之后再去非政府组织实现个人的梦想？

在这个例子中，我们可以看到传统的价值观与现代的价值观在江涛身上发生了碰撞，江涛同时受到这两种价值观的影响，不再只有一种选择。在多元社会里他可以选择富于变化的生活，这是一种进步；同时，他要做出改变还是有些困难的，因为家庭的价值观深深地影响着他。年轻人追求独立和时尚，但是不可避免地还要考虑传统社会的价值评判。

（二）意义源引领生涯发展

生命意义源是指人们在一生中借以获得意义的具体事件。每个人的生命意义源可能都不一样。程明明等人的研究发现我国民众的生命意义源包含 5 个维度：社会关注、自我成长、关系和谐、生活享受以及身心健康。王鑫强等人对大学生的研究发现，对于中国大学生来说最主要的生命意义源可能是自我成长。

大学生在成长过程中在不断建构属于自己的生命意义源，这对他们的时间、精力的投注以及未来的职业选择有重要的影响。有的大学生会将生命意义源锚定在一个方面，比如成绩好、被爱，而成绩差或者失恋的时候就会开始怀疑人生。人的生命本该是多元和丰富的，不要只通过一个方面来界定自己的生命价值和意义。

在生命意义源上，建议大学生要探索和拓展多元和丰富的生命意义，除了成绩和人际关系，成长、理想信念、服务他人、贡献社会、身心健康、生活享受等，都可以是生命意义源。

心理测试

中国生命意义源问卷（CSMIL）

数字1～7代表从"完全没意义"到"非常有意义"程度依次递加。请选择适合你的一项，并将答案写在每道题目的前面。

1	2	3	4	5	6	7
完全没意义						非常有意义

1. 有健康的身体
2. 有快乐的心情
3. 保持积极乐观的心态
4. 保护环境
5. 孝敬父母
6. 养育子女
7. 达到一定的目标

8. 关心国家大事

9. 有亲密和知心的朋友

10. 有良好的人际关系

11. 有美满的爱情

12. 生活在和谐的社会中

13. 社会公平

14. 先人后己

15. 给他人带来快乐

16. 得到他人的帮助

17. 为社会做贡献

18. 做自己想做的事

19. 合理安排和管理时间

20. 有工作和事业（或学业）

21. 获得受教育机会

22. 独处思考

23. 获得提升自我能力的机会

24. 有人生的理想和目标

25. 有基本的物质生活保障

26. 帮助他人

27. 有良好的物质基础

28. 得到他人或社会的认可与尊重

29. 从事创造性活动

30. 维持人与自然的和谐关系

该量表由程明明等人于2011年编制，为自评量表，用于测量个体的生命意义源。

计分方式：本量表分为5个维度，将每个维度对应的题目的分值相加得到各维度的总分，然后用维度的总分除以该维度的题目数得到平均分。每个维度及对应的题目如下。

（1）社会关注：4、8、13、14、15、16、17、26、30。

（2）自我成长：7、19、20、21、22、23、24、29。

（3）关系和谐：5、6、9、10、11、12。

（4）生活享受：18、25、27、28。

（5）身心健康：1、2、3。

结果评定：维度的平均分越高说明个体的生命意义更多来源于这个维度。

二、什么激励我工作——职业价值观和生命意义感探索

（一）职业价值观探索

在为自己做职业生涯规划之前，一定要清楚和明确自己的价值观特别是职业价值观。职业价值观决定了工作中哪些因素对你是重要的，哪些是你应该优先考虑和选择的。

对自己的价值观，特别是职业价值观进行分析时，可以参照学者们所提出的价值观类型，看自己到底属于哪一种。其实，我们可以把不同职业价值观的内容加以归纳总结，根据它们所体现的主要方面来确定自己的职业价值观中的主要因素是什么。张再生教授把职业价值观中的主要因素总结为3类，并认为职业价值观分析可以从以下3个方面展开。

第一，发展因素：包括符合兴趣爱好、机会均等、公平竞争、工作有挑战性、能发挥自身才能、工作自主性强、能提供培训机会、晋升机会多、专业对口、发展空间大等。这些都与个人发展有关，因此称为发展因素。

第二，保健因素：包括工资高、福利好、保险全、职业稳定、工作环境舒适、交通便捷、生活方便等。这些与福利待遇和生活有关，因此称为保健因素。

第三，声望因素：包括单位知名度高、规模和权力大、行政级别和社会地位高等。这些都与职业的声望有关，因此称为声望因素。

职业价值观是复杂的、多维度的心理因素，对职业的选择和衡量有多种因素的参与，但各因素起的作用是不同的。从当前的实际情况来看，大学生的职业价值观越来越重视发展因素，而对保健因素和声望因素的重视程度则因人而异，差别较大。

个人的价值观体现在工作和生活的每件小事中，有时候我们不经意就运用了某种价值观作为决策的依据，却不易察觉它的存在。价值观探索的价值就在于，帮助我们觉察那些经常被运用的价值观，帮助我们看清自己最看重的、无论如何也不会放弃的东西是什么。价值观探索能帮助我们澄清什么对我们最重要，让我们体会到什么让我们的生命更有意义，让我们认识到某一份工作如何影响我们的生活。

◎ 练习3-7　　　　　　　　**职业价值观分类卡**

（1）使用职业规划分类卡中的"职业价值观分类卡"作为参考（如果没有也可以自己制作，用纸板制作扑克牌大小的50张卡片，在每一张卡片上写1种重要且常见的价值观）。根据自己的感觉快速地将卡片按"总是重视""常常重视""有时重视""很少重视""从不重视"进行分类。注意要根据自己的感觉选择，而不用管别人会怎么看，或别人希望你怎么选择，因为需要明确的是什么对你最重要。在"总是重视"栏目中不能选择超过8张卡片。

（2）将每个栏目中的卡片排序，将你感觉最强烈的价值观卡片放在顶端，其他依次按重要程度降序排列。

（3）思考你此前的职业决策和你的重要价值观，看看你的价值观是支持、否定、刚好匹配你的职业决策还是与你的职业决策完全无关。写下你的结论。

可以参考的价值观：人际关系、归属感、团队、合作、物质保障、高薪、稳定、安全、创造性、多样性、变化性、新鲜感、乐趣、自由独立、被认可、受尊重、能助人、能发挥才能、成就感、成功、名誉、地位、有意义、有成长机会、有学习机会、有发展机会、权力、领导力、影响他人、有益于社会、挑战性、冒险性、竞争、忠诚、纪律性、按部就班、服从组织、符合道德观念、工作环境、工作地点、工作与生活平衡、健康、家庭、朋友、亲情、亲密关系、爱、信仰、幸福、服务、和谐、平等。

（1）你根据职业价值观分类卡选出的重要价值观有：

_____

_____

_____

（2）你根据职业价值观分类卡选出的不重要的价值观有：

_____

_____

_____

（3）你根据职业价值观分类卡选出的重要程度居中的价值观有：

_____

_____

（4）在重要价值观卡片中选出5张你认为很重要的，给每一种价值观下一个具体的定义，并写下来。不同的人对同一种价值观的定义可能不相同，例如，对于"物质保障"，有些人认为月薪5 000元就可以接受，但一定要有医疗保险，还有些人认为月薪20 000元才达到目标。

_____

_____

_____

（5）在这5张卡片中，如果你不得不放弃其中一张，你会放弃哪张？如果再放弃一张，你会放弃哪张？继续下去，直到只剩下最后一张，这是否是你无论如何也不愿意放弃的？

_____

_____

_____

（6）我的5种重要价值观及其定义（按重要程度降序排列）：

_____

_____

_____

_____

（7）通过这个活动，你对自己的价值观有了什么样的了解和想法？

_____

_____

_____

（8）你的价值观会对你的职业选择和人生产生怎样的影响？

_____

_____

_____

_____

（二）生命意义感探索

"我是谁？""我从哪里来？""我要到哪里去？"对于人生意义的追求是人类进步的精神源泉。提升大学生的生命意义感，既关系到他们自身的生涯发展，又关系到其家庭的幸福与社会的和谐。亚里士多德也说过："幸福是人生的目的和意义，是人类存在的最终目标和终点。"那么，幸福从何而来呢？积极心理学家塞利格曼教授提出了幸福感5要素模型，包含积极的情绪、投入、关系、意义和成就。可见，投入地做快乐而有意义的事是幸福感的源泉。在职业领域，当个体认为自己的工作有意义，感到自己所从事的工作对于他人和社会具有价值时，便会增强对职业的认同感、自豪感和内在的满足感，从而更加努力地投入工作，并追求更高的成就。因此，在生涯规划中寻找与自己的价值观相符的职业，不仅能够更好地实现个体的自我价值和人生意义，同时也能为他人和社会创造更多的价值。

那么，如何进行生命意义感的探索呢？

奥地利心理学家维克多·弗兰克尔认为发现生命意义的途径如下。

（1）创造和工作。创造和工作会给人带来价值感，也是成就感的获得途径。职业存在的意义尤其在失业时最容易表现出来。

（2）经验。经验这个途径是指个人通过体验某个事件，如工作的本质、文化、爱情等发现生命的意义。

（3）经历苦难。人在经历苦难的时候，可以通过认识人生的悲剧性，促使自己深思，寻找自我，最终发现生命的意义，实现自我超越。

心理学家维克多·弗兰克尔曾讲过这样一个故事。一天，一位患了严重抑郁症的年老的全科医生来找维克多·弗兰克尔。两年前他深爱的妻子死了，之后他无法克服丧妻带来的沮丧情绪。维克多·弗兰克尔问他："如果您先离世，而尊夫人继续活着，那会是怎样的情景呢？"医生答道："哦！那对她来说是怎样的痛苦啊！"于是，维克多·弗兰克尔说："您看，现在她免除了这痛苦，那是因为您她才免除的。而现在您必须付出同样的代价来偿付您心爱的人免除痛苦的代价。"医生一言不发地紧紧握住维克多·弗兰克尔的手，然后静静地离开了。

想一想：从这个故事中你得到了什么启发？你是否经历过或者正在经历痛苦的事情，试着从这些痛苦的事情中寻找意义，看看结果怎么样。

从这3个途径来看，发现生命的意义并非一个结果，而是一个过程，是一个经历、体验和创造的过程。大学生要如何获得生命的意义感呢？很多人都在寻找自己生命的意义这个答案，但实际上寻找生命的意义的过程是非常重要的，也许答案都在你的经历、体验和创造之中。由于大学生处于特殊的生命发展阶段，建议大学生不要将注意力放在"找到"生命的意义上，而要放在"追寻"生命意义的"过程"上。这个过程可以帮助大学生指明前进的方向。

- 测一测

生命意义感量表中文修订版（MLQ-C）

指导语：根据下列的描述与你的情况相符合的程度，在1～7中做出选择，1代表"完全不符合"，2代表"大致不符合"，3代表"较为不符合"，4代表"不确定"，5代表"较为符合"，6代表"大致符合"，7代表"完全符合"。

1. 我正在寻觅我人生的一个目的或使命。　　　　　　　　　　　　　　（　　）
2. 我的生活没有明确的目的。　　　　　　　　　　　　　　　　　　（　　）
3. 我正在寻找自己生活的意义。　　　　　　　　　　　　　　　　　（　　）
4. 我明白自己生活的意义。　　　　　　　　　　　　　　　　　　　（　　）
5. 我正在寻觅能让我感觉自己生活饶有意义的东西。　　　　　　　　（　　）
6. 我总在尝试寻找自己生活的目的。　　　　　　　　　　　　　　　（　　）
7. 我的生活有一个清晰的方向。　　　　　　　　　　　　　　　　　（　　）
8. 我知道什么东西能使自己的生活有意义。　　　　　　　　　　　　（　　）
9. 我已经发现一个能让自己满意的生活目的。　　　　　　　　　　　（　　）
10. 我一直在寻找某样能使我的生活感觉起来重要的东西。　　　　　　（　　）

2010年刘思斯等人引入了史泰格等人编制的生命意义感量表（MLQ），并检验该量表在中国大学生群体中的适用性，最终形成了中文版生命意义感量表，王鑫强于2013年在此基础上进行了修订。该量表为自评量表，用于测量生命意义感和寻求生命意义感的程度。

计分方式：本量表分为两个分量表，将每个分量表对应的题目的分值相加得到该分量表的总分（第2题负向计分，即选择1计7分，选择7计1分）。各分量表及对应的题目如下。

（1）寻求意义感：1、3、5、6、10。

（2）拥有意义感：2、4、7、8、9。

结果评定：寻求意义感，得分越高代表你寻求自己的生命意义感的程度越高；拥有意义感，得分越高代表你觉得自己生命有意义的程度越高。

三、一份好工作是什么样的——将价值观和意义感应用于职业生涯规划

大学生心目中理想的工作通常是完美的。个人对理想工作的期待包含其对人生理想的向往，因此大学生往往会设定过高的要求，试图从一份工作中获得多重的满足。这就需要大学生在进行职业生涯规划的时候做细致全面的思考和筛选，正确决定保留什么、舍弃什么。这个过程就是将价值观和意义感应用于职业生涯规划的过程。

（一）什么样的工作是好工作

吴婷是一名大四学生，学的是英语专业，可选择的就业岗位较多，既可以去外企，也可以进学校任教，还可以做翻译或管理工作。选择多了反而让她感到茫然不知所措，不能

确定什么样的工作才是好工作。为此她询问了很多人，然而大家各说各有理，让她更加困惑。父母认为，女孩子工作不要太累，收入稳定就可以了，建议她做行政管理工作；她的专业课老师认为年轻人要发展、要奋斗，要做翻译工作以使自身不断进步；她的同学都羡慕她有机会去外企工作，能独当一面锻炼能力；而她自己从小就想做老师，而且很喜欢寒暑假有时间出去旅游，可是有些人说当老师很累。她还听说很多关于晋升、转行、顾家、孩子教育等由工作带来的一系列问题。所有的这一切意见让她无所适从，她很想从中评选出一份最好的工作，好让自己的职业生涯有个完美的起点，不留遗憾。

"鱼与熊掌不可兼得"，古人的智慧用在职业生涯规划上非常有效。何为鱼，何为熊掌，每个人都有自己的答案。每个人因为价值观不同，所以会看重不同的方面。在一个人看来可以舍弃的东西，在另一个人看来却可能是毕生追求的目标。我们来看看上述案例中相关人员的价值观分别是怎样的（见表3-3）。

表3-3 价值观表

维度	父母	老师	同学	吴婷
建议的职业	行政管理	翻译	外企职员	老师
理由	收入稳定，工作轻松	不断提升专业水平	锻炼综合能力，收入高	致力于帮助他人发展，有寒暑假
价值观	安全、稳定	成就、赞誉	独立、财富	助人、休闲

从表3-3可以看出，每个人都持有截然不同的价值观，吴婷首先需要确定的是，自己的价值观对决策起着最重要的作用，应该忠于自己的价值观，找可以助人的、社会性强的工作。同时，可以在每种职业下面尽可能多列举一些该职业的特点和其体现的价值观，看看自己能接受哪些，这样再做选择就容易了。

（二）价值观太多，甚至相互冲突，该如何选择

胡晓是一名大三学生，在做价值观探索的活动时感到有些困难，因为许多价值观在她看来都很重要，哪个都不舍得放弃。有些是她父母认可的，自己从小就受到这些价值观的影响，她觉得很有道理；有些是师兄、师姐和老师们比较赞同的，在大学里她很看重师兄、师姐和老师们的意见，认为那些是经过实践检验的，也不能轻易丢下。这些价值观中有很多是相互冲突的，这让胡晓感到压力很大，生怕选择工作时追随了错误的价值观。

胡晓的问题不是如何选择，而是没有澄清自己的价值观。既然她对他人的价值观都非常重视，不敢丢掉任何一种，这也许说明"听从他人意见""得到他人认可"是她本身很推崇的一种价值观。而这种价值观在她面临工作选择时会起到重要的作用：谁更强大，谁更有权威，她就会听从谁的意见。实际上这也说明，胡晓并没有真正认清自己的价值观是什么。她需要反思自己能否独立进行决策，如果要独立决策，就需要认真探索自己看重的价值观是什么。

（三）找不到人生的意义，该怎么办

小白上大学后感到自己的生活很无聊，前18年过着跟大多数人一样"复制粘贴"的生活，被动地从小学到初中，再从高中到大学。他对大学的专业谈不上喜欢，也谈不上讨厌，按部就班地学习、生活，看到身边的同学有些早早知道自己将来要做什么，自己还没有明确的想法，不知道每天学习是为了什么，找不到人生的意义，时常陷入空虚和迷茫之中。

　　小白可能代表了一部分大学生的情况，他们在多变的大形势下，还没有找到自己的定位，产生对人生意义的困惑是很正常的。人生的意义正是在探寻中一步步建构的。孔子也是到了40岁左右才产生了对人生意义的不惑之感。积极心理学有关人生意义的研究发现：一个在生活中找到自己人生意义的人，对生活更满意，更有成就，更能投入工作，更少存在负面的情绪体验，总体的幸福感也更强些。

　　可以花时间思考你的价值观、激情和目标，问问自己，什么让你感到充实和满足。也可以尝试新事物。不断探索不同的兴趣和活动可能会激发新的热情。

👁 练习3-8　　　　　　描述你理想的职业生活

　　探索过自己的价值观之后，需要把它应用到对工作的期待上。看看你理想的职业生活中包含什么样的内容，回答下列问题。你可以发挥想象，尽可能生动地描述理想的职业生活。

（1）你想做什么性质的工作？

_____

_____

（2）你想在什么地方工作？

_____

_____

（3）你想和什么人一起工作？

_____

_____

（4）你每天工作的时间如何分配？

_____

_____

（5）你每天的工作内容如何规划？

_____

_____

（6）你的收入如何？

_____

_____

（7）你的社会地位如何？

_____

_____

（8）你的职业能提供哪些你需要的东西？

_____

_____

（9）职业的发展前景如何？

_____

_____

（10）请用200字左右描述你理想中的职业生活。

_____

_____

_____

👁 练习3-9　　　　　　　　明确工作的目的

　　人们选择工作时都有符合自己价值观的目的，表3-4中是大众比较认同的一些工作目的，看看你认同哪些，哪些是重要的工作目的，选出5项并按重要程度从高到低排序；再看看哪些是不重要的，选出3项。如果还有补充，可以写在下面。

表3-4　工作目的及价值观

工作目的	蕴含的价值观
1. 为他人提供帮助，为社会大众谋福利	利他主义
2. 致力于让世界更美，有艺术气氛	追求艺术之美
3. 发明新产品、创造新观念、发展新事物	创造性
4. 独立思考、为人类提供有效的解决方案	分析和智力激发
5. 让他人看到自己的工作成果并感到满足	成就、满足
6. 以自己的方式进步，追求个性化的发展	独立性
7. 提高声望，被他人崇敬	声望、地位
8. 获得权力以管理组织、策划活动	管理和权力
9. 获得优厚的报酬，购买想要的东西	重视经济保障
10. 提供安定生活的保障，不受环境动荡的影响	安全稳定
11. 在一个干净、舒适的环境中工作	重视工作环境
12. 建立和谐的上下级关系，有组织地建设社会	重视与领导的关系
13. 与志同道合的伙伴一起愉快地工作	重视与同事和同行的关系
14. 尝试不同的工作和生活方式，体验新奇的变化	多样、变化
15. 选择自己喜欢的方式生活并享受它	生活方式

3个人为一组，分享和讨论选择的结果。

（1）我最为重视的工作目的是什么？

_____

_____

_____

（2）原因是：_____

_____

_____

（3）我最不重视的工作目的是什么？

_____

_____

_____

（4）原因是：_____

_____

_____

_____

💬 对话空间

　　林欢是大二学生，学的是金融学专业，按照家人的希望和自己的计划，她打算毕业后到公司工作，看重高薪水，希望能过上光鲜亮丽的生活。暑假她到一家公司实习，常常加班，疲惫不堪，单调的数据处理工作让她感到无趣，和同事们也聊不到一起，因此她对未来的职业方向产生了不确定感。她回想起大一时参加的支教工作，非常充实，让自己有被需要的满足感，于是想投身教育行业或公益组织。

　　同学：一定要留在金融行业啊，这样能保障你的经济收入，你现在觉得实习无趣是因为你做的是基础的工作，等将来你做到管理层了，生活就会很理想了！

　　师兄：我觉得支教很有意义，投身教育行业也不是不可以，但那是以后的事。你的专业能力这么强，千万不要放弃。找工作一定要找与专业相关的，要做你擅长的事。至于被需要的满足感，那只是你一时感情用事，不能作为长远职业规划的依据。

　　学校老师：一个人有理想是件好事，理想是价值观的体现，做你认为值得的事是很幸福的，也更能让你克服困难、接受挑战。如果支教让你觉得充实、满足，就说明支教是你在深层价值观中非常认同的工作，你可以往这个方向努力，看看能不能匹配你的专业。

职业规划专家：首先要思考，为什么在这个时候想改变职业方向呢？是因为能力不足导致信心下降，还是金融行业的确与自己的价值观不符？需要好好地探讨。如果是能力不足，不能胜任，就需要提高自己以适应工作的要求；如果是价值观不符，那就需要做一个重大的转向决定，探索自己适合什么样的工作。

· 价值引领 ᐧᐧᐧᐧᐧᐧᐧᐧᐧᐧᐧᐧᐧᐧᐧᐧᐧᐧᐧᐧᐧᐧᐧᐧᐧᐧᐧᐧᐧᐧᐧᐧᐧᐧᐧᐧᐧᐧ

王建华：给东方红拖拉机装上智慧大脑

我国是农业大国，农业的发展离不开农业机械化的不断升级。王建华小时候经常见父亲一锹一锹地翻地，耗时长久，而这些工作东方红-54型拖拉机一天就干完了。受机械化力量的感染，基于对东北黑土地的热爱，怀着对东方红拖拉机的特殊情感，这个农民的孩子研究生毕业后来到了中国第一台拖拉机诞生的地方，而此时，东方红拖拉机正处在向智能拖拉机转型升级的起步阶段。为了解决众多"卡脖子"的关键技术难题，王建华和同事开始了艰难的工作。每一项试验至少要采集几十万条数据，光是专项试验就做了2年。户外环境艰苦，然而他们做起试验来没日没夜。经过8年的艰苦攻关，以及一系列性能及可靠性试验，我国自主研发的电控系统全面应用于东方红LF系列动力换挡拖拉机，实现了我国在该领域零的突破，结束了国外对我国动力换挡关键零部件的垄断。如今，像王建华这样的农业技术人员正在奋力推动我国农机装备高质量发展及农业机械化向全程全面高质高效转型升级。"提高农机装备水平，护航国家粮食安全"，王建华将个人的价值最大化，为人民和社会做出了重大贡献，不愧为新时代的大国工匠。

第四章 探索职业

谁来定义我的人生

　　林飞一直以来都过着"不被定义"的人生。高考填报志愿的时候，父母建议他报考医学专业，父母的看法是医学专业虽然刚开始时辛苦点，但越学越吃香，经得起时间的考验，最重要的是懂医的人对健康更敏感，能把自己照顾得更好。没想到父母的反复劝说并没有打动林飞，倒是被他的高中好友隋毅听了进去。隋毅选了中医学专业，而林飞选了一所理工院校的计算机专业。初进大学时林飞经常听到师兄师姐们说："咱们这个专业就业率高，找工作不成问题。""咱们专业的毕业生能进入不错的企业做程序员。""深圳某知名公司，几乎一半的员工都是出自咱们学校。""用人单位对咱们专业的毕业生的评价是踏实、有责任心、专业。"林飞听来听去，心里产生了一个疑问：难道学计算机就只能做程序员？林飞内心一直有个声音在说"NO"，就是内心的这个声音引领着他不断尝试。他一入学就积极加入了学生会，加入了摄影、航模、话剧等好几个社团，但是，对于"将来会从事什么职业"这样的问题，林飞觉得自己还没有确定的答案。

　　职业世界是怎样的？人们对于职业世界是怎样看待的，在职业探索中会有怎样的行动？这是林飞要面临的现实问题，也是每个大学生需要询问自己，并在实践中不断去验证的人生大事。本章将从了解职业及生涯谈起，解读职业探索的方法和内容，进而进行职业聚焦。

第一节　职业世界是怎样的——了解职业及生涯

一、了解职业吗——职业世界的事实与信念

　　如果人是职场中自由游弋的鱼儿，那职业生涯就是水和温度，为人提供了活动的空间、发展的条件和成功的机遇。因此在选择职业时，除了考虑自己的兴趣和能力，也要考虑职业世界的因素。

扫一扫看微课

（一）职业世界的事实

　　1. 就业形势严峻，大学毕业生人数不断攀升

　　自2014年以来，全国大学毕业生人数大都按1%～5%的同比增长率逐年增长。2024年全国大学毕业生人数预计达1 179万，较2014年增加452万（见图4-1）。教育部数据显示，2022年全国大学毕业生规模首次突破1 000万人，2023年全国大学毕业生规模为1 158万人，毕业生人数再创新高。

图4-1　历年大学毕业生人数（2014—2024年）

　　2. 慢就业现象

　　一部分"95后"年轻人告别传统的"毕业就工作"模式，成为"慢就业族"。"慢就业"是部分大学生没有毕业后参加工作或继续深造的意愿，而是选择以陪伴家人、进修备考、支教、游学、创业考察等形式，慢慢思索自身发展方向后再做打算的一种社会现象。《2023年中国本科生就业报告》显示，从2022届高校毕业生就业情况调查结果来看，考研人数呈上升趋势，较上一年上升了6.57个百分点，而选择企业就业的人数却呈下降趋势。报告显示更多人选择通过读研延缓进入竞争激烈的就业市场；公务员招录人数持

续增加，更多应届本科毕业生选择不工作而备考公务员，留学归国人员和毕业研究生也更倾向于加入公务员队伍，就业求稳心态更加明显，"慢就业"成为新趋势。"慢就业"现象折射出青年一代的多元择业观。

3. 就业市场的结构性矛盾依旧

随着产业结构优化升级的推进，劳动者的技能水平和岗位需求不匹配的结构性矛盾越来越突出。一方面，技术、技能人才严重短缺；另一方面，部分高校毕业生和低技能水平劳动者就业更加困难。化解过剩产能、"僵尸企业"出清等结构性调整深入推进，人工智能等新技术的发展也将给就业带来新的挑战。此外，部分专业的大学生供过于求和稀缺专业人才短缺的结构性矛盾也十分突出。

4. 专业和职业领域发展迅速

随着社会的变革和社会需求的变化，高校专业调整迅速，新职业领域也不断发展。

在专业领域，2023年就业蓝皮书（包括《2023年中国本科生就业报告》《2023年中国高职生就业报告》）显示，专业调整优化频率加快，一些专业被撤销的同时，一些新的专业设立，新增专业聚焦新一代信息技术、智能制造等领域。

与专业发展相对应的是职业领域的变化。比如，数字技术的发展不断催生新产业和新业态。随着我国各类经济新业态兴起，一批新奇有趣的新职业正如雨后春笋般相继涌现。2023年人民数据研究院等发布的《新青年 新机遇——新职业发展趋势白皮书》显示，人力资源和社会保障部自2019年以来发布的74个新职业中，一年内处于舆论热度前十位的有互联网营销师、网约配送员、家庭教育指导师等，这在一定程度上折射出我国经济社会的生机与活力。

毕业生在工业互联网、大数据、云计算、人工智能等新兴领域的从业比例逐年上升。围绕制造强国、数字中国、绿色经济、依法治国、乡村振兴等国家重点战略，出现了工业机器人操作员和运维人员、农业数字化技术员和农业经理人等新职业。

扩展阅读

2022年新职业百景图：新经济催生新职业，新职业让人生出彩

新经济已经成为拉动我国经济增长的重要引擎。伴随新经济的发展而不断涌现的新职业，平凡生活中人们对工作机遇的不断开拓和创新，恰恰是时代发展的真实缩影。

2022年3月24日，天眼查数据研究院推出《新经济下2022新职业百景图》报告（以下简称报告），以相关权威统计数据、天眼查数据及其他公开数据为依托，2019—2021年涌现出的百余个新职业为样本，重点分析了新经济下的产业发展特色，及新经济可能带来的就业和创业机会。

报告显示，新职业机会正从消费端向生产端扩展，城归族返乡创业成新农人，成乡村振兴新动力；大国科技呼唤"高精尖缺"人才，智慧医疗坐拥万亿蓝海；新经济发展活力十足，养老、职业教育、冰雪运动等领域的民生需求催生新兴职业；小众爱好逐渐成为大众产业，展现出广阔的前景和大量的机会。

城归族返乡创业成新农人　农民主播迎来春天

随着国家全面实施乡村振兴战略，开展促进乡村产业振兴、人才振兴等的活动，越来越多的年轻人开始从大城市返回自己的家乡创业，成为新农人。这些新农人带来了发展新思路，以电商为代表的数字化服务向乡村下沉，城乡双向消费交流互动，为农村经济发展聚集了人气、才气，注入了新动力。

直播卖货、移动菜篮子等新业态蓬勃发展。"好山好水好无聊，偶尔听到狗吠牛叫"的农村

已经不在了，新农村里的新农人，正在热热闹闹地用高科技把地种好，用好嘴皮把货卖好，在希望的田野上铺展乡村振兴的壮美画卷。

中国有18亿亩基本农田，无人机飞防已成为我国实现农业现代化的助推器。据人力资源和社会保障部数据，未来5年，无人机驾驶员需求量近100万人。农民直播销售员、无人机驾驶员、农业职业经理人、民宿主理人、乡村导游等新农人群体不断壮大。报告显示，我国已有近132.2万家乡村电商相关企业，政策扶持与平台流量倾斜为乡村直播电商注入发展兴奋剂，农民主播迎来春天。

大国科技呼唤"高精尖缺"人才 智慧医疗坐拥万亿蓝海

2022年《政府工作报告》指出，2022年政府工作任务之一是提升科技创新能力，促进数字经济发展。新一轮产业革命的数字化、网络化、智能化和服务化，不仅催生出就业创业的新形态，还孕育出数字化管理师、建模与仿真工程师等新职业。这些新形态和新职业让技术真正落地，让未来提前到来。

数字经济的快速发展，对择业、就业影响深远。据《2020年未来就业报告》，未来20年，大数据、人工智能、机器人等技术的进步，将使中国就业净增长约12%。

报告显示，我国已有104.4万家数字经济相关企业，2021年企业注册量飞速增长，广阔的科技应用场景急需文凭高、技术精、掌握尖端科学知识和技术且紧缺的"高精尖缺"人才，2021年数据标注师需求同比增长96.6%。人工智能算法工程师、人工智能服务解决方案架构师等新型数字岗位不断涌现。同时，数字化仓储师、供应链管理师这类传统岗位的数字化需求也在加速增加。

制造业与新一代信息技术融合提速，给医疗健康发展带来新机遇。"医+X"复合型高层次医学人才培养进程正在加快，人工智能医学影像算法标注师、病理方向算法工程师等新职业如雨后春笋般涌现出来。报告显示，我国目前有44.0万家智慧医疗相关企业，5年平均增长率达23.7%。据《"健康中国2030"规划纲要》，到2030年我国健康服务业总规模将达到16万亿元，前景可期。

新经济发展活力十足 民生需求催生新兴职业

目前，我国将从轻度老龄化进入中度老龄化阶段，陪诊师、老年人能力评估师、养老规划师等新职业涌现出来，为老年人群体安享晚年保驾护航；而随着职业教育体系的加速建设，相关职位需求正日益飙升，如在线学习服务师等；北京冬奥会虽已结束，但冰雪运动成为人们参与健身过程的新选择，滑雪救生员等雪道上的生命守护者们也逐渐走进大众视野。

帮空巢老人挂号、排队、跑腿拿报告，为初老人群提供退休规划、防范养老风险，评估老年人能力等级并给出照护建议与方案等新工作的涌现，正在为3亿老年人的生活提前布局。报告显示，2021年，银发经济相关企业数量为5万家，3年复合增长率为21%。

报告显示，我国目前有超1.3万家职业教育相关企业，近5年增速维持在15%左右。课程规划师、在线学习服务师、互联网讲师、职业规划师、美妆教学师等新职业在培养新生力量的同时，也让更多人看到了职业教育行业的未来。

小众爱好逐渐成为大众产业 新职业不断涌现

一批年轻人不再局限于常规的"体制内"和"互联网"的格子间，而是更加追求高品质生活，走出创新的职业道路。报告显示，2021年懒人经济相关企业数量达188.3万家，近3年平均增长率高达112.7%。市场规模已达千亿元的懒人经济也在反哺社会，展现出广阔的前景和大量的机会。代收垃圾网约工、跑腿外卖员等相关新职业不断涌现。

宠物产业链正不断成熟。其中，宠物经济上游活体交易和下游宠物美容、寄养、殡葬等领域市场相对温和，中游宠物食品、用品为刚需品，该领域竞争最为激烈。报告显示，2021年宠物经济产业规模近4000亿元。据天眼查数据，2021年宠物经济相关企业已达94.6万家，超九成成立于近5年。宠物侦探、宠物减肥师、宠物烘焙师、宠物保健师等有趣的职业也闪亮登场。

人们的小众爱好正逐渐成为大众产业，以手办为代表的潮玩，看似"无用"，实际上满足了年轻人"减压"和"治愈"的心理需求。据报告，我国共有2.7万家潮玩相关企业，2019—2021年3年平均增长率达23.4%。潮玩设计师、玩偶修复师、涂鸦艺术家、华服设计师、BJD化妆师（样妆彩绘师）、洛丽塔裙格柄设计师等小众职业出现。广东则成为全国90%潮玩的"故乡"。这3年，潮玩赛道共发生18起融资事件，总融资额高达17亿元，解压又治愈的潮玩展现出惊人的"吸金力"。

新职业伴随新经济的发展而发展，正成为新经济业态发展的重要推动力；新职业的不断涌现让从业者有了更多选择，在新职业中，人们实现了热爱与现实的完美契合。

新经济和新职业的兴起，不仅是经济蓬勃发展的注脚，也是新时代的人们探索更广阔发展空间和追求美好生活的缩影。两者正在形成相互促进的良性生态体系，在满足人和社会需求的同时，也在促进着经济和社会的可持续发展。

5. 职业价值观的变化

（1）职业价值观自主化。当代大学生在职业选择中崇尚自我，以个人发展为中心，注重个人奋斗，强调自我价值的实现，自我发展和自我实现成为我国当代大学生的主导需求。职业价值观的自主化暗示着大学生正积极寻求自我发展与社会发展相统一。

（2）求职意向多元化。大学生的求职意向越来越表现出多元化的趋势。这种现象与社会发展的多元化是一致的。大学生已经开始领悟热门职业与冷门职业之间的相对性和内在关系，意识到在任何职业中都可能做出成就，满足自己的需求。

（3）求职看重经济价值。根据2003—2021年间的10次全国高校毕业生就业状况调查的结果（见表4-1），高校毕业生就业观念发生明显的变化，其重视经济价值和个人价值，且对经济价值的重视程度超过个人价值。利于施展才干和符合兴趣爱好的职业对高校毕业生的吸引力逐渐降低，这说明高校毕业生在就业时对个人价值的重视程度逐渐降低，其让位于经济价值。自2019年起，稳定地排在前三的就业观念有发展前景好、福利待遇好、经济收入高，这也说明高校需要加强对大学生职业价值观的引导和教育。

表4-1　2003—2021年高校毕业生就业观念排序

就业观念	2003年	2005年	2007年	2009年	2011年	2013年	2015年	2017年	2019年	2021年
发展前景好	1	1	1	1	1	1	1	1	1	1
利于施展个人的才干	2	2	2	2	2	2	2	3	4	5
福利待遇好	3	3	3	5	3	3	3	2	2	2
经济收入高	3	3	5	7	7	5	4	4	3	3

续表

就业观念	2003年	2005年	2007年	2009年	2011年	2013年	2015年	2017年	2019年	2021年
符合自己的兴趣爱好	4	4	4	3	5	6	5	5	6	7
工作稳定	6	6	6	6	4	4	6	6	5	4
工作单位的声誉好	5	5	7	4	6	7	7	7	7	6
对社会的贡献大	—	—	8	8	8	9	10	9	10	8
工作自由	8	8	9	9	9	10	8	10	9	10
工作单位的规模大	9	7	10	11	10	12	11	11	11	12
工作单位在大城市	7	—	11	10	13	13	12	8	8	11
工作舒适、劳动强度低	10	9	12	12	11	11	13	13	13	9
易获得权力和社会资源	11	10	13	13	12	8	9	12	12	13
可兼顾亲友关系	12	11	14	14	14	14	15	15	15	15
专业对口	—	—	—	—	—	—	14	14	14	14
能够解决户口问题	—	—	—	—	—	—	16	16	16	16

心理测试

WVI职业价值观自测量表

下面有52道关于职业期望的题，请为每道题选择一个代表你真实想法的分数。

5分=非常重要，4分=比较重要，3分=一般，2分=比较不重要，1分=很不重要

请根据自己的实际情况或想法选择，每道题只能选一个分数。通过测试，你可以大致了解自己的职业价值观倾向。

1. 你的工作必须经常解决新的问题。

1分　2分　3分　4分　5分

2. 你的工作能为社会福利带来看得见的好的效果。

1分　2分　3分　4分　5分

3. 你的工作奖金很高。

1分　2分　3分　4分　5分

4. 你的工作内容经常变换。

1分　2分　3分　4分　5分

5. 你能在你的工作范围内自由发挥。

1分　2分　3分　4分　5分

6. 你的工作能使你的同学、朋友非常羡慕你。

1分　2分　3分　4分　5分

7. 你的工作带有艺术性。

1分　2分　3分　4分　5分

8. 你的工作能使人感觉到你是团体中的一分子。

1分　2分　3分　4分　5分

9. 不论你怎么干，你总能和大多数人一样晋级和涨工资。

1分　2分　3分　4分　5分

10. 你的工作使你有可能经常变换工作地点、场所或方式。

1分　2分　3分　4分　5分

11. 在工作中你能接触到各种不同的人。

1分　2分　3分　4分　5分

12. 你的工作上下班时间比较自由。

1分　2分　3分　4分　5分

13. 你的工作使你不断获得成功的感觉。

1分　2分　3分　4分　5分

14. 你的工作赋予你高于别人的权力。

1分　2分　3分　4分　5分

15. 在工作中，你能践行一些自己的新想法。

1分　2分　3分　4分　5分

16. 在工作中你不会因为身体或能力等因素被人看轻。

1分　2分　3分　4分　5分

17. 你能从工作的成果中知道自己做得不错。

1分　2分　3分　4分　5分

18. 你的工作经常要外出、参加各种集会和活动。

1分　2分　3分　4分　5分

19. 只要你开始做这份工作，就不会再被调到其他意想不到的单位和工种上去。

1分　2分　3分　4分　5分

20. 你的工作能使世界更美丽。

1分　2分　3分　4分　5分

21. 在工作中，不会有人常来打扰你。

1分　2分　3分　4分　5分

22. 只要你努力，你的工资会高于其他同年龄的人。

1分　2分　3分　4分　5分

23. 你的工作是一项对智力的挑战。

1分　2分　3分　4分　5分

24. 你的工作要求你把一些事务管理得井井有条。

1分　2分　3分　4分　5分

25. 你的工作单位有舒适的休息室、更衣室、浴室及其他设备。

1分　2分　3分　4分　5分

26. 你的工作让你有可能结识各行各业的知名人物。

1分　2分　3分　4分　5分

27. 你在工作中能和同事建立良好的关系。

1分　2分　3分　4分　5分

28. 在别人眼中，你的工作是很重要的。

1分　2分　3分　4分　5分

29. 在工作中你经常接触到新鲜的事物。

1分　2分　3分　4分　5分

30. 你的工作使你能常常帮助别人。

1分　2分　3分　4分　5分

31. 你在工作单位中有可能经常变换工作内容。

1分　2分　3分　4分　5分

32. 你的作风使你被别人尊重。

1分　2分　3分　4分　5分

33. 你的同事人品较好，你们相处比较融洽。

1分　2分　3分　4分　5分

34. 你的工作会使许多人认识你。

1分　2分　3分　4分　5分

35. 你的工作场所很好，光线充足，安静、清洁，甚至恒温、恒湿。

1分　2分　3分　4分　5分

36. 在工作中，你为他人服务，使他人感到很满意，你自己也很高兴。

1分　2分　3分　4分　5分

37. 你的工作需要计划和组织别人工作。

1分　2分　3分　4分　5分

38. 你的工作需要敏锐的思维。

1分　2分　3分　4分　5分

39. 你的工作可以使你获得较多的额外收入，比如常发实物、可常购买打折商品、常发商品提货券、有机会购买限购商品等。

1分　2分　3分　4分　5分

40. 在工作中你是不受别人差遣的。

1分　2分　3分　4分　5分

41. 你的工作结果应该是一种艺术而不是一般的产品。

1分　2分　3分　4分　5分

42. 你在工作中不必担心会因为所做的事情领导不满意而受到训斥或经济惩罚。

1分　2分　3分　4分　5分

43. 你在工作中和领导关系融洽。

1分　2分　3分　4分　5分

44. 你可以看见你努力工作的成果。

1分　2分　3分　4分　5分

45. 你在工作中常常需要提出许多新的想法。

1分　2分　3分　4分　5分

46. 由于你的工作，经常有许多人来感谢你。

1分　2分　3分　4分　5分

47. 你的工作成果常常能得到上级、同事或社会的肯定。

1分　2分　3分　4分　5分

48. 在工作中，你可能做一个负责人，虽然可能只领导几个人，你信奉"宁做兵头，不做将尾"的俗语。

1分　2分　3分　4分　5分

49. 你从事的工作经常在报刊、电视中被提到，因而你在人们的心目中很有地位。

1分　2分　3分　4分　5分

50. 你的工作有可观的夜班费、加班费、保健费或营养费等。

1分　2分　3分　4分　5分

51. 你的工作比较轻松，你在精神上也不紧张。

1分　2分　3分　4分　5分

52. 你的工作涉及影视、戏剧、音乐、美术、文学等艺术领域。

1分　2分　3分　4分　5分

WVI职业价值观自测量表是心理学家施瓦茨编制的，可用来衡量价值观——工作中和工作以外的——以及激励人们的工作目标。量表将职业价值观分为3个维度：一是内在价值观，即与职业本身性质有关的因素；二是外在价值观，即与职业有关的外部因素；三是外在报酬。量表包含13个因素：利他主义、美感、智力刺激、成就感、独立性、社会地位、管理、经济报酬、社会交际、安全感、舒适性、人际关系、变异性或追求新意。

与2、30、36、46相关的利他主义：工作目的和价值，在于直接为大众的幸福和利益尽一份力。

与7、20、41、52相关的美感：工作的目的和价值，在于不断地追求美的东西，得到美的享受。

与1、23、38、45相关的智力刺激：工作的目的和价值，在于不断动脑思考，学习以及探索新事物，解决新问题。

与13、17、44、47相关的成就感：工作的目的和价值，在于不断创新，不断取得成就，不断得到领导与同事的赞扬，或不断完成自己想要做的事。

与5、15、21、40相关的独立性：工作的目的和价值，在于充分发挥自己的独立性和主动性，按自己的方式、步调或想法去做，不受他人的干扰。

与6、28、32、49相关的社会地位：工作的价值，在于所从事的工作在人们心目中有较高的社会地位，从而使自己得到他人的重视与尊重。

与14、24、37、48相关的管理：工作的目的和价值，在于获得对他人或某事物的管理支配权，从而指挥或调遣一定范围内的人或事。

与3、22、39、50相关的经济报酬：工作的目的和价值，在于获得优厚的报酬，使自己有足够的财力去获得自己想要的东西，使生活过得较为富足。

与11、18、26、34相关的社会交际：工作的目的和价值，在于和各种人交往，建立比较广泛的社会联系和关系，甚至和知名人物结识。

与9、16、19、42相关的安全感：不管自己能力怎样，希望在工作中有一个稳定的局面，不会因为扣奖金、扣工资、工作调动或被领导训斥等经常提心吊胆、心烦意乱。

与12、25、35、51相关的舒适性：希望能将工作作为一种消遣、休息或享受的形式，追求比较舒适、轻松、自由、优越的工作条件和环境。

与8、27、33、43相关的人际关系：希望一起工作的大多数同事和领导人品较好，与他们相处感到愉快、自然，认为这就是很有价值的事，是一种极大的满足。

与4、10、29、31相关的变异性或追求新意：希望工作的内容经常变换，使工作和生活显得丰富多彩、不单调枯燥。

查看最后结果：请根据上面每一个因素前面的题号，计算每一个因素的总得分，然后依次列出得分最高和最低的3个因素。

得分最高的3个因素是：

得分最低的3个因素是：

（二）职业世界的信念

信念是认知心理学体系中的一个关键的概念，长期、稳定的看法就形成了信念。信念在个体行为中扮演重要的角色，个体对职业的看法或信念，会引导其职业探索的行动，影响其未来的职业行为。职业信念是指个体在社会化的过程中，基于父母、老师等重要的人的影响或自身的学习经验而逐渐形成的有关生涯发展的想法。这些想法中，有些会阻碍个体的生涯发展，它们可以被称为"生涯迷思"。

美国学者理查德·斯科特认为成年工作者的职业信念对其职业投入水平有重要意义。金树人对信念有这样的解读：信念主宰个体对目标的选择。然而执着的信念就像有色眼镜，可能使个体只用单一视角去看待这个世界。这样的方式虽然安全，却容易使个体与新的社会环境格格不入。由此可见，个体对职业世界的看法或信念决定了其选择，并与其未来息息相关。常见的理性职业信念和非理性职业信念如下。

1. 理性职业信念

（1）有关工作的市场。

① 工作市场时常发生变化，有的行业目前可能充满机会，但却会在数年内饱和。

② 创业不一定能成功，但一定能积累经验。

（2）有关工作的性质。

① 自由职业也是一种职业，需要塑造核心竞争力和自我管理能力。

② 职业的流动是必然的，个人要做好充分的准备。

（3）有关工作的地点。

① 回家乡就业并不丢人，反而能发挥自我的价值。

② 国企未必保守，基层就业也未必不能施展才干，一切要体验过才能知道。

（4）有关工作的要求。

① 不是有热情和能力就一定能干好，有时团队力量大于个人发挥。

② 工作和家庭的平衡是可能的。

（5）对工作的期待。

① 工作并不能满足所有的要求。

② 工作不仅是满足经济需求的手段，同时也是满足精神需求的途径。

2. 非理性职业信念

（1）有关工作的市场。

① 当前工作市场几乎饱和，我找不到什么好工作。

② 创业的门槛很低，只要有资本就大胆地放手一搏吧。

（2）有关工作的性质。

① 每个人终生只有一种适合的职业。

② 这个行业不适合男生/女生。

（3）有关工作的地点。

① 现在都流行逃离北上广，跟风准没错吧。

② 国企制度太过保守，不能让我发挥自己的能力。

（4）有关工作的要求。

① 只有感兴趣的工作才能做好。

② 只要努力什么都能做好。

（5）对工作的期待。

① 我找到的工作将会解决我所有的问题。

② 我所做的工作应该满足我所有的要求。

◎ 练习4-1　　　　　　　　**我的职业信念**

（1）上述关于职业的理性和非理性信念中，哪些比较符合你的想法？请你写出来。

_____

_____

_____

（2）除上述信念外，你还有哪些理性和非理性的职业信念？请你分别写下来。

_____

_____

_____

（3）思考你的这些职业信念对你的职业探索行动有怎样的影响。

_____

_____

_____

_____

二、了解职业生涯吗——职业生涯的发展

职业生涯是伴随人的生命发展、角色变化而展开的生命过程。

（一）传统职业生涯发展观

舒伯将生涯分为成长阶段、探索阶段、建立阶段、维持阶段与衰退阶段这5个主要阶段。

大学生处于探索阶段（15～24岁），该阶段的青少年通过参与学校、社会等的活动，

逐步对自我能力及所扮演的社会角色有了尝试性的探索和了解，因而扩展了在职业生涯规划上的选择弹性。这一阶段的发展任务是使职业偏好逐渐趋于明确。探索阶段共包含以下3个时期。

（1）试探期（15～17岁）：尝试在幻想和讨论的过程中将需要、兴趣、能力与机会等因素相结合。

（2）过渡期（18～21岁）：接受专业技能培训或进入就业市场，更加重视实际，并力图践行自我观念，将一般性的选择转为特定的选择。

（3）试验期（22～24岁）：初步形成生涯概念，并对其成为长期职业生活指导的可能性加以验证，若不适合则可能要重新经历上述各时期以确定方向。

大学生在这一阶段一定要对自己进行充分探索，同时积累足够的社会实践经验，这样才能在以后做出合理选择。

（二）生涯彩虹图理论

后来，舒伯提出了一个更为广阔的新概念——涵盖生活空间与生活广度的生涯发展观，以此为基础，他提出了生涯彩虹图理论，这一理论形象地展现了生涯发展的时空关系，更好地诠释了生涯的意义。除了综合原有的生涯发展阶段理论，舒伯还引入了"角色理论"概念，并将生涯发展阶段与角色之间相互作用的状况，描绘成一幅伴随多重角色成长的生涯发展综合图，如图4-2所示。

生涯彩虹图的横向层面代表的是横跨一生的生活广度，以生涯的成长阶段、探索阶段、建立阶段、维持阶段和衰退阶段为发展前提，构建出一个随着成长过程而延伸的"生活空间"；纵向层面代表的是纵贯上下的生活空间，由一组角色组成，将个人在不同成长时期扮演的如子女、学生、休闲者、公民、工作者、持家者等角色植入其中。

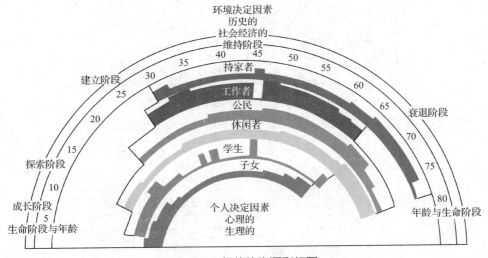

图4-2 舒伯的生涯彩虹图

从图4-2可以看出，各个角色在不同时期并非孤立存在，而是相互涵盖、相互作用的。一个角色的成功，特别是早期角色的成功，如学生角色扮演得出色，便可为其他角色的发展提供良好的基础。若在某一角色的扮演上花费的时间或精力过多，如休闲过度，则会对其他角色的发展和成功造成严重的影响。舒伯进而提出了"显著角色"概念，如成长阶段（0～14岁）最显著的是子女角色和学生角色。随着年龄的增长，个体扮演的社会角色会逐渐增多，内容也逐渐变得广泛；到25岁以后，大学毕业，学生角色暂告一段落，个体开始正式以工作者的身份进入社会；到30岁左右，个体开始操持家业，独当一面，职业生涯也正式搭建成形并逐渐趋于稳定；到45岁左右可能会出现"中年危机"，对工作者角色的扮演可能会突然中断，个体再次主要扮演学生角色，同时持家者角色的重要程度增加，这暗示此时需要再进行学习和调整，从而处理好职业与家庭生活所面临的问题。显著角色可以使我们看出工作、家庭、休闲、学习研究以及社会活动在个体一生中的重要程度，以及对个体处于不同阶段时的特殊意义。大学生可以通过画生涯彩虹图的方式探索自己对于未来职业生涯的设想。舒伯认为人的行为方式受到3种时间因素的影响：一是对过去成长痕迹的"回顾"，二是对目前发展状况的"审视"，三是对未来可能发展方向的"展望"。

👁 **练习4-2**　　　　　　　　　**画出你的生涯彩虹图**

（1）请你先画一张空白的生涯彩虹图，如图4-3所示，角色的名称可因人而异，在每一个阶段用涂色的方式表示角色的重要程度，某一角色的颜色越深，表示你对这个角色投入的程度越高。每个角色对应的年龄段根据你的个人状况而定，每个角色在不同年龄段的意义与重要性是不同的。

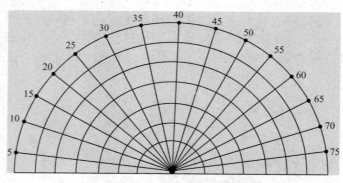

图4-3　生涯彩虹图

（2）目前你处在哪个发展阶段？在这个发展阶段，你有哪些发展任务？

_____

_____

_____

（3）这个阶段的你都扮演了哪些角色？对你来说最重要的角色是什么？

_____

_____

_____

_____

第二节　我如何了解职业世界——职业探索的方法和内容

一、可以借助的途径有哪些——探索职业的方法

（一）理论指导法：工作世界地图法

工作世界地图由美国大学考试中心基于普里蒂奇的理论开发而成。

普里蒂奇在霍兰德兴趣类型六边形模型的基础上加入了"人–事物""数据–概念"两个维度，将职业群体的具体位置标定在坐标图上（见图4-4）。

扫一扫看微课

图4-4　工作世界地图

（1）"人–事物"维度：一端表示与人相关的工作，如咨询师、教师、服务人员等；另一端表示与具体事物相关的工作，如机械师、养殖工人等。

（2）"数据–概念"维度：一端表示与具体的事实、数字等打交道的工作，如数据分析师、财务人员、程序设计师等；另一端表示运用理论、思考、创意等抽象形式表达或运作的工作，如科学家、音乐家、哲学家等。

在工作世界地图中，霍兰德兴趣类型六边形模型的外部共分为12个区域。与人有关的职业类型在左边，与事物有关的职业类型在右边，与数据有关的职业类型在上面，与概念有关的职业类型在下面。不同职业在地图上的不同位置，也是对这两个维度的不同

体现。如X.教育，处于"人－概念"象限中，说明该职业类型主要与人打交道，且在工作过程中要用到分析与思考的能力；再如H.运输及相关行业，处于"事物－数据"象限中，说明该职业类型主要强调秩序，与人交往较少，与事物交往较多。大学生对工作世界地图的分析，可以与第六章将要讲到的生涯决策联系起来，帮助自己明确职业的方向。

👁 练习4-3　　　　　　　　**我的工作世界地图**

（1）我在霍兰德兴趣类型六边形模型中的前三位代码是：＿＿＿＿＿＿＿＿＿
（2）在"人－事物"维度上，我更倾向于＿＿＿＿，我的理由是：＿＿＿＿＿＿

＿＿＿＿＿＿＿＿＿＿＿＿＿＿＿＿＿＿＿＿＿＿＿＿＿＿＿＿＿＿＿＿＿＿＿＿

在"数据－概念"维度上，我更倾向于＿＿＿＿，我的理由是：＿＿＿＿＿＿

（3）结合第（1）步和第（2）步的结果，你在工作世界地图上感兴趣的职业群有哪些？请在图4-3中标注出来。

（二）专家经验法：《中华人民共和国职业分类大典》

职业是个人在社会中所从事的、有稳定收入的工作，既是人们实现人生价值、为社会做贡献的舞台，也是人们谋生发展的手段。1999年，我国颁布了第一部《中华人民共和国职业分类大典》（以下简称《大典》）。我国的职业分类结构包括4个层次，即大类、中类、小类和细类，依次体现由大到小的职业类别。细类是我国职业分类结构中最基本的类别，即职业。

随着经济社会发展、科技进步和产业结构调整升级，我国的社会职业构成发生了很大变化，随着传统职业的消失，新兴职业不断涌现。2015年，我国70多个行业部门的近万名专家对《大典》进行了修订，将我国社会职业归为8个大类：第一大类为党的机关、国家机关、群众团体和社会组织、企事业单位负责人；第二大类为专业技术人员；第三大类为办事人员和有关人员；第四大类为社会生产服务和生活服务人员；第五大类为农、林、牧、渔业生产及辅助人员；第六大类为生产制造及有关人员；第七大类为军人；第八大类为不便分类的其他从业人员。2022年，《大典》再次进行了修订。2022年版《大典》包括大类8个、中类79个、小类449个、细类（职业）1636个；与2015年版《大典》相比，在保持8个大类不变的情况下，增加了法律事务及辅助人员等4个中类，数字技术工程技术人员等15个小类，碳汇计量评估师等155个职业。2022年版《大典》首次标注了97个数字职业。同时，2022年版《大典》沿用2015年版《大典》对绿色职业进行标注的做法，标注了133个绿色职业。

《大典》是职业分类的成果和载体，是目前国内最权威的用于了解职业世界的工具。人力资源和社会保障部网站上公布了《中华人民共和国职业分类大典（2022年版）》（公示稿），可以登录网站查询其内容。

职业分类举例

职业代码：2—09—06—04

职业名称：环境设计人员

职业定义：在建筑、景观等相关领域，从事公共建筑室内外、居住空间、城市与社区景观灯设计的专业人员。

主要工作任务：

（1）进行环境设计调研；

（2）进行环境设计创意与构思；

（3）编写环境设计文案；

（4）绘制环境设计图稿；

（5）进行环境计算机辅助设计；

（6）制作、测试环境模型、样品；

（7）选择环境设计材料；

（8）进行环境设计沟通与协调；

（9）参与工艺流程制定与工艺图纸绘制。

（三）调研法：了解专业对口职业

专业与未来职业的关系还是非常密切的，有调查研究表明，大部分的学生未来还是从事了与所学专业相关的工作。那么，了解所学专业对口的职业便是探索职业的过程中必不可缺的步骤。你可以通过网络搜寻该专业就业的状况、调研报告进行了解，这是静态的方法；也可以开展个人或团体调研，这是动态体验的方法。通过调研从事该专业领域的毕业生，如师兄师姐，你会对自己所学专业的相关职业领域有更深入、直接的体会。

调研的内容如下。

（1）大学生从这个专业毕业后都能做什么工作？了解自己专业的毕业出路是很重要的，每个专业都是和社会上的职业相对应的，因为专业是根据社会上的需求产生的，所以专业和职业的对应关系是固定的，我们可以通过国家对专业的描述来了解日后的职业，也可以根据上几届毕业生的就业去向来了解。

（2）学这个专业的成功人物都有谁？成就怎样？了解专业领域成功人物的成长轨迹对确定自己的发展方向是很有参考价值的。如果你能在其中确定自己的专业学习榜样，那你的进步可能会很快。

（3）在这个专业领域权威的企业、机构有哪些？每个专业都有相关的一流的研究机构和权威的企业。研究它们可以让自己保持专业上的领先，并且可以了解和确定一些未来可能选择的企业。

（4）这个专业的上几届毕业生目前的状况怎样？了解国内、国外本专业毕业生目前的状况，对确定自己未来的发展方向很有参考价值，因为在同样的大环境下，个人的发展轨迹可能相似。

（5）这个专业对口的单位对毕业生有哪些要求？了解专业对应的职业对毕业生的专业能力、个人素养等方面的要求，可以更有针对性地进行发展和准备。

（6）怎样才能学好这个专业？学习的圈子和资源都有哪些？你要了解如何才能学好

这个专业，包括要重点学习的专业内容，还要了解专业的学习资源（如网站、论坛等）以及学习的圈子（如一些学术沙龙等）。

（四）访谈法：了解生涯中的人

生涯访谈通常是对自己感兴趣的职业从业者进行访谈，从而有效、快速地获取某个行业、职业和单位的"内部"信息的一种职业探索活动。通过生涯访谈可以检验和印证以前通过其他渠道获得的信息，也可以更明确自身的专业优势和不足，从而在接下来的学习中查漏补缺。

生涯访谈的流程如下。

（1）自我准备：明确自己感兴趣的职业，并事先对该职业有一些知识上的储备。

（2）确定被访谈者：被访谈者最好在这个职位上已经工作了3～5年甚至更长时间。

（3）准备访谈提纲：可以帮助你有效地了解信息。在正式的访谈中访谈提纲只是参考，如果被访谈者谈到更多有价值的信息，你也可以随机应变。

（4）访谈与记录：实施访谈，并记录访谈内容的要点，保留录音文件与文字记录。

（5）总结与梳理：整理录音文件和文字记录，进行内容分析，总结归纳有价值的信息。

了解职业的典型一天是判断自己是否适合这个职业的重要方法。

💬 讨论4-1　　　　　**头脑风暴：职业探索方法知多少**

（1）请分组讨论：从小到大，你是用什么方法去了解令你好奇的事物的？至少举出一个事例。这些方法对了解职业信息有哪些帮助？

_____

_____

_____

（2）每个小组根据上述讨论再进行头脑风暴：除书本上列举的方法外，探索职业世界还有哪些好方法？

_____

_____

_____

（3）小组间以竞争的方式轮流讲述讨论出的方法，每次讲一种，不能重复，直到某小组讲不出为止。将大家讲的方法记录在黑板上。

_____

_____

_____

_____

二、关于职业，需要探索的是什么——探索职业的内容

职业探索的内容主要包括以下几个方面。

（一）职业环境

职业环境是指所选职业在社会大环境中的发展状况、技术含量、地位、未来发展趋势等，包括社会环境和组织环境。职业环境对一个人的工作体验有很大的影响，它直接关系着其对工作的满意度。据调查，2016年职场人士对工作环境的满意度指数仅为2.59分（5分制）。员工对其工作环境的满意度与他们的敬业度之间存在很强的相关性。

（二）岗位及职责

（1）岗位设置：不同行业、不同性质、不同规模的企业对岗位的划分和理解是有很大不同的。通常，通过权威网站、《大典》及专业资深人士可以了解到职业的具体岗位设置。

（2）核心工作职责：即这个职业一般都从事什么活动，哪些工作是这个职业必须做的。了解职业的核心工作职责，有利于了解完成工作内容必须要具备的工作能力，这样就很容易找到自己的现状和职业要求之间的差距。

（三）职业要求

（1）外在素质要求：通过对职业外在素质要求的了解，对比自己是否能够胜任该职业，明确还有哪些要加强和补充的能力，从而可以将提高这些能力规划到大学生活里。

（2）内在要求：即对工作方式与思维方式的要求。工作方式和思维方式是你做好工作的保证，有些工作对人的内在要求是很高的，如责任心、投入度等。这些是从你的内在来判断你是否适合和喜欢一个职业的核心标准。

（四）工作地域

工作地域是指工作所在的省份或城市区域。在选择工作地域的时候，发展前景和生活水平/习惯是需要考虑的因素。总之，选择省份或者城市的依据，是该行业与企业类型在这个省份或城市的发展程度，以及能否让自身收获最大化。生活水平/习惯是指气候环境、饮食习惯、生活节奏、物价水平等因素。

（五）待遇及发展

（1）薪资待遇及收入空间：不同的行业、企业、岗位有不同的薪资待遇和收入空间。可以对职业进行薪资调查，如通过前程无忧调查，还有从师兄师姐处了解，等等。

（2）职业发展通路：了解一个岗位对应的日后职业发展通路是什么，这个岗位有哪些发展途径，最高端的岗位是什么，从入门岗位到高端岗位的晋升路径是怎样的。

（六）职业的局限性

通常职业的局限性是最容易被忽视的，然而任何一个职业都有其局限性，正确地认识局限性，有助于未雨绸缪。职业的局限性主要有行业前景的限制、工作平台的限制、思维方式的固化等。

当个体在职业世界中对于职业的局限有一定的觉察和思考时，就可以及时提醒自己，

为接下来的调整做好准备。

参考以上框架对职业内容进行探索后，如果还想更深入地了解感兴趣的职业，可以对职业标杆人物进行研究。职业标杆人物就是这个领域的模范。通过研究职业标杆人物，你可以了解他的发展轨迹，逐渐加深对职业的了解，从而找到在这个职业领域奋斗的途径。

◎ 练习4-4   **生涯访谈**

根据个人兴趣和能力、专业，结合探索职业的方法，确定一个你最感兴趣的职业，寻找在该领域有丰富工作经验的人，完成生涯访谈任务。你可以参考以下问题展开访谈，也可以添加其他感兴趣的问题。

（1）您目前在这个单位的岗位是什么？

_____

_____

（2）您是如何找到这份工作的？

_____

_____

_____

（3）您的日常工作都有哪些内容？

_____

_____

（4）您典型的一天是怎样度过的？

_____

_____

_____

（5）本职业对从业者的性格和能力有怎样的要求？

_____

_____

_____

（6）如何准备才能更容易进入这个工作领域？

_____

_____

_____

（7）本领域的职位晋升途径是什么？

_____

_____

_____

（8）本工作领域中潜在的不利因素是什么？

＿＿＿＿＿＿＿＿＿＿＿＿＿＿＿＿＿＿＿＿＿＿＿＿＿＿＿＿＿＿＿＿＿＿＿＿

＿＿＿＿＿＿＿＿＿＿＿＿＿＿＿＿＿＿＿＿＿＿＿＿＿＿＿＿＿＿＿＿＿＿＿＿

（9）您如何看待本工作领域未来的变化趋势？

＿＿＿＿＿＿＿＿＿＿＿＿＿＿＿＿＿＿＿＿＿＿＿＿＿＿＿＿＿＿＿＿＿＿＿＿

＿＿＿＿＿＿＿＿＿＿＿＿＿＿＿＿＿＿＿＿＿＿＿＿＿＿＿＿＿＿＿＿＿＿＿＿

（10）关于本次生涯访谈，您还有什么想告诉我的吗？

＿＿＿＿＿＿＿＿＿＿＿＿＿＿＿＿＿＿＿＿＿＿＿＿＿＿＿＿＿＿＿＿＿＿＿＿

＿＿＿＿＿＿＿＿＿＿＿＿＿＿＿＿＿＿＿＿＿＿＿＿＿＿＿＿＿＿＿＿＿＿＿＿

＿＿＿＿＿＿＿＿＿＿＿＿＿＿＿＿＿＿＿＿＿＿＿＿＿＿＿＿＿＿＿＿＿＿＿＿

第三节　我心仪的职业是什么样的——职业聚焦

扫一扫看微课

　　晓东是张逸的师兄兼老乡，他自从上学以来，成绩从来没有让父母操过心。他还能全面发展自己，热爱运动，有丰富的社会实践经验，担任校志愿者协会会长，也是老师们心目中的优秀学生。晓东的校园生活可谓一帆风顺，他对于专业金融学也学得很扎实。金融学专业的市场前景不错，他毕业之后找个稳定的工作不在话下。可是随着毕业的日子越来越近，晓东反而犹豫起来：将来真的要从事金融行业吗？他内心似乎总觉得缺少了什么，他不知道自己想要的是什么。

　　初心是晓东的同班同学，最近正在两份工作之间纠结徘徊：一份是事业单位，比较稳定，但待遇较低，发展路径不明，且地点在偏远的郊区；另一份是民营企业，该企业正处于上升期，工作的技术含量和发展路径都较明确，地处市中心，配备了员工宿舍。对于选择困难的她来说很难在这两份工作中做出抉择，于是想听听家人的意见。没想到家人让她回老家就业，理由是她的小学、初中同学在老家发展得都不错。初心的内心彻底混乱了。

　　大学生在探索职业的过程中，常常陷入多种选择的困境：是留在大城市，找一份不稳定、目前也不是很理想但是未来的学习、发展机会可能很多的工作；还是回到家乡小城镇找个待遇不错的、稳定但是自己将来的发展前景非常有限，且缺乏挑战性的工作；又或者加入朋友的创业团队，充分地挖掘自己的潜能，但要承受未知的风险。然而，正是因为处于多种选择当中，一个人才会越来越清楚到底什么对自己是真正重要的。

一、体验过哪些职业——职业实践

在宏观层面对于职业世界的概貌有了初步的认识，你对自己感兴趣的职业大致有了方向，这就意味着你从对职业探索的理论层面进入了现实层面。在现实世界里，有各种各样的途径让你与职业面对面地真实接触，一方面锻炼自己的职业技能，另一方面为"未来从事什么样的职业"这样的问题寻求答案。职业实践包括校园内外的社会实践、兼职工作、基层工作、入伍、大学生创业、全职工作和非营利组织工作等。

（一）社会实践

社会实践是大学生活的重要组成部分。社会实践有勤工俭学、志愿服务和专业实习三大类。留校勤工俭学、家教、零工等更侧重经济利益，是一些家庭困难大学生的首要选择；具有一定经济基础的大学生选择做义工、支教、支农，既锻炼了能力，又奉献了爱心；更多大学生则倾向于选择在和专业相关的单位实习，这对于在校大学生具有加深对本专业的了解、确认适合的职业、为向职场过渡做准备、增加就业竞争优势等多方面的意义。

（二）兼职工作

兼职工作是自己利用空闲时间所做的工作，多为短期或周末的工作，一般比较灵活，也是受大学生欢迎的工作类型。大学生在兼职工作中能增长社会经验，并得到一些劳务报酬。

（三）基层工作

基层是高校毕业生成长成才的重要平台。教育部会同相关部门推出优惠政策，指导各地各高校健全、优化服务保障，统筹实施"三支一扶"计划、大学生志愿服务西部计划、农业技术推广服务特设岗位计划等基层项目，为高校毕业生在基层成长成才创造良好条件，让有志于在基层锻炼的大学生施展抱负。到西部去、到基层去成为大学生就业的新趋势。

（四）入伍

近年来，越来越多的大学生响应祖国号召入伍，每年的报名人数达到100多万，并呈上升趋势。2022年上半年，入伍新兵中大学生占比超过80%，其中大学毕业生超过50%。大学生应征入伍服义务兵役，享有优先报名应征、优先体检政审、优先审批定兵、优先安排使用"四个优先"政策，家庭按规定享受军属待遇，入伍学生还享受优先选拔使用、学费补偿和国家助学贷款代偿、退役后考学升学优惠、就业服务等政策。

（五）大学生创业

随着近期我国走向转型化进程推进以及社会就业压力不断增加，创业逐渐成为在校大学生和大学毕业生的一种职业选择方向。为支持大学生创业，国家各级政府以及部分高校出台了很多优惠政策，提供支持和指导。

（六）全职工作

全职工作是指相对长期、稳定的工作模式，通常用正常上下班时间来划分工作时间和休息时间，工作有受一定限制的特性。全职工作也是大学生选择第一份工作时的主流之选，而人生的第一份正式工作又是职业发展至关重要的一步。

（七）非营利组织工作

不以营利为目的的组织，它的目标通常是支持或处理个人关心或者公众关注的议题或事件。非营利组织涉及的领域非常广，包括艺术、慈善、教育、学术、环保等，如中国扶贫基金会、中国青少年发展基金会、中国妇女发展基金会、中国消费者协会、中国野生动物保护协会等。这些工作一般强调非营利性和志愿公益性，是一种新兴的就业选择。

二、想要的职业是什么——职业定位

晓东的职业体验可谓丰富，大学的几个暑假参加了3次社会实践。大一时他跟随系里的老师去学校对口支援的贵州进行社会调研，协助当地政府制定经济和文化发展策略。大二暑假晓东独立带团，带领志愿者协会的同学们去四川凉山地区支教。了解了凉山彝族人民的生活，接触到许多孤儿，晓东被深深地震撼，这一次经历让晓东多了很多对社会责任的思考。大三暑假系里组织大家去专业对口的企业实习，晓东与已经走上工作岗位的师兄师姐有了近距离的接触，对未来可能从事的工作有了直接的认识。凭着自身的履历，在北上广深找一份专业对口的工作对晓东而言似乎是顺理成章的事情。然而凉山孤儿们纯真而迷茫的笑脸总是让他觉得自己还要做一些事情，内心有一个声音越来越清晰：能不能用自己的专业为这些孤儿做一些事情呢？想到这些，他内心就充满了热情，但这些想法只是在内心酝酿、发酵了好久，是时候找人聊聊了。

晓东带着自己无法排解的困惑来到了职业咨询室寻求专业的帮助，辅导老师帮助晓东梳理了两份工作对他的意义，启发他看到了他最看重的东西，在众多的工作价值观里哪些是最重要的，哪些是最不能放弃的。

经过探索与尝试，大学生开始学会对自己心仪的职业聚焦，最终锁定目标职业。在这个过程中，最重要的是考虑两个方面的因素：你要做什么和你可以做什么。"你要做什么"是从个人层面出发，包括对自身兴趣、能力和价值观的综合考量，是一个人对"喜欢做的事""擅长做的事""认为重要的事"的主动整合。"你可以做什么"是从环境层面出发，包括对行业前景、就业市场和家庭环境等的考虑。

职业定位是在对自己和职业的了解、分析及匹配的过程中逐步进行的。下面介绍两个职业定位工具：SWOT分析法和跟随内心。SWOT分析法是基于对个体与环境的分析做出的理性判断；跟随内心则是向内探索，基于感性视角做出选择。

扫一扫听音频

职业定位中的
理性与感性

（一）SWOT分析法——理性视角

SWOT分析法用于科学地分析个体在做选择时面临的优势、劣势、机会和威胁，从而帮助个体做出合适的决定。S（Strengths）是优势、W（Weaknesses）是劣势、O（Opportunities）是机会、T（Threats）是威胁，这是SWOT分析法的4个要素。

晓东对自己的分析是这样的：他的优势是学习成绩优异，有丰富的实习经验，做事情比较认真负责；劣势是性格比较优柔寡断，做决定比较慢，关注的领域过多，在某一领域的积累和研究较少；机会是所学的金融学专业属于热门专业，前景广阔，薪资水平较为可观；威胁是该行业工作节奏快、竞争压力大，对人才的需求主要集中在高端市场，本科生的市场行情差于研究生。

***

◎ 练习4-5　　　　　　　　　**我的职业SWOT分析**

用SWOT分析法对自己进行初步分析。

优势	劣势
机会	威胁

（二）跟随内心——感性视角

夏夏大一的时候父亲去世了，母亲一个人在老家生活。虽然母亲对夏夏的工作没什么要求，但她能明显感受到母亲的孤独及其对自己的依赖，尽管她曾想过像其他同学一样在大城市里打拼，在挑战和竞争中锤炼自己，但她知道在自己心中母亲是永远的牵挂，因此她选择将求职重点放在家乡的单位。

请从下列对象中选出你认为最重要的一项：工作、家庭、时间、金钱、自由、健康。是不是很难抉择？这些对象在我们的生活中都发挥着至关重要的作用，往往缺一不可。工作是我们实现自我价值的手段，家庭是我们心灵的港湾，时间计算着我们的生命，金钱是安身立命之本，自由是内心的呼唤，健康是一切的基础。个体在面临重大的抉择时，有时候理性的分析并不能完全解决困惑，这时就更需要倾听内心的声音，想想自己最不能失去的是什么。也可以借助一些外界的资源帮助自己做决定，如寻求专业的职业咨询、多和自己的家人沟通，在与外界不断交流的过程中认清内心真实的想法，再去定位。

关于职业定位的困惑有时候凸显的是我们的职业价值观和现实局限性之间的较量。

价值观解决"人为什么活着？"这样的终极命题，涉及人的理想和追求。职业价值观承载着我们的期待，承载着我们内心看重的东西，以及这些东西对于我们的独特意义。例如，晓东看重职业的社会价值，夏夏重视对家人的陪伴，这些在他们的价值观中占据着重要的位置，是他们在选择职业时重要的参考标准。

可在现实生活中，并不是所有的期待和追求都能够实现，因为除了要遵从内心的价值观，还需要考虑现实可行性以及职业环境等外在的因素。例如，晓东虽然心系孤儿，但在选择职业时，还是需要考虑职业发展前景，需要考虑父母和老师的期待，以及自己目前的能力和职业市场的现状；夏夏心系孤独的母亲，如果选择家乡的工作，可能只能在有限的范围内选择未来的发展方向。

有时候我们只能暂时放下内心的期待，将它延后实现。

职业定位并非一个静态结果，而是一个动态过程，我们往往需要结合自己职业生涯的每个阶段对自己的职业定位不断做出修正调整。职业定位应该从大学甚至中学就开始。这个阶段的职业定位主要是结合初步的职业规划寻找自己感兴趣的职业方向。选择自己感兴趣的专业，多方面地涉猎，积极地参加社会活动，锻炼和培养健全的人格，是至关重要的事。职业发展初期是职业定位的初步阶段，然而多数人容易陷入迷失状态，患得患失，无法对自己进行合理的职业定位。这个阶段的关键在于勇于实践，我们应该脚踏实地、认真地去磨炼，在实践中一点一滴积累，从而对自己的职业定位有一个初步的概念。

三、准备好了吗——职业及生涯的变化

（一）传统与新兴职业的更替

职业变迁反映的是一个国家经济社会的发展与进步。随着经济社会的变化，据有关部门不完全统计数据，10年间消失的"旧职业"多达数百个。旅游体验师、数字视频策划制作师、宠物美容师、农场经理人、大数据架构师、云服务专家等新兴职业的产生反映了当代中国经济的发展、社会的转型、人们观念的变革。

随着传统和新兴职业的更替，未来职业发展的新趋势主要表现在以下几个方面：互联网技术改造所有的传统服务业，智能技术改造所有的传统制造业；迅速发展的高科技产业、创意产业已经成为催生新兴职业的主要领域；时代需求催生新兴职业，如家庭托管小课堂和快递上门服务等。但新兴职业往往缺乏明确的规范，而且尚处于孕育期，对于职场新人的职业化成长并不一定是最好的选择。

世界经济论坛发布的《2023年未来就业报告》显示，到2027年，分析性思维、创造性思维以及利用人工智能和大数据的能力或将成为最需要的就业技能。人工智能、数字化与大数据对行业、企业以及职位产生了一定的影响，比如部分工作岗位的消失和新工作岗位的增加。

（二）职业生涯形态的变化：从有边界到无边界

张逸的小姨是一位职场精英，有了孩子之后，她对亲子教育领域产生了极大的兴趣。她主动学习了育儿、儿童心理及亲子教育方面的知识，凭着生动有趣的文笔，开始给网站的育儿频道供稿，并为一些教育培训机构主持亲子沙龙。她乐此不疲，最后索性辞掉了全职工作。在孩子上小学之后，她可支配的时间更多了。凭着几年兼职工作经验的积累和对亲子教育市场的把握，她注册成立了一个针对2～10岁年龄段的亲子教育平台，分享有价值的教育资讯，打造原创亲子教育视频。随着用户的积累和好评的增加，她实现了职场上的华丽转身。

张逸的小姨的职业发展呈现出职业生涯形态从有边界到无边界的变化。

第一章曾介绍了多变的职业生涯形态，包括传统职业生涯、易变性职业生涯及无边界职业生涯。易变性职业生涯的概念出现在20世纪70年代，无边界职业生涯的概念最早出现于20世纪90年代。与传统职业生涯不同，易变性职业生涯与无边界职业生涯强调以灵活的职业选择替代长期雇佣关系，使从业者能够跨越不同组织实现持续就业。易变性职业生涯和无边界职业生涯强调职业生涯发展呈现出的无限可能性，以及怎样识别并利用这些机会，但同时对于从业者的就业能力和职业技能也有更高的要求，从业者会更重视心理意义上的职业成功感。表4-2所示为3种职业生涯形态的对比。

表4-2　传统、易变性及无边界职业生涯的对比

维度	传统职业生涯	易变性职业生涯	无边界职业生涯
雇佣关系	以忠诚交换工作安全	遵从内心意愿选择职业	以绩效/灵活性交换可雇佣性
心理契约	关系型	交易型	交易型
职业生涯边界	一个或两个组织边界	一个或多个组织边界	多个组织边界
工作技能	与组织相关	可迁移、不断更新	可迁移
培训与学习	正式培训	在职培训、持续学习	在职培训
职业发展阶段	与年龄相关	自主选择	与学习能力相关
职业生涯目标	加薪或晋升等	心理成就感	可雇佣性的提升
职业成功标准	薪水、晋升、地位	心理意义上的成功	心理意义上的成功
职业生涯模式	线性的等级结构	跨边界性、多样性	跨边界性、多样性
职业管理责任	组织	个体	个体

💬 讨论4-2　　　　　　**应对变化的职业世界**

（1）新兴职业的产生给传统职业生涯发展带来了哪些挑战？

_____

_____

_____

（2）在你知道的人中，有谁选择了无边界职业生涯吗？他的职业故事是怎样的？

_____

_____

_____

（3）易变性职业生涯和无边界职业生涯对于你的职业定位有什么样的启发？

_____

_____

_____

💬 对话空间

　　某大学博士研究生拒绝了国外博士后的邀请，选择了去中学教数学。在导师的心目中，该学生具有出众的科研才能，未来在学术上应该大有可为。为此，导师深夜难眠，即兴发帖，引发了网络热议。

　　大三学生：昨天看了个某高校论坛的帖子，题目叫《昨夜无眠》，挺有感触的，一个著名高校的博士研究生选择去中学工作，是有些可惜。

　　应届毕业生：能有多重选择，还是奢侈啊，很多时候不是你选机会，而是机会选你，

就业浪潮中有多少人先上岗再择业啊。

在读研究生：我很理解这个人，他知道自己需要什么，因为越往高处走，同行的人就越少，我还是希望他找到自己的幸福……

研究生导师：要毕业了才决定不从事科研，入学时怎么不提呢？浪费国家资源，占用研究生名额，遇到这样的学生也是导师的无奈啊。

班主任：我最希望大家毕业后，有什么想法就大胆地去尝试，看看自己更适合什么样的行业……

职业规划专家：我们不去讨论这件事情发生的原因，我只想问问这件事情给你带来了什么影响？你有什么感受？

价值引领 ·········

"95后"宠物医生的职业成长之路

"吸猫""撸狗"是不少年轻人的爱好，但不科学的饲养方式增加了宠物患泌尿系统疾病的概率。然而，给猫狗做手术不是一件易事，既考验耐心又考验技能。2012年，邓永威初中毕业，报读了广州市高级技工学校畜牧兽医专业，他经常在动物医院实习，渐渐对小动物医疗产生了兴趣。2015年，邓永威毕业后去了深圳的一家动物医院实习，他深耕动物医学，钻研宠物泌尿系统这个少有医生涉足的领域，勤学技能，凭借一技之长，成为行业内的专家，为很多可爱的小动物延续了生命。说起未来的职业规划，邓永威打算继续钻研宠物置换手术，为动物医学的发展出一份力。"我很庆幸，能够将兴趣爱好发展成一技之长，还能够帮助小动物。"邓永威表示，国家为技能人才提供了很好的发展平台，希望更多师弟师妹们学好技术，走技能成才、技能报国之路。

我的个人优势是什么

女生 302 宿舍的雯雯、张帆、陈悦、杨洋 4 个人性格各异。

雯雯是一个不轻易言弃的人，没有机会也要创造机会。刚入学时，雯雯由于缺少经验，没有入选学生会，但她还是积极参与学生会活动，展现自己的能力，在第二年凭借自己优异的表现顺利入选学生会。

张帆可谓惜时如金，坚信"效率就是一切"，因此她能把每一天每一个小时都安排得井井有条。

陈悦则是一个生活得很有诗意的人，比如春天拍花冬天摄雪，寒假去山区拍摄传统的民俗仪式，社会实践去沁阳录制吹奏唢呐的视频……她对未来完全没有考虑。她信奉的价值观是"生命在于体验，其他都是浮云"。

302 宿舍里，雯雯总是风风火火，独立行事。张帆和陈悦是最谈得来的室友，她们发现彼此身上有许多相互欣赏的地方，陈悦欣赏张帆的目标感和执行力，而张帆则欣赏陈悦的随性与从容。用室友杨洋的话说："也许你们都是了解自己的人，也在生活中发挥自己的优势。"对于杨洋的分析，张帆和陈悦都比较认同，杨洋尽管很少发言，但每次发言都是深思熟虑、直指人心。然而在给出对别人的评价的同时，作为宿舍里最低调的一个，杨洋内心又对自己产生了疑问：相比她们，我的个人优势是什么呢？我有哪些资源可以利用呢？

职业规划的过程是一个人与环境不断互动的过程，也是对个体资源和环境资源不断发现、挖掘和利用的过程。理想的职业生涯建立在对个体的优势和环境资源的充分利用的基础上。本章将资源分为个体资源、社会资源和家庭资源3个方面来论述。

第一节　知道自己有多棒吗——探索个体资源

一、如何从个人经历中寻宝——自我潜能

扫一扫看微课

大一新生杨洋很焦虑，觉得自己没什么突出的特长，进入大学以来，就像一条小鱼进入了汪洋大海，感觉身边的人有的才艺兼具，有的交际广泛。再看看自己，家庭条件一般，能考上大学已经算是家族中的骄傲了，从小父母只强调学习，并没有条件培养自己的兴趣爱好和特长，自己唯一的特长可能就是考试吧。这样的人生过了18年，简简单单，也算踏实。然而进入大学就像打开了一扇大门，看别人尽情翱翔，自己却只能小心游弋，心情很糟糕，生活一度陷入黑暗之中。有段时间，她反复地听一首歌，"黑暗给了我黑色眼睛，我却用它去寻找光明"，觉得这首歌唱出了自己的心声。直到有一天她被室友拉去听了一场职业规划讲座，才觉得黑暗的世界里照进了一道光：每个人都是有资源的，尽管每个人的个体资源、社会资源和家庭资源有所不同，但只要你愿意去挖掘、去行动，都有可能接近你的理想。

（一）自我潜能的发掘

众多的个体资源中，自我潜能是最为核心和内在的资源。加德纳的多元智能理论中有一种智能叫自省智能，是自我认识的钥匙，决定着一个人对自己的认识，支配着一个人时间、精力的分配，影响着一个人未来发展的方向。

一个人对自我潜能的挖掘犹如寻宝。通过对个人经历的回顾、对当下的审视以及对未来的展望，个体可以整合内在的资源，加深对自我的认知。《爱丽丝梦游仙境》中，当迷路的爱丽丝遇到柴郡猫时，柴郡猫对她说："你必须知道你想成为什么样的人，你必须先找到自己，然后再去寻找走出去的路。"了解自己，完成对自我的确认，也是生涯规划的重要前提。

你可以通过潜能探索活动来发展从潜能探索到生涯行动的能力；你也可以通过"我的生命线"活动，对自己的生命事件进行梳理，发现自己已有的能力。

💬 讨论5-1　　　　　　　潜能探索：从探索到行动

4人一个小组，围绕自我潜能进行讨论分享。

（1）我最突出的3种自我潜能是：＿＿＿＿＿＿＿＿＿＿＿＿＿＿＿＿＿＿＿＿＿

（2）我的依据是（选择一个能够代表该潜能的事例）：＿＿＿＿＿＿＿＿＿＿＿＿

＿＿＿＿＿＿＿＿＿＿＿＿＿＿＿＿＿＿＿＿＿＿＿＿＿＿＿＿＿＿＿＿＿＿＿＿＿

＿＿＿＿＿＿＿＿＿＿＿＿＿＿＿＿＿＿＿＿＿＿＿＿＿＿＿＿＿＿＿＿＿＿＿＿＿

（3）我将该潜能转化为生涯行动的计划是：_____

_____

（4）通过小组讨论，你得到了什么启发？

_____

_____

_____

👁 练习5-1   **我的生命线**

准备一大张白纸和两支笔（一支自己喜欢的彩笔，一支黑色笔）。首先在这张白纸中部画一条横线，横线左端写上0岁，右端写上自己现在的年龄（见图5-1）。

认真地回忆你已走过的生命历程，回想从记事起有哪些事件让你开心和骄傲，或者让你感受到有意义和有成就感。

按照时间顺序，参照图5-1，在你的生命线上找到这些事件对应的时间点，根据每个事件对你的影响程度在时间点上方将其标记出来，在旁边写下是什么事情，并用平滑的曲线把这些点连起来。

在生命线下方、事件对应的地方，写下你从这个事件中发现了自己有哪些自我潜能。

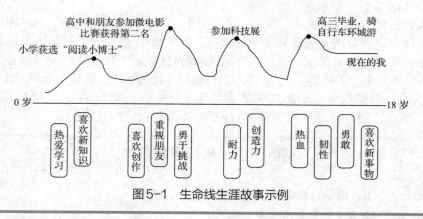

图5-1　生命线生涯故事示例

你可以与信任的朋友一起进行这个练习，不同的人对待同样的事情会有完全不同的看法，他们的反馈也会让你有不同的收获。

（二）自我认同感的建立

自我认同感的建立过程也是对自我潜能不断确认和整合的过程。美国心理学家埃里克松认为青少年阶段（12～18岁）的发展任务是发展自我的同一性，建立稳定的自我认同感。自我认同感是一种复杂的内部状态，它包括个体感、唯一感、完整感以及过去与未来的连续性。自我认同感是一种关于自己是谁，在社会上应该处于什么样的地位，将来准备成为什么样的人，以及怎样努力成为理想中的样子等的感觉。

自我认同感的形成是青少年时期不断探索和承诺的结果。通过探索和承诺，个体可以在以后重要的认同领域（如职业、性别、性格、爱好、价值观等）中获得承诺和决策能力。郑涌对我国大学生的研究发现，我国大学生自我认同感欠缺的领域主要是职业选择、人际关系、学业、品德及家庭关系。自我认同可以为个体提供过去与未来的连续感和未来的方向感，可以帮助个体接受现实自我和理想自我的差距，可以增强个体的信心和力量。

人们可以借助各种途径增强自我认同感。其中，镜像自我是从他人视角来了解自己是一个什么样的人。镜像自我的概念最早是由精神分析师雅克·拉康提出的。他认为，人们时常通过观察他人对自己行为的反应而形成对自己的评价。每个人对于别人来说犹如一面镜子。你可以借助身边的人了解你在学习、交际和工作等不同领域的潜能。

👁 练习5-2　　　　　　　　　　他人眼中的我

请你对父母、老师及同学分别做一个小采访，请他们谈一谈，在不同的领域（如专业学习、人际交往、生涯发展）你有哪些潜能，将结果填入表5-1。

表5-1　他人眼中的我

领域	父母眼中的我	老师眼中的我	同学眼中的我
专业学习			
人际交往			
生涯发展			

二、如何拓展生涯资源——职业优势

晓娜是一个很有开放思维和规划意识的经济管理专业应届毕业生。她在大二下学期时与计算机专业的师姐搭档，参加了"互联网+"大学生创新创业大赛，她们的项目"共享单车停放区域智能管理系统"在校内赛中拿到了三等奖。在准备大赛的过程中，晓娜接触到学校的许多资源，与众多热情、有想法、有行动力的同学一起接受创新创业的培训，大大增长了见识，拓宽了视野，积累了丰富的策划与实战经验，提高了在实战过程中发现问题和解决问题的能力。在大三阶段的专业实习时，这段经历为她加分不少，帮助她在众多的竞争对手中脱颖而出，拿到去心仪单位实习的机会。

晓娜的职业优势帮她在职业发展道路上获得了更好的机会。职业优势是一个人可以运用的优势个体资源，可以有意识地培养。大体而言，职业优势包括职业素质优势和职业实践优势。职业素质优势可以参考本书第三章探索自我（下）及第八章核心能力建构；职业实践优势涉及专业实习、社会实践、第二课堂、创业项目、科研训练等，主要指院系层面、学校层面、社会层面的与专业、职业有关的训练。职业实践可以促进个体职业素质的提升，职业素质又为职业实践的成效提供了保障。

◎ **练习5-3**　　　　　　　　　**我的职业成就故事**

（1）请讲述一个你在职业实践中的成就故事。

_____

_____

_____

_____

（2）分析自己从中得到了哪些职业素质的提升。

_____

_____

_____

_____

_____

_____

三、如何发现可持续资源——人格优势

　　紧张的期中考试结束后，302宿舍的女生们也放松了很多。晚上的卧谈会大家尤其开心，在宿舍长雯雯的提议下，每个人都分享了最近令自己最开心的事情：张帆通过自身的努力，在托福模拟考试中取得了不错的成绩；陈悦在学校的摄影协会认识了对纪录片感兴趣的师姐；雯雯跟随师兄加入了学校的一个创业项目；杨洋在"职业生涯发展与规划"课堂上有精彩的表现，提升了自信。卧谈会后，爱思考的杨洋觉得自己又有了新的发现，原来每个人身上都有那么多值得欣赏和学习的地方，每个人又是如此不同。带着这样的思考，杨洋在图书馆里阅读了《人格力量与美德分类手册》，她发现自己的前5位人格优势分别是喜爱学习、洞察力、勇敢、自我控制和希望与乐观，她想这应该就是自己的独特优势吧。

（一）什么是人格优势

　　人格优势是积极心理学中广受关注的概念，是指个体资源中相对稳定的、可持续的资源。《人格力量与美德分类手册》一书中以人格力量与美德为取向，分类列出了6种重要美德，即智慧、勇气、仁爱、公正、节制和卓越，以及与这些美德相关联的24种人格优势。人格优势与个体取得成功存在着很大关系。

　　积极心理学家认为拥有积极品质的人能更好地发现生活的意义，更好地发挥潜力，拥有更高的生活质量，最大限度地实现自我价值并促进社会的发展。

扫一扫听音频

个体资源——
坚毅的人格

（二）人格优势的评估

我的人格优势——VIA特征优势调查

每种人格优势包含两个通过调查得来的最有鉴别力的问题，你的答案会显示出你的人格优势的排序。该测试总共有24个方面，每个方面有A和B两种描述，请根据实际情况为每种描述选择相应的选项——"非常符合""符合""不确定""不符合""非常不符合"，每个选项对应的分值如表5-2所示。

1. 好奇心

   A. 我对世界总是充满好奇；

   B. 我很容易感到厌倦。

2. 喜爱学习

   A. 每次学新东西我都很兴奋；

   B. 我从来不会特意去参观博物馆或者其他教育性场所。

3. 判断力

   A. 不管什么主题，我都可以很理性地去思考；

   B. 我遇事通常会很快做出决定。

4. 实用智慧

   A. 我喜欢以不同的方式去做事；

   B. 我的大多数朋友都比我有想象力。

5. 社会智慧

   A. 不论什么样的社会环境我都能轻松、愉悦地融入；

   B. 我不太知道别人在想什么。

6. 洞察力

   A. 我可以看到问题的大方向；

   B. 很少有人找我求教。

7. 勇敢

   A. 我常常面对强烈的反对；

   B. 我常常感受到痛苦和失望。

8. 毅力

   A. 我做事都有始有终；

   B. 我做事时常会分心。

9. 正直、诚信

   A. 我总是信守诺言；

   B. 我的朋友从来没有说过我是个实在的人。

10. 仁慈与慷慨

    A. 我时常主动地去帮同学的忙；

    B. 我对别人的好运不像对自己的好运那样激动。

11. 爱与被爱

    A. 有很多人关心我的感受和幸福，就像他们关心自己一样；

    B. 我不太习惯接受别人对自己的爱。

12. 公民精神
    A. 为了集体，我会尽最大的努力；
    B. 要我牺牲自己的利益去维护集体利益我会很犹豫。

13. 公平与公正
    A. 我对所有人都一视同仁，不管他是谁；
    B. 如果我不喜欢这个人，我很难公正地对待他。

14. 领导力
    A. 我可以让人们为了共同的目标而努力，而不必反复催促；
    B. 我对计划集体活动不太在行。

15. 自我控制
    A. 我可以控制我的情绪；
    B. 我的计划总是虎头蛇尾、半途而废；

16. 谨慎小心
    A. 我避免参与有危险的活动；
    B. 我有时会认错朋友。

17. 谦虚
    A. 当别人称赞我时，我常转移话题；
    B. 我常常谈论自己的成就。

18. 对美和卓越的欣赏
    A. 在过去的这个月，我曾被音乐、戏剧、电影、体育、科学或数学领域
       的某一个方面所感动；
    B. 我去年没有创造出任何美的东西。

19. 感恩
    A. 即使别人帮我做了很小的事情，我也会说谢谢；
    B. 我很少静下来想想自己有多幸运。

20. 希望与乐观
    A. 我总是看到事情好的一面；
    B. 我很少对要做的事情进行周详的计划。

21. 目标
    A. 我对生命有强烈的目标感；
    B. 我的生命没有目标。

22. 宽恕与慈悲
    A. 过去的事情我都会让它们过去；
    B. 有仇不报非君子，总要出了气才甘心。

23. 幽默
    A. 我总是尽量将工作氛围变得轻松愉悦；
    B. 我很少讲好笑的事。

24. 热情
    A. 我对每件事情都全力以赴；
    B. 我做事总是拖拖拉拉。

表5-2 人格优势计分表

24种人格优势	选项	非常符合	符合	不确定	不符合	非常 不符合	得分
好奇心	A	5	4	3	2	1	
	B	1	2	3	4	5	
喜爱学习	A	5	4	3	2	1	
	B	1	2	3	4	5	
判断力	A	5	4	3	2	1	
	B	1	2	3	4	5	
实用智慧	A	5	4	3	2	1	
	B	1	2	3	4	5	
社会智慧	A	5	4	3	2	1	
	B	1	2	3	4	5	
洞察力	A	5	4	3	2	1	
	B	1	2	3	4	5	
勇敢	A	5	4	3	2	1	
	B	1	2	3	4	5	
毅力	A	5	4	3	2	1	
	B	1	2	3	4	5	
正直、诚信	A	5	4	3	2	1	
	B	1	2	3	4	5	
仁慈与慷慨	A	5	4	3	2	1	
	B	1	2	3	4	5	
爱与被爱	A	5	4	3	2	1	
	B	1	2	3	4	5	
公民精神	A	5	4	3	2	1	
	B	1	2	3	4	5	
公平与公正	A	5	4	3	2	1	
	B	1	2	3	4	5	
领导力	A	5	4	3	2	1	
	B	1	2	3	4	5	
自我控制	A	5	4	3	2	1	
	B	1	2	3	4	5	
谨慎小心	A	5	4	3	2	1	
	B	1	2	3	4	5	
谦虚	A	5	4	3	2	1	
	B	1	2	3	4	5	
对美和卓越的 欣赏	A	5	4	3	2	1	
	B	1	2	3	4	5	

续表

24种人格优势	选项	非常符合	符合	不确定	不符合	非常不符合	得分
感恩	A	5	4	3	2	1	
	B	1	2	3	4	5	
希望与乐观	A	5	4	3	2	1	
	B	1	2	3	4	5	
目标	A	5	4	3	2	1	
	B	1	2	3	4	5	
宽恕与慈悲	A	5	4	3	2	1	
	B	1	2	3	4	5	
幽默	A	5	4	3	2	1	
	B	1	2	3	4	5	
热情	A	5	4	3	2	1	
	B	1	2	3	4	5	

一般来说，如果你在某种人格优势上得到9分或10分，这就是你突出的人格优势，请把它们圈出来。

第二节　如何借力上青云——探索社会资源

这是24岁的曹欢第一次来到北京。作为短视频界"成功创业"代表，他来分享他的创作经验，向世界讲述一个地道的中国农村故事。一年前，曹欢还是月薪3100元的商场保安，如今他创建的原生态农村题材短视频在自媒体平台已有57万固定观众，全网累计播放量超过7000万次，积累用户2200万，年入50万元。曹欢的成功不是偶然。日新月异的中国给了广大青年更多改变命运的机会。他迈进了前所未有的机遇之门，不断革新自我，实现了"逆袭"。

扫一扫看微课

石磊从某著名大学毕业后，成为一名大学生村官。他就任南京市栖霞区栖霞街道石埠村村委会主任助理。4年后，他成为栖霞街道办事处副主任、栖霞街道西花村社区党支部书记。在石磊的不懈努力下，社区近百名村民在驻区企业中就业，每人每年可增加工资性收入1.5万元。物业公司的服务项目也大大扩展，年订单额提高到400万元，并且物业公司为150名村民提供了就业的机会。集体有了钱就能为村民办事，共享发展成果：给村里的孩子提供助学金，为村民安排体检，还提高村里老人的生活补贴，修道路、水渠，修建桥梁，改变水系，美化村容。

温鑫的创业起源于大一时的一次"异想天开"。我国每年消耗食用油2300万吨以上，产生700万～1400万吨地沟油。这种油随水直接排放到公共水体中，将造成严重的环境污染。既然肥皂也是油做的，那么为什么不能将地沟油做成肥皂呢？温鑫的小伙伴们觉得这个想法很有意思，想看看能否实现。在这个过程中，实验室和整个学校都是他们的后盾，为他们提供指导和场地。当时，政府已经出台了20多份相关文件促进创业创新。温鑫觉得，这个"有意思"的小项目似乎可以再往前推进一大步。经过老师牵线搭桥，团队向大型工厂和企业出售工业用皂。此外，除了在学校零散销售，他们还通过网站和网店销售手工皂。温鑫喜欢创业之后的自己，每天和不同的人打交道，解决问题，能听到自己飞速成长的声音。在温鑫看来，考研还是创业并不存在所谓传统与反传统的冲突，它们都通向一个更好的自己。创业不过是增加了路途上更多的可能。

曹欢、石磊和温鑫都生活在中国实现强国梦的进程中，他们是时代的弄潮儿，勇敢地抓住了时代的机遇，在社会的大舞台上挥斥方遒。

一、如何顺势而为——社会资源

大学生在进行职业生涯规划的过程中，是不可忽视社会资源的。时代变迁向个体发展发起了挑战，同时也提供了机遇。下面从当前中国发展新貌、青年专项政策以及当代青年的机遇角度解读如何用好社会资源。

（一）当前中国发展新貌

我国已从生产力落后的国家变成世界经济大国，面临的问题已从物质条件的数量满足变成追求品质，从满足衣食住行的基本需求变成追求更加充分的全面发展。社会发展状况的转变将会推动一系列政策措施、工作重点的转变，意义重大，这也为青年提供了发挥自己才能的空间，为青年投身国家发展的伟大事业提供了机会和方向。

2021年7月1日，习近平总书记在庆祝中国共产党成立100周年大会上庄严宣告，经过全党全国各族人民持续奋斗，我们实现了第一个百年奋斗目标，在中华大地上全面建成了小康社会，历史性地解决了绝对贫困问题，正在意气风发向着全面建成社会主义现代化强国的第二个百年奋斗目标迈进。

在经济发展方面，我国经济保持中高速增长，开放型经济新体制逐步健全。经济结构不断优化，数字经济等新兴产业蓬勃发展，高铁、公路、桥梁、港口、机场等基础设施建设快速推进；农业现代化稳步推进，城镇化率逐年提高，区域发展协调性增强，"一带一路"建设、京津冀协同发展、长江经济带发展成效显著。创新驱动发展战略大力实施，创新型国家建设成果丰硕，天宫、蛟龙、天眼、悟空、墨子等重大科技成果相继问世。

（二）专项政策为青年发展保驾护航

《中长期青年发展规划（2016—2025年）》（以下简称《规划》）是我国第一个专门面向青年群体制定和出台的规划，是以青年群体作为对象的政府专项规划，将青年年龄明确界定为14～35周岁，这一年龄段的社会群体集中地呈现出青年期"过渡性"的本质特征。《规划》从青年思想道德、青年教育、青年健康、青年婚恋、青年就业创业、青年文化、青年社会融入与社会参与、维护青少年合法权益、预防青少年违法犯罪、青年社会保障10个领域提出政策举措，完整描绘了各方力量共同促进青年发展的蓝图。《规划》中涉及很多与大学生职业发展联系密切的内容，如加强青年的社会实践教育，促进青年终身学习，培育青年人才队伍，推动完善促进青年就业创业政策体系，加强青年就业服务，推动青年投身创业实践，促进青年更好实现社会融入，等等。

（三）当代青年的七大机遇

当前青年面临的新机遇可被归纳为以下7个方面。

（1）新舞台。京津冀协同发展、长江经济带发展、粤港澳大湾区建设等区域重大战略为高校毕业生提供了新舞台。

（2）积极促进高校毕业生就业创业。提供全方位公共就业服务，促进高校毕业生等青年群体多渠道就业创业。

（3）未来经济转型升级呈现新业态。加快建设制造强国，加快发展先进制造业，推动互联网、大数据、人工智能和实体经济深度融合，在中高端消费、创新引领、绿色低碳、共享经济、现代供应链、人力资本服务领域培育新增长点、形成新动能。

（4）破除体制弊端。破除妨碍劳动力、人才社会性流动的体制机制弊端，使人人都有通过辛勤劳动实现自身发展的机会。

（5）重视科技人才和创新团队。培养造就一大批具有国际水平的战略科技人才、科技领军人才、青年科技人才和高水平创新团队。

（6）鼓励引导人才流动。鼓励人才向边远山区、边疆民族地区、革命老区和基层一线流动。

（7）推进农业农村现代化。实施乡村振兴战略，建立健全城乡融合发展体制机制和政策体系，加快推进农业农村现代化。

青年兴则国家兴，青年强则国家强。新时代为青年提供了施展才华的广阔舞台。当代大学生的人生黄金时期与"两个一百年"奋斗目标的实现过程相吻合，当代大学生是这一历史进程的见证者，更是参与者和创造者。

二、如何挖掘可用资源——学校资源

晓岚在学院的学生会培训部担任部长，她在学生会工作期间多次邀请已经毕业的师兄师姐来校开展讲座，她不凡的见识和踏实稳健的工作风格给大家留下了深刻的印象。在寻找专业实习时，她通过师兄师姐的举荐，顺利地获得了一个内推的名额。所谓"内推"是指通过人际关系，直接把简历交给公司人力资源部门的负责人，这样的投递效果通常比自己通过招聘平台投简历要好得多。

学校除了是社会系统中的一部分，本身也是一个小社会，不同的高校有自己的校风、校训和文化传承，也有自己独特的资源。虽然学校的资源是不受个体控制的，但个体对学校资源的运用则体现的是个体的主观能动性，对于学校资源的主动搜寻和运用也体现了个体的职业素质。

教学楼和实验室等是学校必不可少的内部资源，此外，校外实习、联合培养以及校友资源等都是学校资源的重要组成部分。

（一）学校内部资源

除了教学楼外，学校的实验室和工作室是学生进行实践和创新的重要场所；图书馆有助于学生学习和研究专业知识；学业发展中心和就业指导中心可以为学生提供学业、实习、社会实践、求职等方面的指导与帮助。学生可以通过积极利用学校内部资源，提升自己的专业能力、实践能力和综合素质，为将来的发展打下良好的基础。

（二）校外实习

校外实习是高校学生参加实习和社会实践的重要途径。通常高校会与一些企业签订实习协议，为本校学生的专业实习提供方便。有些实习基地是学校层面的，有些是学院层面的，学生可以主动去对接这些资源，从中选择适合自己的实习基地。

（三）联合培养

为了更好地培养符合时代要求的人才，很多高校开始与国内其他高校及国外高校开展联合培养项目，即采取双方或者多方一起培养的模式。这种新的培养模式不仅应用在研究生教育中，在本科教育阶段也开始实施，开展形式包括中外联合培养、国内高校联合培养、高校–科研院所联合培养、高校–企业联合培养等。联合培养的模式可以使学生接触更多元、更丰富的教育资源，提升创造性思维能力，开阔视野，对其未来的发展大有益处。

（四）校友资源

校友资源可以是曾经在学校学习过的各阶段和各种类别的学生，以及在学校工作过的全职教授、兼职教授和其他教职员工等人员。在美国排名前100的公立和私立大学中，校友占据了校董事会的63%，也就是说校友参与了学校的建设、发展与管理。在大学生的成才成长、就业创业中，校友可以起到启发、引领、支持的作用。

💬 讨论 5-2　　　　　　　　**学校资源知多少**

（1）除了上面列出的学校资源，你还知道哪些学校资源？

_____

_____

_____

（2）你可以通过什么样的途径接触到这些学校资源？

_____

_____

_____

（3）你了解学校的就业指导中心都提供哪些服务吗？

_____

_____

_____

三、如何实现"1+1>2"——人脉资源

（一）"六度分隔"理论

美国哈佛大学的心理学教授为了描绘一个联结人与社区的人际联系网，做过一次连锁信实验，结果发现了"六度分隔"现象。"六度分隔"（Six Degrees of Separation）现象

又称为"小世界"（Small World）现象，可通俗地阐述为你和任何一个陌生人之间所间隔的人不会超过6个，也就是说，最多通过6个人你就能够认识任何一个陌生人。之后，哥伦比亚大学的邓肯·瓦茨通过研究验证了"六度分隔"理论。这对人们的启示是，你可以以熟悉的人为基础，进而拓展自己的人脉资源。

人脉通常是指人际关系，或者指由人与人之间相互联系而构成的网络，其形状像血脉、山脉一样，纵横交错。很多人用其一生来寻觅志同道合的知己，以期成就大事业。也有人说，现在的你与明年的你在境遇上的差异仅仅在于你遇到的人和你读过的书的差异。由此可见，人脉以及人脉圈对于一个人的生活、学习和工作有着巨大助益和影响力，是一种极其宝贵的特殊资源。

（二）人脉的分类

人脉按照联系强度和实际效果，可以分为强关系和弱关系。强关系是指日常联系紧密，能够分享有用的信息和观点，提供实质性帮助的圈里人；弱关系是指日常联系较少、互动不频繁，因而对日常生活的影响较弱的圈外人，也就是所谓的泛泛之交，如图5-2所示。

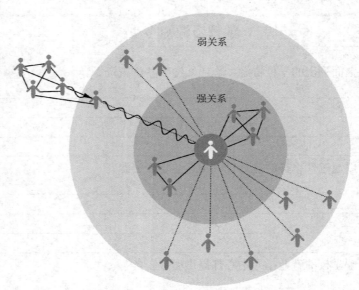

图5-2　人脉网

但有时候，圈外的弱关系也能产生巨大的影响。国内学者研究发现，弱关系在中国远不如强关系重要，但美国的研究却表明弱关系更重要，认为弱关系会带来异质性信息（由于所处的环境不同，他们往往能提供你无法掌握的信息）。例如，你的大学教授，他们与你的关系一般不会太亲密，但是你从他们那里获取的信息往往很有价值。考虑到文化背景的差异，关系的强度与影响也不能一概而论。

人脉按照形成过程可以分为血缘人脉、地缘人脉、学缘人脉、事缘人脉、客缘人脉、随缘人脉等。

1. 血缘人脉

血缘人脉是指因家族、宗族、种族形成的人脉。例如，凡凡的小姨是一名大学老师，在凡凡选大学专业的时候给予了她很多有价值的参考意见。

2. 地缘人脉

地缘人脉是指因居住地域形成的人脉，最典型的就是老乡关系。例如，晓东是比张逸早入学的老乡，可以给张逸很多指点。

3. 学缘人脉

学缘人脉是指因共同学习而形成的人脉。学缘人脉不局限于小学、中学、大学的同学关系，随着人们现代交际意识的提高，各种各样的短期培训班甚至会议中，也蕴藏着十分丰富的人脉资源。例如，林飞、张帆和隋毅是高中同学，大学又在同一个城市，3人的联系一直很密切，他们在学业、生活和未来发展上都是彼此很好的支持资源。

4. 事缘人脉

事缘人脉是指因共同工作或处理事务而形成的人脉。事缘人脉不局限于工作中的同事或上下级，一段短暂的共事经历也能形成良好的人脉。例如，社团达人林飞有许多不同专业的朋友，大家在社团有项目时一起做事，在日常生活中还可以一起畅谈，其中有几位特别投缘的，还可以认真严肃地谈未来、谈梦想。

5. 客缘人脉

客缘人脉是指因工作中与各类职场人打交道而形成的人脉。例如，晓东在专业实习时结识了一个人力资源主管，对方很欣赏晓东的学识和情怀，不仅帮助他争取到该单位的职位，还对他的未来规划进行了分析，给了他很大启发。

6. 随缘人脉

随缘人脉是指因偶然事件形成的人脉。一次短暂的聚会、一次偶然的邂逅，你的人生或事业就可能从此与众不同。例如，夏夏在回家的火车上遇到了一对准备回二线城市就业的夫妻，与对方的交谈让夏夏了解到二、三线城市已经出台了很多人才优惠政策，她内心的天平向毕业后回家乡就业倾斜了一些。

（三）人脉的建立与经营

在大学建立人脉是建立自己人脉网的重要一步。大学是一个小社会，在那里你会遇到各种各样有着不同背景的人，建立人脉比较方便。人脉经营包含两部分内容：一是对人脉的日常维护，二是对人脉的深层次挖掘和进一步拓展。二者彼此关联，相互依存，日常维护是为了深层次挖掘和进一步拓展，深层次挖掘和进一步拓展又离不开日常维护。关于人脉的建立和经营，需要注意以下3个方面。

1. 打破人际舒适圈

习惯待在人际舒适圈（即在不同场合感觉到自在的范围）的人总是怕被拒绝，不愿主动走出去与人交往。在这种情况下，要主动打破人际舒适圈，迈出改变的第一步。

2. 提升你的价值

建立人脉首先需要寻找并提升自己的价值，然后把自己的价值传递给身边的朋友，以促成更多有价值的交流，这就是建立强有力的人脉的基本逻辑。在盘点人脉前，冷静地问问自己："我对别人有用吗？我能给他人提供哪些价值？"你越有价值，就越容易建立坚固的人脉。

3. 学会互利互惠

人际关系本质上是一种互利互惠关系。一个人同另一个人交往，建立联系，很大程度上是因为能从对方处获取所需。交往的长期性与稳定性取决于这一交往能否使双方各取所需、各足所需。即使是纯粹的精神交往，双方也都须有足够的能力为彼此提供精神养分，以形成共鸣之势，这样才能不断巩固与深化交情。

💬 讨论5-3 　　　　　　　　**我的自我价值探索**

（1）"那些能帮到你的人，不是你的人脉。只有那些你能帮到的人，才是你的人脉。"你是怎样理解这句话的？

_____
_____
_____
_____

（2）在人脉网中，你有哪些价值可以传递给他人？

_____
_____
_____
_____

（3）你是怎样经营你的人脉的？你有哪些成功经验？

_____
_____
_____
_____
_____

👁 练习5-4 　　　　　　　　**人脉达人的经营之道**

（1）选择班级里人脉广的同学为观察对象，观察他们都有哪些资源。

_____
_____
_____
_____

（2）他们是怎样建立人脉的？

_____
_____
_____
_____

（3）他们的人脉经营之道对你有什么启发？

_____

_____

_____

_____

第三节 能找到家传宝藏吗——探索家庭资源

每个家庭里都蕴藏着不可替代的精神资源和独特的物质资源，家风与父母的教养方式奠定了子女生涯发展的品格基础和其为人处世的风格，家庭的职业资源也潜移默化地影响着子女的职业选择。

一、如何在家风的熏陶中成长——家风

家庭作为个人的第一所学校，对其成长有着巨大的影响。

在中华传统文化中，家风敦厚尤显重要。如果一个人从小就受良好家风的熏陶，那么在生活中、处世上则会有"法"可依，坚守内心。《梁启超家书》《曾国藩家书》《颜氏家训》《傅雷家书》并称我国"四大家教范本"。曾国藩曾留下16字家训"家俭则兴，人勤则健；能勤能俭，永不贫贱"，其一直为曾家后人所传承。

家风是一种综合的教育力量，它是思想、生活习惯、情感、态度、精神、情趣及其他心理因素等多种成分的综合体，是一个家庭的精神财富。家风是一种润物细无声的力量，在日常生活中潜移默化地滋润家庭成员的心灵，塑造家庭成员的品格。良好的家风则是一个人成长的优质土壤。

👁 练习5-5 　　　　　　　　　　　**家风的体现**

（1）在你的印象中，你的父母或家族长辈最常教导你的话是什么？

_____

_____

_____

_____

（2）这些教导在长辈们身上是如何体现的？

_____

_____

_____

_____

（3）家风对你有哪些影响？

_____

_____

_____

_____

二、如何突破限制挖掘资源——父母的教养方式

父母是引导孩子接触社会、认识世界的第一任老师。蔡元培曾在《中国人的修养》里写道："家庭者，人生最初之学校也。一生之品性，所谓百变不离其宗者，大抵胚胎于家庭中。"父母对孩子的影响潜移默化，不可估量。

父母通过对孩子的教养，将社会的价值观念、行为方式、态度体系及道德规范传递给孩子。美国心理学家戴安娜·鲍姆林德将父母的教养方式归纳为两个维度：其一是父母对待孩子的情感态度，即接受–拒绝维度；其二是父母对孩子的要求和控制程度，即容许–控制维度。其通过对这两个维度的组合，划分出权威型、专制型、纵容型和冷漠型4种不同的教养方式，如图5-3所示。接受–拒绝维度反映了父母与孩子的情感关系，容许–控制维度反映了父母对孩子的控制程度。

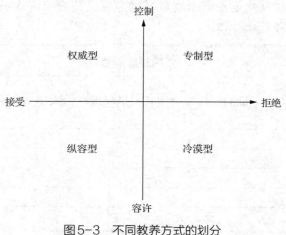

图5-3　不同教养方式的划分

　　不同的父母，对孩子采取不同的教养方式，自然会培养出性格和处事方式截然不同的孩子。不可否认，每种教养方式都有其局限性，但也有其资源优势所在。用资源取向的眼光来看待，每一种教养方式都为孩子提供了不同的成长空间，如表5-3所示。

表5-3　不同教养方式的影响

教养方式	维度类型	可能的资源
权威型	接受+控制	更加自信、自立
专制型	拒绝+控制	更擅长适应学校和社会的规则
纵容型	接受+容许	更会表达自己的需要
冷漠型	拒绝+容许	自我管理能力更强

　　（1）权威型教养方式：父母对孩子有适当的鼓励和惩罚，让孩子有机会自己做决定，这样的孩子可能更加自信、自立。

　　（2）专制型教养方式：父母对孩子的管理较多，传递给孩子明确的社会规则，这样的孩子可能更擅长适应学校和社会的规则。

　　（3）纵容型教养方式：父母对孩子有求必应，孩子在爱的包围中长大，这样的孩子可能更会表达自己的需要。

　　（4）冷漠型教养方式：父母对孩子成长的干预较少，孩子很早学会自立，这样的孩子可能自我管理能力更强。

👁 练习5-6　　　　　　　**家庭教养方式自我检核**

　　（1）对照上面的介绍，你认为自己的家庭教养方式更符合哪一种？

_____

_____

　　（2）这种家庭教养方式带给你的资源有哪些？

_____

_____

_____

_____

三、如何寻找家庭的隐藏力量——家庭的职业资源

（一）职业的代际传承

　　系统式家庭治疗学派认为，任何人、任何问题都不可能在真空中存在，而都是在一个相互作用的系统中存在的，这种最基本的相互作用系统就是家庭系统。家庭成员的职业选择有时候也呈现出一定的代际传承性，比如人们常说的书香门第、医学世家、家族企业等都体现了代际传承性。

　　国外的相关研究表明，父母的职业在一定程度上对子女的职业有

扫一扫听音频

家庭教育启示录
——球王贝利的
故事

着直接和间接的影响，无论是对于子女职业的选择，还是职业生涯的发展。

（二）生涯家谱图

系统家庭治疗用生涯家谱图将代际传承的影响形象地表达了出来。在生涯发展与规划领域中，也可以创造性地使用这个工具。家谱的基本形式是三代家庭成员的结构图，然后记录成员的基本数据与相互关系。生涯家谱图看重双亲与其他家庭成员对一个人生涯选择与生涯发展的影响。

生涯家谱图的使用步骤如下。

（1）绘制包括自己在内的至少三代家庭成员的结构图。

（2）添加每位家庭成员的年龄、职业角色。

（3）探索家庭成员的职业对于个人生涯发展的影响。

对于生涯家谱图的探索，可以参考以下问题进行。

（1）你看到自己的生涯家谱图时想到了什么？联想到了家里的哪些人和哪些事？

（2）你的家庭成员从事最多的职业是什么？

（3）你的家庭有没有特别看重某些职业条件？

（4）你的家庭有没有特别不重视某些职业条件？为什么？

（5）你的理想职业是否受到了某个家庭成员的职业的影响？如果是，影响体现在哪些方面？

（6）你的家庭成员对他们的职业是否胜任以及是否满意？这对你的职业选择、信心有什么影响？

（7）你的家庭成员对于学习、工作与休闲3个方面的看法如何？目前的看法比例是否恰当？

（8）你从自己的生涯家谱图中得到了哪些启发？

贾道绘制了自己的生涯家谱图（见图5-4），发现自己的家庭对于教师这个职业有一定的偏好。父母工作虽然辛苦，但他们经常为自己教过的学生考上知名大学而自豪，对有寒暑假的工作生活节奏也很满意。小时候爷爷就教授贾道各种知识，这使他养成了热爱学习的习惯。虽然对未来是否会从事教师职业还不确定，但贾道对于这个职业的确很熟悉并有好感。

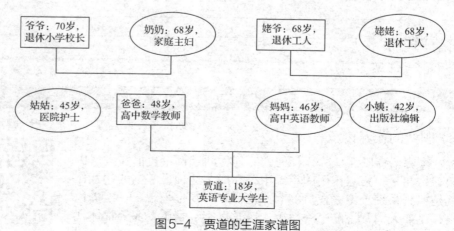

图5-4　贾道的生涯家谱图

◉ 练习5-7　　　　　　　　　**绘制生涯家谱图**

绘制你的生涯家谱图，并结合上述内容进行探索。

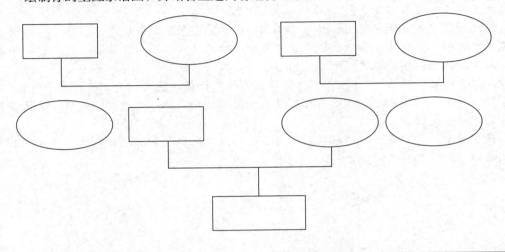

💬 **对话空间**

女生302宿舍的成员们针对"职业生涯发展与规划"课上的小组实践作业"人脉达人的经营之道"展开了讨论。

张帆：你们知道吗？那个"六度分隔"理论还真是神奇啊，按照这个逻辑，你想认识谁都是有可能的啦！

雯雯：现代社交网络四通八达，没有什么不可能，在你联系到能帮你拓展人脉的这6个人之前，你自己也得让别人愿意帮忙啊。

杨洋：我同意，抛开自我价值谈人脉经营是没有意义的。可是，除了提升自己，寻找自己的独特优势，我感觉人际沟通能力也挺重要的，老师让我们以人脉达人为观察目标，不就是为了让他们的经验为我所用吗？

陈悦：观察学习很重要，别人的东西永远是别人的，能被你拿来用的才是自己的。摄影协会的月月师姐就很厉害，她并不是很外向的人，但她之前去一个偏远山区采风时竟能和当地人打成一片，她很用心地与当地人沟通，还为当地的小学介绍了很多外来资源，她现在还和当地人保持联系呢。

职业规划专家：人脉的建立与经营是一门需要学习和积累的学问。每个人都有自己的性格特点，也有自己独特的为人处世的方式。你了解自己的人格优势是什么吗？你在人际交往中给别人带来了什么价值呢？向他人学习很重要，形成自己的人脉经营风格更重要，适合自己的才是最好的。

• 价值引领 ○○

用工匠精神铸就精彩人生

　　他曾是农民工里的"小砌匠"，也曾是砌筑领域的"状元郎"。他是邹彬，是中国建筑五局总承包公司项目质量总监。

　　邹彬出生在湖南的一个小山村，他刚满18岁就跟着父亲来到建筑工地上，成为广大农民工中的一员，开启了和砖块、水泥"较劲"的日子，一门心思琢磨如何砌好一面墙。

　　用十足的韧性接受挑战，用十足的耐心追求极致，这位"95后"年轻小伙儿秉持工匠精神，靠着砌墙"绝活"，一步步"升级"成为行业标杆、获得"全国技术能手"等称号。

　　2015年8月，邹彬斩获第43届世界技能大赛砌筑项目比赛优胜奖，实现了我国在砌筑项目奖牌零的突破。

　　勤于劳动、勇于奋斗，邹彬找到了自己的价值，也证明了在这个时代，年轻人拥有无限机遇和可能性。

第六章
生涯决策

困境引入

听自己的，还是听父母的

萌萌是张帆的高中同学，现在就读于一所有名的师范大学，学的是地理专业。有一天张帆接到萌萌的视频邀请，原来萌萌是想跟张帆倾诉心事。在萌萌心里，张帆就是一个能够为自己做主、做决定的典范。在高中选择文理科时，萌萌对文科情有独钟，但父母不让萌萌选择文科，觉得学理科将来好找工作。在考大学的时候萌萌想学心理学，可父母说心理学毕业太不好找工作了，于是让萌萌填报了师范大学的地理专业，这样将来毕业后可以做个地理老师。可萌萌对地理一点儿都不感兴趣，上大学后她想转到历史专业，但父母坚决反对。萌萌特别羡慕张帆可以为自己的未来做决定，而自己什么都得听父母的。萌萌自己也很矛盾，因为听父母的，好多选择又不是自己想要的；不听父母的，又怕自己的决定是错的，将来会后悔。

　　萌萌在困惑的决定也会影响到她的生涯规划。在前面的内容中，我们进行了自我探索和对职业世界及各种资源的探索，接下来就需要了解如何根据这些信息来做决策。

第一节　能独立做决定吗——生涯决策概述

一、该选哪个——什么是生涯决策

　　决策，即做决定。生涯决策，即在生涯规划过程中做决定，它既包含做决定的过程（如何做决定），也包含做决定的结果（做什么决定）。在经过自我探索、职业探索和资源探索之后，我们需要根据这些信息，做出初步的生涯决策，确定今后职业发展的大致方向。

扫一扫看微课

　　生涯决策是一个综合的过程，在决策过程中，对自身和职业世界的了解为我们做决定提供了信息，而明确如何利用这些信息、如何进行决策，则是进行科学生涯规划的前提。与决策相关的内容涉及决策风格，即怎么做决策、做决策的过程，以及决策过程中要承担的风险。

　　为了更深入地理解生涯决策，我们接下来看看生涯决策包含哪些任务和过程。

（一）生涯决策的任务

　　生涯决策的任务理论认为生涯决策过程中有以下4个阶段的任务。

　　第一阶段：预先筛分阶段。人们在面临大量的职业时，可能会感到困惑，为了消除困惑，可以把可选择的职业缩减到5～7个。

　　第二阶段：深入分析阶段。选出一个适合你的职业，既要考虑某个职业是否适合你，同时也要考虑你是否具备满足这个职业的要求的能力。

　　第三阶段：做出选择阶段。在分析的基础上做出选择。

　　第四阶段：执行决定阶段。把自己的决定付诸实施。

（二）生涯决策的过程

　　生涯决策的过程理论认为明智的职业选择包括4个过程。

　　第一个过程：了解自我知识，即自我认知、自我探索。

　　第二个过程：了解职业知识，即了解职业信息。

　　第三个过程：资源探索和评估。

　　第四个过程：正确推理，这是建立在了解自我知识和职业知识的基础上的。

扫一扫听音频

选择中的损失——
决策中的机会成本

　　本章的内容就围绕第四个过程展开，即在了解自我、职业以及各种资源的基础上，如何做出正确的推理，从而做决策。通常这个过程不是一个独立的步骤，在实际生活中往往包含一系列步骤，具体如下。

　　（1）在众多的选择中圈定一个范围（大的方向，如考研还是工作，进外企还是国企，回老家还是留在大城市），可以运用的工具是"CAVSE循环"（详见本章第三节）。

　　（2）逐渐缩小范围，从这个范围内筛选出一些更为具体的选择（如有哪几家目标企业、哪几所目标学校等），可以运用的工具是"生涯决策平衡单"（详见本章第三节）。

（3）权衡不同的选择，做出决策。没有十全十美的选择，所以在做出最后决策时，大部分人都会经历妥协这一阶段。

（4）承担决策的风险，对自己的选择负责任。

二、什么影响做决定——生涯决策影响因素

我们每个人在做决策的时候都免不了受到各种因素的影响，有的影响是我们能觉察到的，有的影响可能我们都意识不到，并且对每个人来说哪个方面的影响所占的权重更大也是不同的。下面一起来看看这些影响因素。对于你来说，哪些因素的影响更大呢？

生涯决策的影响因素包括个人因素、社会因素和家庭因素。

（一）个人因素

（1）个人的兴趣和爱好。人们的决策常常受到兴趣的影响，但并不总是受兴趣的影响。

（2）个人能力和自我效能感。人们的决策往往依赖于个人的综合素养和能力，但人们并非只依靠能力来做决策，更多的情况下自我效能感比个人能力对决策的影响更大。我们可以这样理解，影响一个人是否选择一个职业更重要的因素是其是否认为自己能胜任这个职业，即自我效能感，而并不完全依赖于他是否具备胜任这个职业的能力。

（3）结果预期。结果预期包括经济上和精神上的预期，即选择这个职业可以带来哪些经济上的报酬和精神上的满足。有的人偏重经济上的预期，而有的人则偏重精神上的预期。

（二）社会因素

（1）社会政治因素。任何职业都受社会政治因素的影响。社会的时代特点影响了很多职业的发展。在很多行业产能过剩的情况下，传统的制造业开始出现危机，而新兴的互联网、物联网等行业开始蓬勃发展。人们的消费观也在发生改变，从以前的实用主义发展到现在的审美需求和品质需求，制造业中的设计部分的需求也日益增加。

（2）性别角色。性别对个体的职业选择的影响也是非常大的。在传统观念中，人们往往对职业有一些刻板印象，把职业区分为针对男性的职业和针对女性的职业。例如，一名男性在考虑幼儿园教师这个职业时，即使他自己很喜欢这个职业，也很擅长，但当他考虑到这不是一个适合男性从事的职业时，就可能会放弃选择这个职业。不过随着社会的发展和进步，这种观念的局限性也正慢慢被突破。

（3）社会地位。职业社会地位的高低也会对人们的职业选择造成影响。对有的人来说这是影响生涯决策的主要因素。虽然职业不分贵贱，但实际上人们对职业的看法和评价是不同的。

（三）家庭因素

（1）家庭经济状况。家庭经济状况直接影响一个人对职业的态度。例如，在电影《三傻大闹宝莱坞》中，兰彻和他的好友拉杜、法罕在印度的著名学府就读。拉加的家庭十分贫困，他的家人希望他毕业后能找个好工作以改善家庭的经济状况，这让他在学习和求职的过程中一直带有恐惧情绪，没有自信。

（2）家庭价值观念。例如，电影《三傻大闹宝莱坞》中的法罕其实不想当工程师，他非常喜欢摄影，想成为一名野生动物摄影师，但他的父母认为他应该去当工程师，将

来好找工作、出人头地。在做生涯决策时，我们或多或少会受到家庭价值观念的影响，如有的家庭认为要找一份有保障的工作，有的家庭认为年轻人就要出去闯荡；有的家庭看重社会地位，有的家庭则看重经济地位；有的家庭允许孩子有自己的选择，有的家庭则希望孩子能听父母的。

（3）家庭社会关系。家庭社会关系能为大学生提供相关的就业资源和行业信息，这使大学生的生涯规划存在很大的灵活性，因此这也是大学生做生涯决策的影响因素之一。

◎ 练习6-1　　　　　　　　　　职业生涯影响因素探析

在你做职业选择的过程中，如果影响因素总分是100分，因素影响力越大，分值越高，你会怎么分配这100分？将结果填入表6-1。（可以根据自身的情况增加项目，可以出现得0分的选项。）

表6-1　职业生涯影响因素列表

影响因素	项目	具体情况	分值
个人因素	个人的兴趣和爱好	例如：我非常看重自己的兴趣	50
	个人能力和自我效能感		
	结果预期（经济上和精神上的）		
	其他（请写明）		
社会因素	社会政治因素		
	性别角色		
	社会地位		
	其他（请写明）		
家庭因素	家庭经济状况		
	家庭价值观念		
	家庭社会关系		
	其他（请写明）		

三、要怎么选——生涯决策的原则

（一）社会需求原则

每个人都生活在大的社会环境中，生涯决策必须与社会需求相结合，这是最基本的原则，因为以社会需求为基本出发点的职业生涯规划才具备现实性和可行性。在时代的快速发展过程中，社会需求也在迅速发生变化，有新的职业不断涌现，也有传统职业不断消亡，这就需要大学生紧跟时代步伐，在生涯决策的过程中不忽视社会背景和需求。

（二）兴趣发展原则

了解了社会的大背景之后，第二个重要的原则就是兴趣发展原则。新的研究表明，人在做一件自己喜欢的事情时，即使很忙很累，遇到困难，也不一定会感觉到压力，而更多的是处于充实和有动力的状态。可见兴趣对一个人来说有多么重要。但在做生涯决策时，并非所有的决策都和兴趣有关，即使你开始时对所学的专业或从事的工作并不感兴趣，但如果你打算以此为职业，就应该在此基础上发展和培养你的兴趣，逐渐从学习和工作中找到乐趣。

（三）能力胜任和发展原则

在生涯决策过程中不仅要找自己感兴趣的职业，更重要的是要找自己擅长的职业。每个职业都需要相应的知识和技能，这样才能满足职业的需求，同时也会让人有成就感。所以在做职业生涯规划时，你需要对自己的能力有所探索和了解，根据自己的能力来判断是否能够胜任这个职业，即使有的能力有所欠缺，也可以努力去提升。例如，你的沟通表达能力有所欠缺，那么在大学期间就可以通过加入学生会、做社会调研、参加演讲比赛等来锻炼自己的沟通表达能力。

（四）选择范围由大至小原则

在职业生涯规划的过程中，特别是前期，如大一、大二还处于探索阶段时，不宜直接确定某一个目标，而应确定一个范围内的目标。这个范围在前期越大越好，这样可以做比较广的探索，在逐渐缩小范围之后，再做比较深入的探索。职业选择应有3个及以上。当你只有1个选择的时候，这不叫有选择，叫绝路；当你有2个选择时，这也不叫有选择，叫困境；当你拥有3个及以上的选择时，才叫真正的有选择。

（五）利益整合原则

生涯决策其实是一个整合的过程，不仅涉及个人的兴趣、特长和性格等个人因素，还涉及职业的报酬、发展状况等。所以在进行生涯决策时，要考虑各方面利益的整合，如能否满足个人的物质需求和精神需求、职业发展前景怎么样、社会地位怎么样、个人的成就感如何、个人要付出的努力和代价是什么，最终这是一个整合的过程，应保障自己的利益最大化。

（六）动态目标原则

生涯决策是一个动态的过程，你会发现你现在做的决定可能和几年前做的决定完全不一样。动态目标并不是说随时都要变化，有的时候也需要坚持。当今时代快速发展，要求人们不断变化以适应社会的变化，因此动态目标原则就显得更加重要了。

第二节　我是怎样做决定的——决策风格

一、有自己的风格吗——决策风格探索

扫一扫看微课

梅梅是张帆的高中同学，她个性独立，酷爱音乐，上高中时就一门心思想学音乐。张帆和梅梅不同，张帆的规划能力很强，在做决定前会做很多准备，如高考时选择外语专业前，她做了很多调研；而梅梅在高考填志愿时不假思索就选了音乐院校的相关专业，没有征求任何人的意见。梅梅也和张帆在同一个城市上大学，有一次同学聚会时大家谈到目前的学校和专业，梅梅说如果重报志愿她会在对自己填报的学校和专业有更多的了解后再做决定。

在生活中，我们一直在做这样或那样的决定，小到每天早餐吃什么，大到要到哪里工作，选择什么样的职业或者人生伴侣。通常这是一个自动化的过程，我们不会刻意去想自己是怎么做决定的，但如何做决定对职业生涯规划来说是很重要的，大家应该了解自己的决策风格。

决策风格是在后天的学习中逐渐形成的，它意味着个体在决策情景中会采用一致的、习惯性的行为方式。就像梅梅做决定的时候非常果断，完全是一个人拿主意。你通常都是怎样做决定的呢？下面的练习可以帮助你了解自己的决策风格。

◉ 练习6-2　　　　　　　　　　探索你的决策风格

请回想一下到目前为止你所做的5个重大决定，填写在表6-2的"情境"一列中，回答与这些决定相关的其他问题，并根据填写的内容来探索自己的决策风格。

表6-2　决策风格自测表

情境	你有哪些选择	你是如何做决策的	你如何评价结果
例如：高考选择什么大学和专业	省内的二本院校，有×××、×××、×××等目标学校 专业有×××、×××、×××、×××等	咨询班主任，咨询在高校工作的亲戚，咨询目标学校的招生办，自己上网查一些资料	总体比较满意，但后来发现应该对所选专业的发展前景做更多了解

续表

情境	你有哪些选择	你是如何做决策的	你如何评价结果

二、为什么每个人都有自己的风格——决策风格类型

通过练习6-2，你也许已经对自己的决策风格有了初步的了解，接下来可以通过一个小测试来判断自己的决策风格。

决策风格类型

请根据以下情境做出选择。路边有一片桃园，假如你可以进入桃园摘桃子，但只许前进不许后退，只能摘一次，并且要摘一个最大的，你会怎么办？

A. 对视野范围内的桃子进行比较，形成一个大概的标准，再根据这个标准选择最大的桃子。

B. "我感觉这个大！"凭第一感觉摘一个。

C. 去问问桃园的人，让他告诉我什么样的桃子最大，或者问有经验的人什么样的桃子最大。

D. 先别管了，走到最后再摘吧。

E. 稍做比较，迅速摘一个。

你的选择是（　　）

1995年，美国职业生涯专家斯科特和布鲁斯把决策风格分为5种类型：理智型、直觉型、依赖型、回避型和自发型。如果你在上面的情境中选择A，那么你的决策风格倾向于理智型；选择B，那么你的决策风格倾向于直觉型；选择C，那么你的决策风格倾向于依赖型；选择D，那么你的决策风格倾向于回避型；选择E，那么你的决策风格倾向于自发型。

接下来介绍这几种不同类型的决策风格。

（一）理智型

理智型的决策风格以周全的探求、系统的分析和评估为特征。理智型决策风格比较受推崇，强调综合全面地收集信息、理智地思考和冷静地分析判断，但有可能会使决策过于

理性而比较僵化，缺乏随性和弹性，有时还会让人忽略直觉。例如，出去旅游，提前做好各种攻略，一切按计划行动，这样的好处是可以提前做安排，提前把一些事情考虑到，使一切按部就班，很有确定性；但缺点就是不自在，不能运用自己的直觉去享受旅途。

（二）直觉型

与理智型的决策风格相反，直觉型的决策风格以依赖直觉和感觉为特征，比较关注内心的感受。这类决策者以自我判断为导向，在信息有限时能够快速做出决策，当发现错误时能迅速改变决策。直觉在环境信息不确定的情况下，往往能帮助你做出最佳的选择，但是如果这是你做判断的唯一方式就比较危险了，因为直觉可能会出错。

（三）依赖型

依赖型的决策风格以寻求他人的指导和建议为特征。这类决策者更愿意寻求他人的建议与支持，很难承担自己独自做决定的责任，允许他人参与决策并共同分享决策成果，所以通常会受到他人的正面评价。但这有两个弊端，一是如果长期寻求别人的意见，往往会忽略自己内心的想法和声音，这有可能导致所做的决定其实并不是自己最想要的；二是长此以往，他们就会被剥夺自主选择的机会，当不得不独自做决定时可能已经失去了选择的能力。

（四）回避型

回避型的决策风格以试图回避做出决策为特征。回避是一种拖延的方式，面对决策问题会感到焦虑的决策者，往往因为害怕做出错误决策而采取这样的行动。决策者往往因为不能承担做决策的责任，而不去做准备，不知道自己的目标，也不思考，更不寻求帮助。不管是犹豫还是拖延，背后都是完美主义，他们担心犯错，不允许自己犯错，采取各种方式来避免失败；同时他们也是悲观主义者，会夸大错误的后果，因而做决策时犹豫不决。

（五）自发型

自发型的决策风格以渴望即刻、尽快完成决策为特征。自发型的决策者往往不能够容忍决策的不确定性以及由此带来的焦虑情绪。自发型决策者常会基于一时的冲动，在缺乏深思熟虑的情况下做出决策，因而通常给人果断或过于冲动的感觉。就像本节开头的案例中，梅梅就属于这种类型，她在做决策时看似效率非常高，实际上缺乏深思熟虑，非常冲动。

三、如何选对决策风格——决策的改进

你的决策风格是什么？实际上人们在做决定的时候不会只采用一种方式，而是会用多种方式，只是更倾向于某一种。关于怎样决策更好，没有定论，但有一个建议就是需要明确自己的决策风格。实际上对于不同的事情，需要采用不同的决策风格，每一种决策风格在一定的情境下都是适用的。

（1）通常情况下我们推荐大家采用理智型的决策风格来做决定。荷兰阿姆斯特丹大学的科学家们发现就做简单的决定而言，经过思考做出的抉择通常比较合理；而当遇到比较复杂的抉择时，采用直觉型

扫一扫听音频

如何提升自己
的决策能力

决策风格可能更优。所以在面临重大的抉择时，建议大家在收集尽可能多的信息后，不妨交给直觉来决定。

（2）在特别复杂的情况，或者获得的信息很有限、很难进行理智分析的情况下，采用直觉型决策风格就更为可取。例如，你刚上大一，你的父母希望你将来毕业后回老家找工作，但这个时候你并不清楚自己的想法，不确定是否会回老家，也不确定是否考研、是否在大城市找工作。如果毕业之后就回老家工作，那就在大学期间多去拓宽自己的视野；如果将来考研，那就要更努力地学习；如果将来在大城市找工作，那就要多积累一些兼职工作经验。在你并不确定和清楚自己的想法时，可以跟着直觉走，等自我探索到一定程度后再做决定。

（3）对于一些比较重大的决定，一旦决策失误很难独自承担责任，这时可以采取依赖型的决策风格。例如你有机会保送本校的研究生，但是你又非常渴望考另一所学校的研究生，如果放弃保研，而且外校的又没考上，就会得不偿失。这时候你可以依赖一些资源，如多听听专业课老师、班主任、考去外校的师兄师姐们的建议。

（4）当做一些你认为坏处大于好处的决定时，采取回避型决策风格可能是最有利的。

（5）在需要尽快做决定的时候，可以采用自发型决策风格。例如你有一个非常好的实习机会，需要很快做决定，机会稍纵即逝，这个时候可以采用自发型决策风格，果断做决定。

所以并不是每个人都只能按照一种风格来做决定，而是应选择适合自己的、适合当下情境的决策风格。

◉ 练习6-3 　　　　　　　　　　决策风格回顾

回顾你在曾经做过的重大决定中采取的决策风格是什么，并思考如何调整它们，完成表6-3的内容。

表6-3　决策风格回顾

决定	情境	结果	决策风格	如何调整
决定一				
决定二				
决定三				

第三节　该如何做决定——决策的方法

一、如何为决策做规划——CASVE循环

做决策是一个综合的过程，在这个过程中我们可以做一些规划，尤其是在进行重大决策时，为了降低风险，需要尽可能地考虑多方面的因素，所以在面临重大决策时，推荐大家对决策进行规划。CASVE循环法是一种常用的规划方法。CASVE中的每个英文字母代表一个步骤，具体是指沟通（Communication）、分析（Analysis）、综合（Synthesis）、评估（Evaluation）和执行（Execution）5个步骤（见图6-1）。这种方法适合前期用来对问题进行详细分析，有点类似初筛的过程：先在众多的选项里选择一个大致的范围，然后在这个大致的范围里圈定几个目标。

扫一扫看微课

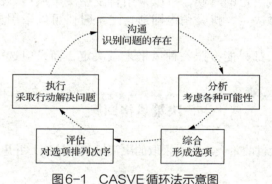

图6-1　CASVE循环法示意图

（一）沟通

张帆是凡事喜欢提前做规划的人，她大一就决定要出国留学并开始准备，虽然还没有决定申请哪所大学，但是张帆已经按照最高的标准来要求自己：拿到高绩点，参与各种能够在申请中加分的社会活动，好好学习语言，等等。

打工达人甄力最近一直在思考一个问题：毕业之后到底要不要考研？

沟通是决策的开始，我们在这个阶段会意识到问题的存在，发现理想与现实的差距，这里的沟通实际上是指个体内部的思考和沟通，是意识到自己需要做出选择的阶段。例如，在大一的时候，有一部分同学就已经意识到问题的存在，并开始思考：我将来到底要做什么？我是要考研，还是出国留学，抑或是直接找工作？如果找工作，会找什么样的工作？我现在需要做哪些准备？专业成绩需要达到什么要求？寒暑假可以做哪些兼职？意识到问题之后，他们就会进入生涯决策的下一阶段。当然也有一部分同学在大一的时候没有发现有问题，认为职业生涯规划离自己还很远，那是将来找工作的时候才需要考虑的事情。

（二）分析

张帆的专业是英语，她的英语表达、听写能力都非常强，同时她也是一个雷厉风行的

人，做事情很有激情和热情，父母觉得她在企业可以发展得很好。

甄力所学的计算机专业的毕业生目前很好找工作，但是本科生找工作相对受限，如果甄力能读名校的硕士研究生，就可以学到更专业的知识，毕业后发展空间也更大，可是还要多上3年学，家庭经济负担实在是太重了。甄力开始去了解读研的情况，他了解到学校有各种补贴，自己还可以申请各种助学金，或者做一些专业相关的兼职。有的师兄读研时不仅能解决自己的学费和生活费，还可以有一些结余帮助家里。

通过前面阶段的思考发现了问题，接下来就要对现状进行分析和评估了。分析阶段就是针对自己的选择分析和考虑各种可能性，但很多人往往会简化或者省略这个阶段，直接跳到行动阶段，这样做就失去规划的意义了。

（三）综合

甄力综合各种信息后，发现自己有些倾向于将来考研了。他可以选择的学校很多，方向也很多，甄力初步确定了几所学校和几个大致的方向。

综合这个阶段就是形成选项的阶段，最好不要在还没有进行深入分析时就做出选择，这样往往会导致考虑不充分和不周全。在这里，我们建议在可能的方向上选择越多越好，不要只限定一个目标，尤其是在生涯规划的早期，对于职业的选择也是，最初可以有5～10个选项，然后在收集信息的基础上将选项压缩到3～5个。

（四）评估

哪个专业是热门方向、毕业后好找工作是甄力最关心的问题。因此在这个阶段，甄力可以对这些目标方向进行评估。

经过之前的3个阶段，大家可以得到一些选择，接下来就需要对这些选择进行详细的评估，例如可以将你认为重要的价值观列出来，作为重要的评估标准。

（五）执行

甄力确定了几个目标方向，接下来就要朝这些方向努力了，如选择哪些专业选修课，在找兼职的时候可以找哪些兼职，等等。

最后就是执行阶段，这个阶段是把思考变为行动的阶段。

决策并非到此就结束，而是一个循环的过程。行动之后也许你会发现有需要调整的地方，有需要重新分析、综合和评估的地方，因此又会进入新的一轮决策过程；或者又有新的问题出现，因此又要进入另一个需要决策的领域。

二、到底该选哪一个——决策的平衡

在进行决策规划后，通常会面临有几个选择的情况，因此会出现另一个问题："我到底该选哪一个？"在面临众多选择时，我们常常会犹豫不决、难以取舍，这种情况下我们就要对可能的抉择进行平衡了。生涯决策平衡单能帮助我们具体分析每一个可能的方案，对各种想法进行整理，从而做出决策。生涯决策平衡单将重大事件的思考方向集中到4个主题上：自我物质方面的得失、他人物质方面的得失、自我精神方面的得失、他人精神方面的得失。每个主题包含的具体内容如表6-4所示。

表6-4　生涯决策平衡单

主题	具体内容
自我物质方面的得失	1. 经济收入 2. 未来发展 3. 休闲时间 4. 办公条件 5. 对健康的影响 6. 社会资源的获取 7. 其他
他人物质方面的得失	1. 家庭收入 2. 对家庭生活的影响 3. 对家庭社会地位的影响 4. 社会资源的获取 5. 其他
自我精神方面的得失	1. 创造性 2. 多样性和变化性 3. 自由独立 4. 兴趣的一致性 5. 价值观的契合度 6. 被认可 7. 挑战性 8. 应用所长 9. 其他
他人精神方面的得失	1. 父亲 2. 母亲 3. 男/女朋友 4. 老师 5. 好朋友 6. 其他

◎ 练习6-4　　　　　　　　填制生涯决策平衡单

按照下面的步骤填制生涯决策平衡单（见表6-5）。

（1）选择你想要比较的职业。

虽然你可能还不确定，但是可以先把备选项列出来。

（2）明确4个方面的具体内容。

写出有关自我、他人、物质和精神方面需要考虑的因素，例如自我的物质方面需要考虑收入、稳定性、晋升机会等。

（3）考虑各项因素的权重。

因为每项因素对个人不是等值的，所以需要根据各项因素对你的重要程度在"权重"一栏中按1～5分打分，重要程度越高权重越高。

（4）对每项因素进行打分。

对每项因素进行打分，计分范围为-5～5分，填在"分数"一栏中，然后将分数与权重相乘得出加权分数。例如，如果收入对你来说比较重要，给收入赋予4分的权重。A职业，收入的分数达到5分，则加权分数为20分；B职业，收入不高，只达到3分，则B职业此项的加权分数为12分。

（5）计算总分进行选择。

最后将各项因素加权分数相加得出对应选项的总分，并据此进行决策。一般总分最高的选项即为最佳之选，但是在实际操作中常会遇到一些意外情况。

填表时的意外情况如下。

（1）总分次高选项中选。

研究决策过程的学者发现，总分最高的往往不是最终中选的选项，而总分次高的选项却往往成为最终选择，这种现象称为"局部优化现象"，即决策者有意夸大某选项的有利条件的优势，而忽视其他可能造成损失的重要条件。

（2）最优选项同分。

在使用生涯决策平衡单的过程中，还有一种现象，即总分最高的不是一个而是两个选项。这种现象一般和权重有关，你可以重新考虑各项因素的权重，往往起决定性作用的只有一两个关键因素。

（3）难以抉择。

有可能你填完生涯决策平衡单后，还是陷入左右为难的境地，无法做出决定。这种难以抉择的情况也是正常的，可能是两个选项条件过于接近，需要直觉来帮你做决定；也有可能需要进一步深入探讨原因，如背后的情绪困扰；当然暂时不做决定也是一种选择，可能当下并不是做决定的好时机。从妥协的角度看，等待可能也是一条解决途径。如果还是难以抉择，可以求助于专业的生涯咨询师。

表6-5　生涯决策平衡单练习表　　　　　　　　单位：分

考虑因素	权重	选项1		选项2		选项3	
		分数	加权分数	分数	加权分数	分数	加权分数
自我物质方面的得失 1. 2. 3. 4. 5.							
他人物质方面的得失 1. 2. 3. 4. 5.							

续表

考虑因素	权重	选项1		选项2		选项3	
		分数	加权分数	分数	加权分数	分数	加权分数
自我精神方面的得失 1. 2. 3. 4. 5.							
他人精神方面的得失 1. 2. 3. 4. 5.							
总分							

三、没有最优选择怎么办——决策中的妥协

扫一扫听音频

决策中对妥协的
积极适应

打工达人甄力非常能吃苦，刚进大一，大家都还在努力适应大学生活和学习的时候，他就已经开始不断打听哪里有勤工俭学的机会了，因为他需要自己挣学费和生活费。可是因为才大一，刚学习一些专业的基础课，他还找不到自己所学专业的相关实习工作，自己也没有什么特长，甄力只能找一些类似家教、发传单、贴海报、文字编辑等类型的工作。比较了一下，甄力觉得做兼职家教的性价比最高，一方面可以锻炼自己的表达能力，另一方面也可以积累一些沟通经验。

在决策过程中经常需要妥协，没有十全十美的选择。当理想和现实存在差距时，我们就必须做出妥协。就像甄力，他在面临一些生涯决策的时候会妥协，退而求其次地选择一个最适合当下的选项。实际上妥协常常伴随着人的一生，绝大部分人在进行生涯决策的时候都会面临妥协。

张帆的师姐苗苗今年大四，正在找工作。她参加了国家机关的公务员考试，分数非常高。当分数出来的时候，苗苗觉得已经有90%的把握了，可不幸的是苗苗的面试表现不好，最终没能如愿以偿，苗苗特别郁闷和痛苦。后来苗苗又参加了市属公务员的考试，考试成功通过，她顺利地找到一份工作。虽然这份工作不是苗苗最满意的，和她的专业也不对口，但是很稳定。然而苗苗还是很不开心，一心想着自己没能找到理想的工作，感觉前途很灰暗。在一次活动中，张帆无意中了解到师姐的困境，忍不住劝师姐："没有十全十美的工作就没有前途了吗？未来的时间那么长，完全可以想办法改变啊！"

你如何看待妥协？是像苗苗一样，还是像张帆一样？找工作是一个双向选择的过程，就算你非常优秀，还是有可能会在求职过程中被拒绝。当必须妥协时，主动适应会让人以更加积极的心态来看待妥协，更快适应现实，同时更有精力从现有的状况中寻找资源和机会，痛苦也会更少；而被动妥协或者不妥协，会让人长期陷入痛苦、不满、抱怨和

自责等情绪中，反而错失一些不错的机会。

（一）妥协的过程

职业心理学家戈特弗里德森提出的职业抱负发展理论认为职业抱负发展会经历两个过程：范围限定和妥协。所谓范围限定，就是一个从可能的职业范围中逐渐去除不可接受的工作，从而建立"可接受领域"的过程，即从所处文化允许的范围内开辟出一个可选空间的过程，所以职业选择考虑的首先应是社会，然后才是心理自我。妥协则是个体放弃优先考虑的选项的过程，是调整自己的期望以适应外在现实的过程，所以从某种意义上说，能够妥协是职业成熟的表现。

（二）妥协的顺序

人们通常在3个方面进行职业妥协：发展机会、人职匹配和社会期望。有研究表明在职业妥协的这3个方面，人职匹配的妥协对工作投入的负面影响最大，其次是发展机会的妥协，而社会期望的妥协不会对工作投入产生显著影响。因而建议在进行职业决策时，应该首先考虑职业与自身的兴趣、技能和知识等的匹配程度，其次考虑工作未来的发展机会，而他人和社会的看法只作为参考。从妥协的角度来说，建议最先忽略他人和社会的看法，其次是工作未来的发展机会，最后是人职匹配。有的人在进行职业妥协时很不理性，盲目听从他人观点，或者绝不妥协。这些不理性的妥协行为会影响个人的职业发展。但是需要注意的是，也不是每个人都要按照固定的顺序来进行职业妥协，而是应该根据自己的实际情况，选择最适合自己、最适合当下的方式。

◉ 练习6-5　　　　　　　　　　**职业妥协**

请你回忆找某份工作时的状态，并回答在表6-6所列的各个方面做了多大程度的妥协。1代表完全没有妥协，2代表轻微妥协，3代表中等程度妥协，4代表较多妥协，5代表非常多的妥协。请在每个方面后面相应的数字下画"√"。

表6-6　职业妥协量表

项目	1	2	3	4	5
1. 掌握新技能的机会					
2. 积累新经验的机会					
3. 学习新知识的机会					
4. 未来的晋升机会					
5. 运用所掌握知识的程度					
6. 运用所掌握技能的程度					
7. 与兴趣的相符程度					
8. 与职业理想、职业目标的相关程度					
9. 与家庭期望的一致性					
10. 与朋友期望的一致性					
11. 提供的薪酬水平					
12. 单位和职位对应的社会地位					

四、有没有万全之策——决策风险及应对

（一）决策中的风险

决策风险，是指在决策活动中，由于主、客体等多种不确定因素的存在，决策活动不能达到预期目的的可能性及其后果。如何降低决策风险、减少决策失误，一直以来都是人们所关注的问题。在生涯决策中同样也存在着一定风险，我们既不能因为怕承担风险而迟迟不做决定，也不能因为总会有风险而莽撞地做出决定。

总的来说，常见决策有以下3种。

（1）确定无疑的决策，即所有的选择及其结果都非常清楚、明晰。例如，你在一家公司实习了一年，对工作内容及公司的各项规章制度都非常了解，表现出色，你也很满意公司的环境和发展前景。实习结束后，你的上司很欣赏你，希望你将来毕业后来公司工作。这对于你来说也是确定无疑的决策。

（2）有一定风险的决策，即每种选择的结果并不能完全确定，但可以在一定程度上知道可能会有什么样的结果。例如，你学的是心理学专业，心理学有很多方向，如人力资源管理、发展与教育心理学、心理咨询、心理测评等，对于这些方向你有所了解，能在一定程度上知道有什么样的选择及其结果，但也并不能完全确定。

（3）不确定的决策，即对于有哪些选择、各种选择会产生什么结果，几乎完全不清楚。例如，你想出国留学，但是对于去哪个国家、申请什么学校还不能确定，对于未来的工作也不能判定。

生活中的大多数决策都属于第二种，也就是说能获得一定的信息，做出某种预测和选择。当我们面临第三种决策时，可以先收集信息，把它变成第二种决策。例如，你可以上网搜索出国留学的相关信息，可以找有留学经验的亲朋好友了解信息，以一种理性的方式做决策，减少风险。

（二）对自己的选择负责任

从决策的分类中我们可以看到，大部分的决策都不可能让我们了解到全部信息，都有需要预测的部分，都具有不确定性和风险。因此，做决策就意味着我们要承担风险、承担后果，要对自己的选择负责任。

如果你是一个凡事求稳妥的人，建议给自己设定一个底线，在底线的基础上去冒险。例如你决定毕业后先工作，可以先给自己设定一个底线——找到一份能支付自己生活费的工作，然后在这个基础上为自己更想要的选择做准备。例如你希望将来能进一所重点中学做老师，那么现在可以先做兼职家教，积累教学经验。

如果你是一个非常喜欢冒险的人，也建议给自己设定一个底线，在底线的基础上可以去冒险。如果不设底线，就需要做好承担失败风险的准备。

（三）应对焦虑

在生涯决策的过程中，有很多时候我们会面临未知，人面对未知难免会感到焦虑，这种焦虑是很正常的。例如你决定要考研，但不确定自己是否能考上，这时就需要积极应对自身的焦虑。如果这份焦虑已经影响到你的正常生活和学习，这时就需要向专业人士求助，如寻求专业的心理咨询师或者精神科医生的帮助。

五、能抓住机遇吗——如何把握生涯机遇

机遇可以理解为忽然遇到的好的境遇，即"天时"。在通向成功的道路上，"天时""地利""人和"为三要素，它们涵盖了成功的一切必要条件。"天时"是伯乐、机遇；"地利"是良好的环境、条件；"人和"是较强的综合实力（成功的关键）。人生往往由于一些机缘巧合的事情而发生改变。尤其是在社会经济快速发展的今天，机遇也是生涯决策的一个非常重要的影响因素。把握好机遇，甚至会给我们的发展带来颠覆性的改变，我们既要拥有规划的能力，也要拥有把握好偶然因素的能力，保持开放、灵活和有弹性的态度。接下来从4个方面介绍如何把握机遇。

（一）社会经济发展带来的机遇

我国经济已由高速增长阶段转向高质量发展阶段，正处在转变发展方式、优化经济结构、转换增长动力的攻关期，建设现代化经济体系是跨越关口的迫切要求和我国发展的战略目标。

在这样的时代背景下，如果你所处的行业是制造业，那么存在的机遇就不再是提高生产力，而是生产出高质量的商品。以前人们往往为了满足生活需要而购买商品，而现在人们会为了提升生活品质而购买商品。这也给很多行业带来了机遇，如工业设计，以前人们对产品的包装和设计不够重视，而现在人们有了更多的审美需求和对高质量的需求，工业设计的地位也变得越来越重要。再如，随着生态文明体制改革的加快，一些与环境保护、生态、节能、新能源相关的产业也会有很多新的机遇。

（二）区域经济发展动向带来的机遇

区域经济发展动向带来的机遇也不可忽视，应注意以下两个方面。

1. 关注家乡及周边地区的机遇

将来是回家乡工作还是留在大城市？这是很多大学生在面临职业选择时会考虑的第一个问题。有很多人选择回家乡，是因为家乡有很多优势，如环境熟悉、人际关系集中，有时候利用家乡的优势来发展职业，往往能事半功倍。

2. 关注区域经济发展

可以从两个方面来关注区域经济，一是所在地区经济的特点，二是将本地经济与其他地区经济做比较。例如浙江省的义乌市是中国的"小商品之乡"，制造业比较发达；福建省的安溪县，是中国的茶叶基地之一。

（三）行业发展动向带来的机遇

大学生的职业生涯规划与所学专业对应的行业或者其想要从事的行业的发展动向密不可分。行业发展为个人发展提供机遇，个人把自己的职业生涯发展融入行业发展，借行业发展提供的机遇发展职业，会让职业生涯发展更顺利。以下几点是需要大家密切关注的行业发展动向。

（1）本行业出现的新技术或新工艺。

（2）本行业产生的新职业、新岗位。

（3）国家、地方及外资对相关行业的投资动向、政策支持。

（四）家庭情况带来的机遇

这里可以考虑的机遇除了在影响因素部分讲到的家庭经济状况和家庭社会关系，还

包括父母的职业背景。家庭是孩子的第一课堂，父母不同的职业背景可以给孩子带来不同的资源和机遇。

在考虑家庭情况带来的机遇时，要把握一个重要的原则：既要充分利用家庭的有效资源，也不能完全依赖父母。大学生容易出现两种极端的情况：一种是完全依赖父母，什么事都由父母来安排；另一种是特立独行，完全忽略家庭资源。

💬 对话空间

王洋是林飞的高中同学，她的父母已经在家乡所在的一线城市为她的将来做好了准备——买好了房子，也给她进行了职业规划，她将来毕业后就可以过上很稳定的生活，但王洋却很焦虑，也很犹豫。她从小到大走的都是父母铺好的路，父母为她扫清了很多障碍，但这反而让王洋焦虑不安，不知道离开父母的她到底能不能在社会上生存？到底是走父母铺好的路，还是自己去闯出一条路？前者一马平川，后者可能布满荆棘，到底该怎么选择呢？

王洋父母：做父母的肯定是尽可能为孩子提供最好的条件，无论是学习还是找工作，给孩子铺好路，我们也就放心了。

王洋：一直这样依赖父母，我不知道自己将来还能不能在社会上独立生存。我还是希望可以自己去闯一闯，做自己真正感兴趣的事情，如果成功了我会特别有成就感，也希望得到父母的支持和理解。

林飞：听父母的安排挺好的，特别省心，自己也不用为未来担忧。

亲子教育专家：引导孩子自己做决定而不是替孩子做决定，支持孩子完成自己的梦想而不是完成父母的梦想，鼓励孩子适当冒险而不是给他铺一条稳妥的路，这样有助于孩子去探索自己，并且建立自信。

职业规划专家：倾听自己内心的声音而不是只听父母的，为自己的选择负责任而不是依赖于父母，王洋可以对自己有更多的探索和了解，根据自己的兴趣、能力、性格特点等来综合做决定。父母给她提供的也是非常好的资源，也是可能的选择。

企业人力资源主管：大部分岗位还是希望求职者能够有自己的想法和对职业的规划，更重要的是对所做的工作有动力。通常情况下人们会对自己主动做出的选择有更多动力，而对被迫做的选择则缺乏动力。

天使投资人：通常情况下，做自己感兴趣的事情，动力会更强，也更有热情，在这条路上走得也更久。我喜欢投资对所做事情有热情的人，这样成功的可能性会更大。

● 价值引领 ○○○○○○○○○○○○○○○○○○○○○○○○○○○○○○

袁隆平的粮食梦

袁隆平院士是"杂交水稻之父"，但是很多人却不知道，研究"杂交水稻"并不是他本来的志向。袁隆平的游泳水平出类拔萃，在高中时多次获奖，在大学时还参加了西南区人民体育运动会，他本来希望通过获得游泳比赛前三名进入国家队成为游泳运动员，结果只获得第四名，成为游泳运动员的梦想落空。在袁隆平大学毕业那年，正值空军在全国高校选拔飞行员，袁隆平通过了30多项身体检查，成为全校8名被选中的人员之一，结果赶上国家第一个五年计划，国家急需大学生人才，被选中的大学生飞行员一律退回，这样他与成为飞行员的梦想也失之交臂。袁隆平在两次个人的梦想破灭后，积极响应国家号召，下农村到基层，到湘西雪峰山的安江农校任教，从此与水稻结缘。经历过挨饿受冻的年代，袁隆平在心中埋下了粮食梦。他的心中升腾出一种强烈的使命感，那就是消除饥饿，他追求的最大幸福是"禾下乘凉"。带着这样的使命感，袁隆平开始了钻研。他发现我们国家人口多、耕地少，想要保障国家粮食安全，唯一的办法就是提高单产。于是高产就成了袁隆平追求的目标。确定了关键因素，袁隆平开始了一个一个小目标的实现过程，最终实现了他的粮食梦。

袁隆平院士的生涯决策是个人使命和国家发展相结合的产物，他时刻响应国家的号召做出调整。并不是最初的梦想就能成为最后的事业，袁隆平在最初两个梦想破灭后并没有失望退缩，反而积极响应国家号召，不断寻找个人使命与国家发展的结合点，设定目标后，再有条不紊地探索出方向。大学生的生涯决策也需要和国家、社会的需求结合起来，大学生遇到挫折时应不气馁，要坚定理想信念。

第七章
规划及行动

困境引入

校园忙一盲一茫

社团达人林飞热衷于各种社团活动，他大一就参加了系里的6个社团——摄影、航模、话剧……还加入了校学生会。林飞性格开朗，朋友比较多，他花了很多时间在社团和学生会上，结果学习成绩惨不忍睹。林飞知道自己看重什么，从小父母就教育他"学会做事之前先学会做人"，而林飞参加这么多社团，就是想先学会"做人"。

生涯规划的过程就是在人生的旅途中确定一个方向。那么接下来你会如何朝这个方向前进？是走一步看一步，还是每一步都为下一步做好计划？怎样去实现目标？目标达不到怎么办？没有目标就会在旅途中迷失方向，而合理的规划与行动也是非常重要的。本章就和大家一起来看看如何制定目标，以及如何管理自己以达到目标。

第一节　要去哪里——目标概述

一、人生需要目标吗——制定目标的意义

职业生涯目标又称职业目标，是指一个人渴望获得的与职业生涯相关的结果，是个人在选定的职业领域的某一节点或某一时期想要取得的成绩或达成的愿望。制定职业目标是职业生涯规划的关键与核心，职业目标是在考虑个人内因和外因的基础上所确立的未来职业要达到的成就。

扫一扫看微课

究竟需不需要制定职业目标？有的人像隋毅，选择一切随缘，非常洒脱；也有的人像张帆，做事情必须有计划。虽然随遇而安也是一种选择，但还是建议大学生在大学期间规划好自己的学习和生活，为未来工作做好准备。

（一）制定职业目标是职业生涯规划的核心

哈佛大学有一项非常著名的关于目标对人生影响的跟踪研究。这项研究对一群智力、学历、所处环境等条件都差不多的年轻人进行了长达25年的跟踪调查，调查内容为目标对人生的影响，初始调查结果如下。

第一类人：27%的人，没有目标。

第二类人：60%的人，目标模糊。

第三类人：10%的人，有清晰的短期目标。

第四类人：3%的人，有清晰且长远的目标。

初始调查之后的25年，他们开始了自己的职业生涯。25年后，调查者又对这些年轻人进行跟踪调查，他们的职业和生活状况发生了很大的变化。

3%的有清晰且长远的目标的人，25年来几乎不曾更改过自己的人生目标，并且为实现目标不懈努力。25年后，他们几乎都成了社会各界顶尖的成功人士，其中不乏白手起家者、行业领袖、社会精英。他们所拥有的财富是当年那97%的人的财富的总和。在25年前，他们明确地知道自己要什么，而另一些人则不清楚或不是很清楚。调查者因此得出结论：目标对人生有巨大的导向性作用。成功在一开始仅仅是一种选择，你选择什么样的人生规划，就会有什么样的人生。

（二）如果人生没有目标

如果人生没有目标，那会发生什么呢？

1952年7月4日清晨，美国的加利福尼亚海岸笼罩在浓雾中。在海岸以西的卡德琳娜岛上，一名34岁的女性跳入太平洋，开始向加利福尼亚海岸游去。要是成功的话，她就

是第一名游过卡德琳娜海峡的女性。这名女性叫弗洛伦丝·查德威克。在此之前她是游过英吉利海峡的第一名女性。这天早上，海水把她冻得全身发麻。雾很大，她连护送她的船只几乎都看不到，时间一点一点过去，千千万万的人在电视机前看着。有几次，鲨鱼接近了她，被人开枪吓跑了，她依然在游着。在以往这类渡海游泳中，最大的问题不是疲劳，而是刺骨的水温。

15个小时之后，她又累又冷。她感觉已不能再游了，就叫人拉她上船。她的母亲和教练在另一艘船上，他们都告诉她，离海岸很近了，叫她不要放弃，但她朝加利福尼亚海岸望去，除了浓雾什么也看不见。几十分钟后，人们把她拉上了船。又过了几个小时，她渐渐感觉暖和多了，这时候才感觉到失败的打击。她不假思索地告诉记者："说实在的，我不是为自己找借口，如果我当时能看到陆地，也许能坚持下来。"人们拉她上船的地方，离加利福尼亚海岸不到1千米！弗洛伦丝·查德威克一生中就只有这么一次没有坚持到底。两个月后，她成功地游过同一个海峡，成为第一名游过卡德琳娜海峡的女性。

弗洛伦丝·查德威克虽然是个游泳高手，但也需要看见目标，才能奋力完成任务。弗洛伦丝·查德威克第一次挑战游过卡德琳娜海峡失败的原因就是她在浓雾中看不到目的地。那天如果没有大雾，她也许就不会丧失信心而放弃最后的努力。因此，我们进行生涯规划的时候，千万不能低估了目标的重要性。

二、人生需要哪些目标——职业目标的分类

（一）根据职业所涵盖的内容分类

根据职业所涵盖的内容，职业目标可以划分为外在的职业目标和内在的职业目标。

外在的职业目标是指生涯过程中外显的、具有能见性标记的目标，通常包括职务目标、技术等级目标、经济收入目标、社会影响目标、工作内容目标等。内在的职业目标是指在整个职业生涯中个人自身得到了足够的发展、收获了知识、积累了经验、提高了职业技能、转变了观念，内心得到了丰富与升华。内在的职业目标具体包括个人工作能力目标、心理素质成长目标等。

扫一扫听音频

如何确定自己
的人生目标

内在的职业目标与外在的职业目标之间相互促进、相辅相成。需要注意的是，内在的职业目标的实现不同于外在的职业目标，要实现内在的职业目标，必须通过个人的不懈努力，而这些目标一旦实现，就成为真正意义上属于自己的无价之宝，这是与外在的职业目标所不同的。

我们在确立职业目标的时候，需要考虑内外两方面因素，不能只重外在而轻内在。尤其是大学生，毕业后参加工作的头几年属于职业发展的初期，内在的能力、素质的积累往往比外在获得多少月薪更重要。

（二）根据时间分类

职业目标根据时间可以分为长期目标、中期目标和短期目标。如果再细分，可以将职业目标分为长期目标、中期目标、短期目标、小型目标和微目标，如表7-1所示。

表7-1 根据时间对职业目标的分类

目标类型	解释	建议
长期目标	涉及想要的生活，和事业、婚姻、生活方式有关	大学期间处于对人生目标的探索阶段，在这期间需要保持灵活
中期目标	涵盖今后5年左右的时间，包括所寻求的教育类型、对事业的规划	应对这些目标有一定控制能力
短期目标	涵盖从下个月开始到一年以后的时间	可以设立非常实际的目标并努力实现
小型目标	涵盖从一天到一个月的时间	对这些目标要具有很强的控制能力，使它们详尽明确
微目标	涵盖从现在开始15分钟到几小时的时段	可以直接控制这些目标

实际上这5种目标是相互联系的。微目标、小型目标和短期目标是在一到两年内实现的职业目标，是中期目标和长期目标的细化和具体化，这些目标是可控且具有现实性和可操作性的，是所有目标中较清楚的行动目标。中期目标在整个职业目标体系中的作用是承前启后，能否实现长期目标，中期目标的作用非常关键，因为中期目标是三五年间可以实现的目标，它比长期目标要具体得多。长期目标的规划一般比较模糊和粗略，以便于随各种情况的变化而调整。了解自己的职业目标并将职业目标分类管理非常重要，这样我们可以时刻检视自己：当下的这些短期目标是否和中期目标一致？中期目标又是否与长期目标一致？

有的人擅长制定长期目标，而忽略了小型目标和微目标的制定，这样往往会导致有方向但总是原地踏步的结果。相反，有的人擅长制定小型目标和微目标，每天做什么都安排得井井有条，却忽略了长期目标的制定，这就会导致学习、工作盲目。因此，所有类型的职业目标的制定都是有必要的。

想一想：对于这5种类型的职业目标，哪些是你经常制定的？哪些是你从未制定或思考不足的？

第二节　怎么去那里——制定目标与编制生涯规划书

一、未来是梦吗——长期目标的制定

长期目标涉及一个人想要的生活，它也可以是人生的总体目标。在大学阶段，对长期目标可以保持宽泛、灵活和模糊的态度，逐渐探索。虽然不建议大家在大学阶段就完全确定自己的人生目标，但在这个阶段要有针对性地探索，对人生目标开始进行积极和有意义的思考，这是有必要的。

扫一扫看微课

有的人可能会说，长期目标太遥远，遥不可及，现在思考和规划都没有意义。虽然现在不能确定长期目标是什么，但如果进行积极的思考，增强探索的主动性和积极性，就会不断了解和重新认识自我，逐渐找到自我发展的方向。长期目标是所有目标的总方向，当你在生活中遇到某些事情难以抉择时，想想自己最终要去的方向，你就能透过迷雾看到光亮。

长期目标有以下特征。

（1）与人生目标相融合，指导自己为未来努力。

（2）与人生志向吻合，能激励自己立志通过努力实现理想。

（3）是自己认真选择的，和组织、社会的发展需求相结合。

（4）有实现的可能性，并有一定的挑战性。

（5）符合自己的兴趣、价值观，和自己的能力匹配。

（6）也许不能明确表达和说明，可能是一种模糊的状态。

如何制定长期目标呢？一个建议就是多思考和自省，可以试着回答以下问题：你有什么梦想？你最喜欢看什么类型的书？你关注什么类型的新闻？你的偶像是谁？做什么事情会让你感到开心？做什么事情会让你感到有意义？这些问题可以帮助你去思考自己的长期目标。

二、毕业后有什么打算——中期目标的制定

对于大学生来讲，中期目标是在一定时间内能够规划和看得见的目标，如考研或大学毕业后去创业等。中期目标的制定对大学生来说很重要，因为中期目标决定了短期目标、小型目标和微目标。中期目标有以下特征。

（1）是结合自己的意愿、社会的需求制定的，与长期目标一致。

（2）基本符合自己的兴趣、价值观，与自己的能力相匹配。

（3）切合实际。

（4）能用明确的语言进行说明。

（5）有比较明确的执行时间，可以根据外界的变化做适当的调整。

（6）可以发挥个人的主观能动性，实现的可能性非常大。

👁 **练习7-1**　　　　　　　　　　**毕业后的打算**

大学毕业后你有哪些打算？

_____

_____

_____

_____

三、最近要做什么——短期目标的制定

（一）短期目标的特征

短期目标有以下特征。

（1）比较清晰和明确。

（2）与自己的价值观和中期目标、长期目标一致。

（3）切合实际。

（4）有明确的时间限制。

（5）有明确的努力方向，实现起来有一定把握。

（二）短期目标制定的原则

短期目标给了人们最近一段时间努力的方向。对于短期目标，需要严格按照图7-1所示原则（SMART原则），给自己制定具体的、可衡量的、可实现但有挑战性的、有相关性的和有时限的目标。

图7-1　短期目标制定的原则

1. 具体的

具体的是指要设定具体的目标，而不是笼统模糊的目标。比如，不要说"我要考研"，而要说"我从现在开始每天要花2小时复习考研的科目"，或"这周我要了解清楚考研的条件，可以上网查或问师兄师姐"，后两个目标就比第一个目标要具体。

2. 可衡量的

可衡量的是指目标要可以衡量、可以量化。例如，"这学期的考试我要考好"，这是不能量化的，究竟什么叫"考好"？并没有一个统一的标准。可以量化的目标是"这学期我所有科目的成绩都要考到90分以上"，90分就是一个可以量化的目标。可以量化的目标不仅可以让人明确衡量是否达到了目标，有时候还可以防止拖延。

3. 可实现但有挑战性的

可实现但有挑战性的是指设定的目标要高，要具有挑战性，且一定可以达成。这样的目标既立足于人自身的水平，又可以激发人的潜能。例如，你刚上大一，你计划在大一就找到业内知名公司的实习机会，这个目标可行性不强，但如果你计划在大三找到一家知名公司的实习机会，这就是一个可实现但有挑战性的目标了。我们都有这样的经验，如果一个目标是你不费吹灰之力就能达到的，这样的目标对你来说吸引力不大；如果一个目标是你无论如何也达不到的，这样的目标对你来说意义不大；如果一个目标是需要你努力才能达到的，这样的目标对你来说较具吸引力，完成目标之后的成就感也较强。

4. 有相关性的

相关性是指实现此目标与实现其他目标的关联情况。如短期目标是否与长期目标相关联。

5. 有时限的

有时限的是指需要规定目标在什么时间内完成，在有期限的情况下更容易实现目标。

👁 **练习7-2**　　　　　　　　　　**评估你的目标**

写下你的3～5个短期目标，从表7-2所示的5个方面对你的目标进行评估，分值为1～10分。1分代表最不符合要求，10分代表最符合要求。最后可以写下改进后的目标。

表7-2　目标测评表

目标	具体的	可衡量的	可实现但有挑战性的	有相关性的	有时限的	改进后的目标

四、现在要做什么——小微目标的制定

小微目标是小型目标和微目标的合称。实际上，制订越小的目标，就越需要符合SMART原则，同时我们对目标的控制力也越强。

小微目标有以下特征。

（1）非常清晰和明确。

（2）与短期目标保持一致。

（3）切合实际。

（4）有明确的时间限制。

（5）实现起来非常有把握。

小微目标的制定可以通过作息时间表来完成。例如，表7-3所示为张帆的作息时间表。

表7-3　张帆的作息时间表

第二周	星期一	星期二	星期三	星期四	星期五	星期六	星期日
6:00—6:20	起床√	起床√	起床√	起床√	起床×		
6:20—7:10	跑步，洗澡√	晨读√	跑步，洗澡√	晨读√	晨读×		
7:10—7:40	吃早餐√	吃早餐√	吃早餐√	吃早餐√	吃早餐√	起床√	
8:00—8:45	英语精读√	英美散文选读√	口语√	英语结构学习√	基础英文写作√	路上，听英语听力√	起床√
8:55—9:40	英语精读√		口语√	英语结构学习√	基础英文写作√	实习√	图书馆√
10:00—10:45	自习√	英语视听√	自习√	体育活动√		实习√	图书馆√
10:55—11:40	自习√	英语视听√	自习√			实习√	图书馆√
11:40—12:30	午饭√	午饭√	午饭√	午饭√	午饭√	午饭√	午饭√
12:30—12:50	洗衣服√	听力训练×	洗衣服√	听力训练√	洗衣服√	实习√	志愿者活动√
12:50—13:40	午休√	午休√	午休√	午休√	午休√	实习√	志愿者活动√
14:00—14:45	思想道德修养与法律基础√	自习√	形势与政策	英美戏剧欣赏与实践×	体育活动√	实习√	志愿者活动√
14:55—15:40	自习√	自习√	形势与政策	英语角背单词√	洗澡，洗衣服√	实习√	志愿者活动√
16:00—16:45	自习√	体育活动√	自习√	自习√	自习√	实习√	志愿者活动√
16:55—17:40	自习×	洗澡√	自习√	自习√	自习√	实习√	志愿者活动√

续表

第二周	星期一	星期二	星期三	星期四	星期五	星期六	星期日
18:00—19:00	晚饭√	晚饭√	晚饭√	晚饭√	晚饭√	晚饭√	晚饭√
19:00—20:00	社团开会√	听讲座√	准备课堂呈现PPT√	自习√	看电影√	和室友去散步√	听微课√
20:00—21:00	写社团策划稿√	听讲座√	准备课堂呈现PPT√	自习√	看电影√		
21:00—22:00	写社团策划稿√	洗衣服，上网√	准备课堂呈现PPT√	自习√	看电影√		
22:00—23:00	看视频√	洗衣服，上网√	上学习论坛√	洗衣服，上网√	准备实习的材料√		
23:00—24:00	洗漱，睡觉√	洗漱，睡觉√	洗漱，睡觉√	洗漱，睡觉×	洗漱，睡觉×	洗漱，睡觉√	洗漱，睡觉√
计划完成情况	好	较好	好	较好	不太好	好	好
未完成的原因		中午去帮同学取东西，没能完成听力训练		午休时间过长，在网上闲逛的时间太长，睡晚了	昨天晚上睡晚了，早上没能早起		
每周总结	总体来说本周计划完成情况较好，还有一些零碎的时间可以利用，比如周末的晚上，下周可以进行调整						

五、从现在就开始——编制生涯规划书

生涯规划可以从任何时间节点开始，任何时候开始生涯规划都不晚。大家可以从现在开始，对自己进行探索和思考，这也是对前几章所学内容的检测。也许大家最初制作的生涯规划书还不完善，但可以随时完善它。制作生涯规划书时可参考图1-4进行。

👁 练习7-3   **制作生涯规划书**

生涯规划书可以帮助我们从现在开始进行生涯规划，无论从大学的什么阶段开始制作都可以，每个部分的具体写法和相应工具、表格请参考对应的章节。

我的生涯规划书

姓名：_____ 专业：_____ 年级：_____ 时间：_____

第一步　明确愿景和理想

（生涯规划对于我的意义和重要性）

_____

_____

_____

_____

第二步　自我探索与评估

- 兴趣探索

_____

_____

- 性格探索

_____

_____

- 能力探索

_____

_____

- 价值观和意义感探索

_____

_____

第三步　职业探索与评估

- 了解职业世界

_____

_____

- 职业聚焦

_____

_____

第四步　资源探索与评估

- 个体资源

_____

_____

- 社会资源

_____

_____

- 家庭资源

_____

_____

第五步　确立发展方向/目标

- 长期目标

_____

_____

- 中期目标

_____

_____

- 短期目标

_____

_____

- 小微目标

_____

_____

第六步 制订行动计划

_____

_____

_____

_____

第七步 实施、评估和调整

_____

_____

_____

_____

_____

第三节 如何管理自己——行动与管理

制定目标是一个很重要的过程，另外一个重要的过程就是行动。只制定目标而不行动，就会让我们原地踏步。本节的内容就是探讨如何在确定目标之后行动起来，管理自己的行为，朝目标前进。

一、为什么说"光说不练假把式"——行动计划

完成目标实际上是由一系列的行动计划组成的。制订行动计划，要遵循3W1H原则，即谁负责行动（Who）？要做些什么（What）？什么时候完成（When）？怎样达到（How）？具体来说，行动计划的内容如下。

（1）可选择的形式。

（2）所需要的准备。

（3）确定形式。

（4）确定完成的时间、频率或强度。

（5）确定监督者（可选择）。

（6）特殊情况的处理。

（7）确定行为记录的方式。

（8）其他需要协助安排的情况。

（9）初步可行性分析。

（10）执行一段时间后的调整。

制订行动计划的过程也是一个帮助人思考和觉察的过程，行动计划越具体，能够完成的可能性就越大。

张帆最近计划要锻炼身体，不仅希望自己能强身健体，为忙碌的学习和生活打下坚实的基础，同时也希望在锻炼身体的过程中锻炼自己的意志力。她制订了详细且具体的行动计划。

锻炼身体行动计划

- **姓名**

张帆

- **主题**

坚持锻炼身体

- **目的**

提高身体素质，锻炼意志品质，增强生活规律性，减轻体重、美化形象。

- **基本目标**

从今天（5月24日）起至本学期末（7月16日），每周至少5天、每天以至少2种锻炼形式锻炼1小时，共减重5千克。

- **具体安排**

1. 确定可选运动形式

慢跑、快走、慢走、拉伸活动、跳绳、游泳、爬楼梯、仰卧起坐、台阶运动等。

2. 准备所需装备或物资

适合平时运动的内外衣裤、棉袜、运动鞋、泳衣、跳绳、游泳卡等。

3. 确定锻炼形式

（1）一般情况下优先采取慢跑＋拉伸活动＋仰卧起坐的锻炼形式。

（2）天气炎热或有人结伴时可选择游泳。生理期不适合剧烈运动时选择慢走＋简单的拉伸活动。

（3）大风、沙尘或阴雨天等天气状况较差或操场不开放时选择跳绳、爬楼梯、台阶运动等可在室内进行的活动。

4. 确定锻炼时间及强度

（1）一般情况下选择20:00—21:00在室外活动40～60分钟，睡前做50个仰卧起坐。

（2）身体不适时，活动时间酌情减少，但不得少于30分钟，可调整为活动强度较小的运动形式，如慢走等。

（3）每周尽量保证至少锻炼5天，无特殊情况则应每天锻炼。在已知某天不能锻炼的情况下，将欠缺的运动量以每天多锻炼5～10分钟的形式补回来。

（4）晚上尽量保证在24:00前睡觉。

5. 确定监督者

选择一个对自己影响较大的人，让其对自己的锻炼行为进行监督管理，可与其共同签订一个有关监督的契约，规定监督的具体要求。

6. 确定特殊情况及可休息的情况

（1）全天有超过2小时时间进行奔波型体力活动以至劳累过度时，可停止锻炼，休息。

（2）睡眠严重不足，如少于5小时时，可停止锻炼，休息。

（3）当天晚上临时有紧急任务，抽不出1小时以上的时间进行锻炼和洗澡时，可停止锻炼，休息。

（4）第二天有重要事情，如需提前准备考试时，可停止锻炼，休息。

（5）出现其他与监督者协商过的特殊情况时，可停止锻炼，休息。

（6）若20:00后有安排，则提前至18:00或19:00进行锻炼，并预留洗漱时间。

7. 确定行为记录方式

（1）利用台历或App记录每天的锻炼情况，包括锻炼的强度和时长、未锻炼的原因等。

（2）每个月统计、总结锻炼计划的完成情况，及时调整、补充或修改锻炼计划。

8. 饮食辅助安排

（1）尽量在食堂吃饭，早餐吃饱，晚餐少吃。

（2）不主动购买饮料、甜点、雪糕、膨化食品等高热量饮食。

（3）到饭店吃饭时，提醒自己少吃辛辣、油腻的食物，吃八分饱即可。

9. 初步可行性分析

（1）已基本坚持锻炼了4个月的时间，身体素质能够承受此锻炼强度。

（2）行动计划得到监督者的大力支持。

（3）已获得一些正向的强化，有助于行为保持，如体重减轻、疾病减少、自信心提升等。

（4）相信有一定的自制力可以维系行为。

（5）不定时地会有陪伴者陪同锻炼。

👁 **练习7-4**　　　　　　**我的行动计划**

姓名：＿＿＿＿＿＿

主题：＿＿＿＿＿＿

目的：＿＿＿＿＿＿＿＿＿＿＿＿＿＿＿＿＿＿＿＿＿＿

＿＿＿＿＿＿＿＿＿＿＿＿＿＿＿＿＿＿＿＿＿＿＿＿＿＿

可选择的形式：＿＿＿＿＿＿＿＿＿＿＿＿＿＿＿＿＿＿＿

所需要的准备：＿＿＿＿＿＿＿＿＿＿＿＿＿＿＿＿＿＿＿

确定形式：＿＿＿＿＿＿＿＿＿＿＿＿＿＿＿＿＿＿＿＿＿

确定完成的时间、频率或强度：＿＿＿＿＿＿＿＿＿＿＿＿

确定监督者（可选择）：＿＿＿＿＿＿＿＿＿＿＿＿＿＿＿

特殊情况的处理：＿＿＿＿＿＿＿＿＿＿＿＿＿＿＿＿＿＿

＿＿＿＿＿＿＿＿＿＿＿＿＿＿＿＿＿＿＿＿＿＿＿＿＿＿

＿＿＿＿＿＿＿＿＿＿＿＿＿＿＿＿＿＿＿＿＿＿＿＿＿＿

确定行为记录的方式：_____

_____

其他需要协助安排的情况：_____

_____

初步可行性分析：_____

_____

执行一段时间后的调整：_____

_____

_____

二、为什么觉察有助于自我管理——执行监控与评估

执行监控与评估就是对自己决策执行的监督和控制，并对这个过程进行评价。执行监控与评估能够确保我们按照计划行事，按时完成计划。在执行监控与评估的过程中什么最重要呢？

首先来做一个简单的小实验：双手交叉相握。你会发现有的人右手大拇指在左手大拇指的上面，有的人左手大拇指在右手大拇指的上面。接下来再反过来交叉相握，之前右手大拇指在上的现在左手大拇指在上，之前左手大拇指在上的现在右手大拇指在上。你会感到反过来交叉相握的时候很不自在，还需要稍微思考一下，而第一次双手交叉相握的时候你完全没有思考和觉察，它是一个自然而然的自动化过程。

人的绝大多数行为都是这样的自动化行为，要改变这种自动化行为的关键就是增加觉察，将自动化的过程转换为有意识、有觉察的改变过程。所以觉察是改变的第一步，而在行动计划的执行监控与评估这个部分，觉察也起着至关重要的作用。

👁 **练习7-5**　　　　**增加觉察练习1——行为观察记录**

先确定一个观察的目标行为，例如，你希望上课认真听讲，不看手机，目标行为可以是上课看手机，当然也可以观察例外的情况，如不看手机认真听讲。

确定目标行为之后，可以在接下来的一周内每天完成表7-4中的相应部分（表格中的例子是观察上课看手机的行为）。

行为观察记录可以帮助我们增加对自己的觉察。你也可以邀请你的朋友或室友帮你填写观察表，还可以互相填写。

表7-4 行为观察记录表

姓名：_____ 日期：_____ 目标行为：_____

时间	场景	行为	想法	觉察后
例子： 上午9:18	上"高数"课	拿出手机查看微信有没有新信息，浏览话剧社群里大家的讨论	老师讲的内容太难了，根本听不懂，看一下手机也无妨	应专心听讲，否则会跟不上课程进度

◉ 练习7-6 　　　　增加觉察练习2——吃葡萄干练习

　　这是一个正念觉察的练习，请你提前准备好两颗葡萄干，选择一个安静且不被打扰的地方，坐在一把舒服的椅子上或坐在其他舒服的地方。把葡萄干放在手上，扫旁边的二维码，闭上眼睛，跟着老师的指导语进行练习。

扫一扫听音频

增加觉察练习2
——吃葡萄干练习

　　（1）练习结束后写下你在这个练习过程中的感受。

_____

_____

　　（2）在生活中，我们还可以做哪些事情来增加自我觉察？

_____

_____

_____

三、如何变被动为主动——养成自控力

（一）自控力

自控力即自我控制的能力。人需要自控力吗？

著名的"棉花糖实验"会给你一个有价值的参考。

棉花糖实验是斯坦福大学沃尔特·米歇尔博士在1966—1970年对幼儿园孩子进行的有关自控力的一系列心理学经典实验。在这些实验中，孩子们可以选择一样奖励（有时是棉花糖，有时是曲奇饼干，有时是巧克力，等等）；或者选择等待一段时间（通常为15分钟）直到实验者返回房间，得到相同的两样奖励。

多数孩子禁不住诱惑，等不到15分钟就吃掉了一个棉花糖。只有30%左右的孩子成功吃到了两个棉花糖。

1981年，沃尔特·米歇尔给所有参加过棉花糖实验的653名孩子的父母和老师发去了调查问卷。他询问了这些孩子的许多情况，包括制订计划、做长期打算的能力，解决问题的能力，和同学相处的情况，以及他们的美国高中毕业生学术能力水平考试（Scholastic Assessment Test，SAT）成绩。分析调查结果后，他发现，那些不擅长等待的孩子似乎更容易出现行为问题，无论是在学校还是家里都如此。他们SAT成绩较差，不擅长应对压力环境，有注意力不集中的毛病，交不到朋友。能够等待15分钟的孩子的SAT成绩比只能等待30秒的孩子的SAT成绩平均高出210分。

之后，很多人在不同的国家做了相同的实验，都得出这样的结论：成功来自对自我欲望的控制能力。当然，不仅成功需要自控力，人的生存、社会的安定和谐也需要自控力。

（二）我有自控力吗

当我们对自己有越来越多的觉察，可以监督自己的计划执行时，接下来的一个问题就与自控力相关了：我有没有自控力？其实每个人天生就有自控力，自控力是个频率事件，不是有或无的事件，千万不要给自己贴上"我没有自控力"的标签。下面的练习可以帮你觉察你的自控力。

◉ 练习7-7 　　　　　　　　**你有自控力吗**

（1）你做哪些事情的时候比较有自控力？你是怎么做到的呢？

_____

_____

_____

（2）你做哪些事情的时候不太有自控力？为什么？

_____

_____

_____

（3）和你周围的人一起分享以上两个问题的答案后，你得出了什么结论？

_____

_____

_____

_____

（三）怎样增强自控力

我们都有这样的经验，当你做一件你认为有意义的事情时，你会有动力去做，而且有动力去克服可能遇到的困难。因此，找到自己目前所制订的行动计划和意义之间的联系是增强自控力的一种重要方式。

自控力如何养成

大学初始隋毅就了解了自己的专业所要学习的课程，有中医学基础、中医诊断学、中药学、方剂学、中医内科学、针灸学、中医外科学、中医妇科学、中医儿科学、中医伤科学、医古文、温病学、金匮要略、伤寒论、内经、人体解剖学、生物化学、生理学、病原微生物学与人体寄生虫学、病理学、药理学、诊断学基础、临床医学技术、西医内科学、西医外科学等。隋毅抱怨道："我学的是中医，我就想学习博大精深的中国医术，为什么还要学那么多西医要学的课程？学这些东西有什么用呢？"

大家在学习的过程中是不是也有像隋毅一样的疑问？比如：我学的是数学专业，为什么还要学大学物理？我学的是经济学专业，为什么还要学数学？我将来想做科学家，现在做报账、查文献、总结之类的事情有什么用呢？很多时候，大家会做一些自己并不情愿做的事情，甚至会为这些事感到痛苦，但随着时间的推移，这些事情的意义终将显现，这时便不再痛苦了。认识人生的一些痛苦和困境，可促使人深思，寻找自我，最终发现人生的意义，实现自我超越。

在生活中，当你能够发现事情的意义时，就有了执行的动力，也就更能控制自己的欲望去克服困难。那么怎样才能从那些你不情愿做的事情中寻找意义呢？

👁 练习7-8　　　　　　做这件事的意义

写下一件你现在正在做的事情，你目前找不到做这件事情的意义，不是很情愿去做，但又需要做，比如上"高数"课，你觉得这对你的专业没有帮助。接下来请访谈几位你身边的同学、老乡、师兄师姐或老师，看看做这件事情有哪些意义。

事情：_____

访谈对象：_____

访谈结果：_____

_____

访谈对象：＿＿＿＿＿＿＿＿＿＿＿＿＿＿＿＿＿＿＿＿＿＿＿＿＿＿＿

＿＿＿＿＿＿＿＿＿＿＿＿＿＿＿＿＿＿＿＿＿＿＿＿＿＿＿

访谈结果：＿＿＿＿＿＿＿＿＿＿＿＿＿＿＿＿＿＿＿＿＿＿＿＿＿＿＿

＿＿＿＿＿＿＿＿＿＿＿＿＿＿＿＿＿＿＿＿＿＿＿＿＿＿＿

访谈对象：＿＿＿＿＿＿＿＿＿＿＿＿＿＿＿＿＿＿＿＿＿＿＿＿＿＿＿

＿＿＿＿＿＿＿＿＿＿＿＿＿＿＿＿＿＿＿＿＿＿＿＿＿＿＿

访谈结果：＿＿＿＿＿＿＿＿＿＿＿＿＿＿＿＿＿＿＿＿＿＿＿＿＿＿＿

最后请反思一下这些访谈结果对你有哪些启发。

＿＿＿＿＿＿＿＿＿＿＿＿＿＿＿＿＿＿＿＿＿＿＿＿＿＿＿＿＿＿＿

＿＿＿＿＿＿＿＿＿＿＿＿＿＿＿＿＿＿＿＿＿＿＿＿＿＿＿＿＿＿＿

＿＿＿＿＿＿＿＿＿＿＿＿＿＿＿＿＿＿＿＿＿＿＿＿＿＿＿＿＿＿＿

除了寻找事情的意义，大家也可以通过以下几种方式增强自控力。

（1）体育运动。坚持某一项或几项体育运动会让人增强自控的效能感。

（2）找人来监督自己。当自己想要完成某个行动或目标时，可以找人监督自己，让其不断提醒和鞭策自己。

（3）找到完成共同目标的伙伴。这可以达到监督的目的，同时也可以实现共勉，如建立一个考研小组，大家可以互相激励、共同进步。

四、如何为自己加油——自我激励

当你遇到挫折或是计划进展不顺利时，你会怎样激励自己呢？你有没有过这样的想法：我不要像她那样粗心！我不要落后！我不要拖后腿！在生活中我们往往以为这就是自我激励，不要这个、不要那个，实际上真正的自我激励重要的不在于"不要什么"，而在于更为正向和积极的"要什么"的部分。

接下来我们来做一个小实验：你不要去想房间里有一头大象，千万不要去想房间里有一头大象。看完这句话之后，你脑海里浮现了什么？那就是房间里有一头大象。这其实就是生活中心理暗示的作用，提示自己不要去做什么，但实际上起到的却是相反的作用，就像骑自行车一样，前面有颗石子，你心里就一直想千万不要碾到那颗石子，最后你却从那颗石子上方碾了过去。大人教育孩子也一样，妈妈带孩子去朋友家，妈妈一直跟孩子说千万不要动别人的东西，不说还好，一说孩子反而可能会去动别人的东西。

心理学理论认为：你将注意力放在哪个部分，就会放大这个部分的体验。如果将注意力放在"不要……"上，则会放大这个部分的体验，比如"不要拖延"会放大拖延的体验，"不要去想房间里有一头大象"会放大房间里有一头大象的体验。

建议大家将注意力放在自己的目标和想要的部分上，这样就会激励自己朝这个方向去努力。比如想早起，可以告诉自己"我想早起"，那么在潜意识里便放大了早起的体验。大家可以自己体验一下，对自己说"我喜欢我自己"和"我不想讨厌我自己"，看看有什么不同。前者放大的是喜欢，而后者放大的是讨厌。

因此，正确的自我激励是积极的自我暗示，是朝向目标的自我暗示，你可以尝试对自己说"我能行""我可以控制我的情绪""我想好好学习英语""我想完整推演一遍公式"等。

除了积极的自我暗示，我们还可以通过以下方法进行自我激励。

（1）寻找自己的性格优势。例如，"我是一个外向的人，我的优势是容易对事物产生热情""我是一个内向的人，我的优势是非常善于思考"。

（2）回顾自己的某些成功经历，并总结成功的经验，思考如何将这些经验运用到现在的场景中。例如，"高中时的一次演讲比赛我拿了第一名，当时我非常认真地进行了准备，请教了经验丰富的同学，在网上搜索了演讲的技巧，在演讲前非常熟悉演讲内容，现在我做其他事也会积极地运用各种资源"。

（3）从曾经经历的挫折中学习，看看自己在承受挫折的过程中锻炼了哪些品质。例如，"大一的时候我就被诊断出患有一种慢性疾病，需要终身服药，虽然这对我的打击非常大，但我并没有被打倒，我依然很积极乐观，并坚持体育锻炼，以此增强体质"。

（4）改变对已发生的事情的认知，从积极的角度看待问题。对于同样一件事情，不同的认知会给人带来不同的感受，如（3）中的例子，如果想"我这么年轻，就得了需要终身服药的疾病，我的一生都完了"，就会让人消沉、失去希望，但是换一个角度来想，"至少我还活在这个世界上，我还可以做很多的事情"，就会让人有希望，使人用积极的心态去面对挫折，达到自我激励的效果。

💬 对话空间

张逸是一个网络游戏迷，一回到宿舍就打开计算机玩游戏，学习却向来提不起劲，更别提制订什么计划了。他觉得现在才大一，不用给自己制定什么特定的目标，尤其是长远的目标，将来找工作的时候再准备都来得及。

张逸："车到山前必有路，船到桥头自然直，现在制定目标也没用，到时候说不准会发生什么变化呢。"

张帆："我完全无法想象没有目标的人生会是什么样的。我从小就学习制订计划和设定目标，目标给我指明了前进的方向，也能帮助我养成良好的习惯，促使我提升效率，没有目标总觉得没有方向。"

乔飞（张逸的师兄，现在大四）："现在回顾这几年的大学生活，我认为还是要有一些目标。有的东西以前觉得没用，现在要找工作了才发现自己欠缺不少，如果在以前就能以找工作为目标，那就可以有针对性地学习，如增强表达能力、与人沟通的能力、组织管理能力等。"

职业规划专家："随遇而安培养了人的灵活性，制定目标培养了人的计划性，二者并不矛盾，即使制订计划也得保证一定的灵活性。人生还是需要有目标的。"

心理咨询师："有的人的目标是清晰的、具体的，有的人的目标是模糊的、不具体的，就像有的人很明白自己要什么，有的人却意识不到。意识不到并不意味着没有目标，在潜意识里每个人都有自己的目标，随遇而安也是一种选择，也有可能是一种对问题的回避态度，大学生要加强对自己的觉察，尽可能地去探寻自己的人生目标。"

· 价值引领 ·

南辕北辙

　　战国时期，有个人要去楚国。他驾着马车在大路上急驰。路上，他遇到一个同路人，二人攀谈起来，当同路人得知他要去楚国时大吃一惊，问他："楚国在南方，你怎么朝北走啊？这样走，什么时候能到楚国呢？"这人不慌不忙地说："没关系，我的马跑得快，不愁到不了楚国。"同路人提醒他："这样走会离楚国越来越远的。"这人指指自己的行李说："我带的路费、干粮很多，能用好多天，路远不要紧。"同路人着急地说："你走错了，这样走你到不了楚国的。"那人很自信地说："我的驾车技术非常好，不用担心。"同路人见这人如此糊涂，无可奈何地摇摇头，叹了口气。

　　南辕北辙的成语故事告诉我们，做人和做事首先要确立正确的方向，如果方向错了，条件越好，花的力气越大，离自己所要达到的目标就越远。大学生要在大学期间积极探索自己的人生意义和人生目标，朝着符合自己人生志向的方向一步一步前进。

第八章

核心能力建构

困境引入

为什么说"不积跬步，无以至千里"

张帆确定了自己的涉外企业就业方向后，每个学期都给自己列出一份成长目录。尤其是针对外企工作对于语言沟通、组织协调、口头表达等方面的要求，她给自己制定了"参加英语口语训练营""承担学生会外联部工作""参与全校演讲比赛"等任务和相应的目标。

在艺术和英语教师方向上徘徊的陈悦，看到每天忙碌又有序的张帆，心里不禁着急。大家都夸陈悦有艺术家的气质，她也一直信奉"人生重在体验"。可是她静下心来时，又觉得艺术只是兴趣爱好，如果作为职业，连温饱能不能解决都是个问题。自己学的是英语专业，上的是国内数一数二的师范大学，当老师的竞争力自然很强。可是一想到未来可能要做英语老师，陈悦心里还是直打鼓：自己已经大三了，还从来没有上台讲过课啊！她之前觉得暑假支教辛苦所以不想去，在听力、口语方面能力也比较欠缺，一有练习需要对话和情景模拟，就紧张得不行。张帆偶尔笑话她，说她是未来要做老师的人，怎么模拟讲课都不敢，她就更加焦虑了。思来想去，陈悦还是倾向于未来当老师，但是她深感自身在能力上还很欠缺，现在该怎么办呢？

对每一个大学生来说，经过分析做出一个决定后，接下来要做的就是积累达成目标需要的条件，积极地做准备和历练。对于目标的制定和实现，需要一步一个脚印，在实践中摸索，不断觉察、不断尝试，并且要不断调整。这个过程是"炼钢"的过程，也是发掘和发挥自身内在核心竞争力的过程。

第一节　时代需要什么样的人才——核心能力扫描

一、新时代人才需要具备哪些能力——时代对人才的呼唤

人才的标准从来都不是一成不变的。在西方工业革命风起云涌的日子里，善于用机器的力量改变世界的发明家，以及那些精通专业知识、埋头苦干的工程师成了人才中的佼佼者；在20世纪，大多数企业对人才的要求停留在专注、勤奋、诚实、服从等个体层面；21世纪，时代呼唤能独立思考、自主决策、与他人密切沟通与合作的人才。

扫一扫看微课

我们把20世纪需要的人才特质与21世纪对人才的要求做简单的对比，得到表8-1所示的对照表。

表8-1　20世纪和21世纪人才需求表

20世纪需要的人才	21世纪需要的人才
勤奋刻苦	融会贯通
专注于创新或实践	创新与实践相结合
专门性人才	跨领域的综合性人才
高智商	高智商、高情商、高灵商
个人能力强	沟通与合作能力强
遵纪与谨慎	积极与乐观

当然，并不是说以往时代所强调的诸如服从、勤奋、踏实等人才特质不再重要，而是新时代的人才需求更加丰富、更加多元，考察人才的视角也从单一个体层面转向融合个体、团队、组织、社会乃至环境等多个维度，涵盖学习、创新、合作、实践等多种因素的立体视角。

2023年，有学者以"国家大学生学情调查研究"（NCSS）数据库的152125个全日制本科生样本为基础，把大学生的就业能力划分为性格特质、通用能力以及专业知识技能3个维度。其中，性格特质是指凝聚在大学生身上，对就业产生重要影响的个人性格、态度、价值观、情感等非认知能力，具体包括尊重他人、理解他人、社会责任感等12个项目；通用能力指适用于不同岗位的可迁移能力，具体包括领导能力、写作能力、社交技能等10个项目；专业知识技能是指依托于学科培养，指向特定工作情境的专业知识与技能，具体包括实践操作技能、前沿知识、基本理论等4个项目。而可迁移能力是大学生就业能力的重要组成部分，其中的社交技能在2015年北京青年压力管理服务中心对大学生就业压力的调查结果中也排在受大学生关注的就业能力首位。

二、什么是大学生就业的宝刀利剑——就业核心竞争力的外化能力要素

20世纪90年代，管理学者哈默尔和普拉哈拉德共同搭建了企业的核心竞争力模型。与传统的总是将市场、竞争对手、消费者置于战略设计流程的出发点所倡导的理论恰好相反，该模型强调从企业内部来凸显竞争优势，认为企业的竞争优势取决于企业能否以低成本和超过对手的速度构建核心竞争力。并且在企业核心竞争力模型的基础上，衍生出差异化竞争和杠杆竞争等训练方法。同样的道理，大学生的就业核心竞争力也需要遵循自内而外的规律。

大学生就业核心竞争力依照其形成过程分析，就是指大学生在接受教育培养及经过自身努力后，获得的各项综合素质和基本能力，并通过提炼、提升和整合形成以个人专长为核心的具有突出性、独特性、能够被社会认同和需要的最具竞争优势的差异化素质和能力的统称。而每个人都需要构建属于自己的核心就业竞争力，像经营企业一样打造自己的核心竞争力。具体来说，大家可以先试着找到自己的目标职业。得到足够的关于社会需求和职业要求的信息后，就需要进一步整合这些信息，制订属于自己的核心能力发展计划。这个过程就好像经营企业，面对同样的社会需求，例如沟通能力，你的企业的沟通能力表现和其他企业的表现必然不能完全相同，所以对大学生来说，需要不断发现、探索、总结、提炼并打造属于自己的核心品牌。

◉ 练习8-1　　　　　　　　　　**打造自己的核心品牌气球**

在白纸上画一个圆，写上你的核心目标职业，然后在这个圆周围写上你的个人品格以及与这个职业相关的优势能力或社会责任。在外圈写下你在过去的经历中，最能体现这个特质或能力的经验，然后在更外围的一圈写下你今后可以做什么来展现和发展你的品牌优势（见图8-1）。

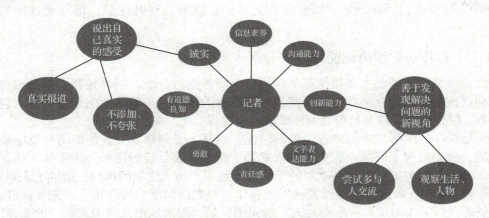

图8-1　打造自己的核心品牌气球

（1）请画出属于你的核心品牌气球。

（2）请思考如何塑造和提高你的品牌价值？

　　大学生在大学阶段，除了学习知识，都在主动或被动地培养自己的就业能力。这一阶段的就业能力往往处于萌芽和初步发展期，同时大多可以在未来的工作中迁移使用，有鲜明的发展特点。大学生由于还未进入职场，自身的就业能力还处在进一步的发展中，但其基本雏形已经形成。大学生就业能力的发展具有以下3个方面的特点。

　　一是基础性。大学生在校期间，一般以发展专业能力和一般能力为主。专业能力主要是通过学习专业课程并进行实践，如考试、写论文等方式得以发展的。一般能力的发展则贯穿整个学习过程，如探讨学识问题、参加辩论比赛、阅读有益的书籍，这些都有助于一般能力的培养。

　　二是延伸性。大学生在校内外参与各种实践活动，如参与学生会、社团活动和做兼职等，在每个活动中所扮演的角色和接触的团队都各不相同。在这些活动开展的过程中，大学生不可避免地要和他人进行接触、沟通与协调，这能不断增强大学生的语言表达能力、人际交往能力和组织协调能力等，使大学生的可迁移能力得到发展和提升，并产生延伸性。

　　三是潜能性。虽然一部分大学生参与了各种校内外实践，但由于时间短、活动繁多零碎，不能形成系统、完整的职业活动，因此仍有很多潜在的就业能力还未得到开发，有待发现。

　　对于即将步入社会的大学生来说，除了掌握专业学科知识与技能外，还需要结合自身条件来培养和增强自己的可迁移能力，尤其需要增强以下能力。

（一）沟通能力

　　沟通能力是指一个人与他人有效地进行信息沟通的能力，包括外在技巧和内在动因。从表面上来看，沟通能力似乎是一种能说会道的能力，实际上它包含从穿衣打扮到言谈举止等一切行为的能力。一个具有良好沟通能力的人，可以将自己所拥有的专业知识及专业能力充分地展示出来，能使团队保持良好的氛围，也能够给他人留下深刻的印象。无论是学习展示、活动开展、团队建设还是面试求职、晋升述职，都需要良好的沟通能力。

（二）合作与组织协调能力

　　合作与组织协调能力多指根据工作任务对资源进行分配，同时控制、激励和协调群体活动过程，使之相互融合，从而实现组织目标的能力。一般认为组织协调能力包括组织能力、授权能力、冲突处理能力和激励下属能力。

　　你是否在社团活动中遇到过这样的情况？当某人受到指责时，他的第一反应是为自己辩解。活动出现了问题，相关人员常常为了明确到底是谁的错而争论不休，相互间发生激烈的争吵。本来是事与事之间的矛盾却导致了人与人之间的纠纷，造成了人际矛盾，最终影响了工作。而这个时候就需要发挥合作与组织协调能力的作用。首先要促进合作，需要坚持"以工作为重和对事不对人"的原则，最大限度地把注意力放到"怎么办"上，而不是"谁之过"上，最大限度地建立合作的共识。其次，要多方协调，需要用系统思维去发掘每个人的优势和特长，让合适的人做合适的事，强调集体协作。

（三）批判性思维等学习能力

　　批判性思维通过一定的标准评价思维，进而改善思维，是合理的、反思性的思维，既是思维技能，也是思维倾向。批判性思维既能体现思维水平，又凸显现代人文精神。

中小学学习普遍以教师为中心，在课堂上老师讲什么，学生就听什么，老师教什么，学生就学什么。而大学学习则普遍强调以学生为中心，要求学生试着思考："在这个问题上，我有什么不同的想法和观点？""我有什么疑问想要探讨？""在解决方法、分析问题的角度上是不是有其他的可能性？""我想要探讨这个领域中的哪一道题目？"这种探究和思辨的意识是难能可贵的，正是这样的思维训练可以帮助大家逐渐形成自己的学习意识、学习方法、求索的态度。

（四）创新能力

创新能力是指在技术和各种实践活动领域不断提供具有经济价值、社会价值、生态价值的新思想、新理论、新方法和新发明的能力。创新实践是个体参与并投入旨在产生新颖、有价值的成果的实践活动，是指以利用现有的思维模式提出有别于常规或常人思路的见解为导向，利用现有的知识和物质，在特定的环境中，为满足社会需求而改进旧事物或创造新的事物（包括产品、方法、元素、路径、环境），并能获得一定有益效果的行为。本书第十章，专门就如何培养创新能力和创造性思维提出了有针对性的建议。

（五）自我认知与抗挫折能力

自我认知能力是指个体对自我的认知和评价能力，是情商的表现之一。结合生涯规划与发展的需求，个体要对自我的兴趣与爱好、优势能力、人格倾向、职业价值观等因素进行探索。尤其是在实践的过程中，个体容易因为表现不够好、他人的负面评价等外在因素而引发自我怀疑和否定。抗挫折能力是指个体在遭遇挫折情境时，能否经受打击和压力，能否摆脱困境而使自己避免心理与行为失常的一种耐受能力。挫折承受力较强的人，往往对挫折的反应小，受挫折影响的时间短；而挫折承受力较弱的人，则容易在挫折面前不知所措。大学生尤其需要在挫折中客观地看待自己的努力、品质以及实践的过程，而非简单地对行为结果进行一元评价。

（六）跨领域融会贯通的能力

随着社会工作对专业化、精细化要求的提升，出现了许多跨领域的行业，也有了很多跨行业的人才，这与时代对人才的丰富内涵的期待有关。更为重要的是，当代的年轻人比以往任何一个时代都更加强调个体体验和个性特色，追求以更加丰富、灵动的形态存在于当代社会。融会贯通是一种学习者可以做到知识迁移的状态。表面上并不完全同类的知识具有某种共性，学习者从中掌握了不同门类甚至不同领域知识的共性，从而将对一个领域更深的理解转移到另外的领域。

扫一扫听音频

什么样的人最受
企业欢迎

刚从中学升入大学的大学生，往往重书本知识、重知识记忆，而主动学习、自我认知与管理、实践、人际互动等能力相对缺乏。真正的就业能力培养，更加强调实践性和可迁移性，强调思维和学习能力的提升。

不同职业期待、不同个性特色、不同未来发展设想、不同能力水平的大学生需要在实践中锻炼的能力也大相径庭。下一节从霍兰德职业兴趣理论和未来可能从事的职业类型出发，帮助大学生审视自己需要具备的优势能力，以及思考如何通过日常的点滴练习加强核心能力培养。

第二节　不同职业需要什么样的人——不同类型的职业对应的能力倾向

一、如何胜任实用型职业——动手与操作

从事实用型职业的人，大多愿意使用工具完成操作性工作，动手能力强，做事手脚灵活，动作协调，偏好具体任务的执行，做事保守，通常喜欢独立做事。

扫一扫看微课

从事实用型职业的人需要具备机械操作方面的才能、特殊的体力，或具备从事与物件、机器、工具、运动器材、植物、动物相关的职业所应具备的能力。在实用型职业从业者中，既有一般的普通劳动者，也有掌握高精尖的操作工艺的技术人员。例如，在技术型职业从业者当中，有计算机硬件人员、摄影师、制图员、机械操作员、交通工具驾驶员；在技能型职业从业者当中，有木匠、厨师、技工、修理工、农民等劳动者。

扩展阅读

工匠精神

企业家、教育家聂圣哲创立了"德胜－鲁班（休宁）木工学校"，开创了中国平民教育先河，还创立了"匠士学位"，专门培养一流木工匠士。聂圣哲曾呼吁："中国制造是世界给予中国的最好礼物，要珍惜这个练兵的机会，绝不能轻易丢失。""中国制造"熟能生巧了，就可以过渡到"中国精造"；"中国精造"稳定了，不怕没有"中国创造"。千万不要让"中国制造"还没有成熟就夭折了，路要一步一步走，人动化（手艺活）是自动化的基础与前提，要有工匠精神，从"匠心"到"匠魂"。

二、如何胜任研究型职业——求知与思考

从事研究型职业的人大多为思想家而非实干家，抽象思维能力强，求知欲强，肯动脑、善思考；喜欢独立和富有创造性的工作；知识渊博，有学识才能，考虑问题理性，做事喜欢精确，喜欢逻辑分析和推理，喜欢不断探讨未知的领域。

研究型职业需要从业者能够完成智力的、抽象的、分析的、独立的定向任务，具备较高的智力或分析才能，并能将其用于通过观察、估测、衡量，形成理论、最终解决问题的工作。代表职业包括倾向于理工科的科学研究者和高校教师、工程师、计算机编程人员、医生、系统分析员，以及倾向于文科的高校教师和研究者。文理科研究者的研究对象的特质不同，但他们同样需要具备科学探究、思考、理性分析的能力。

扩展阅读

研究型职业

2010年，陈填烽被破格晋升为教授时，年仅29岁。1999年，陈填烽进入暨南大学，是化学系应用化学专业的一名普通本科新生。大学四年级他以优异的成绩保送本系，在导师郑文杰教授的指导下攻读研究生学位。正是在实验室短短的半年时间内，陈填烽发现了自己真正的兴趣所在：

"可以做自己喜欢的事情，而且做出来的东西可能真的能成为一些药物，这让我觉得很开心。"

陈填烽被聘为博士生导师后，每天早上起床后就直奔实验室，一般晚上十一二点才离开，多年来几乎没有休过一天假，每逢节假日，就带着学生去香港中文大学的实验室做实验。他每天的活动范围只有办公室、实验室，有时实在太晚了，就睡在实验室里。他的辛苦付出换来了学术方面和人才培养方面的成绩，获得了同事和学校的认可。

三、如何胜任艺术型职业——创造与艺术

从事艺术型职业的人大多富有创造力，乐于创造新颖、与众不同的成果，渴望表现自己的个性，实现自身的价值，做事往往理想化，追求完美，渴望独一无二、自由地表达，具有一定的艺术才能和个性。

典型的艺术型职业要求从业者具备艺术修养、创造力、表达能力和直觉，并能将其用于语言、行为、声音、颜色和形式的审美、思索、感受，与一定的艺术形式等相连接。例如，在艺术方面，典型职业有演员、导演、艺术设计师、雕刻家、建筑师、摄影师、广告制作人等；在音乐方面，典型职业有歌唱家、作曲家、乐队指挥；在文学方面，典型职业有小说家、诗人、剧作家。

扩展阅读

艺术型职业

木心（1927—2011年），乌镇人，自幼酷爱绘画、文学，习练钢琴和谱曲，12岁写诗，16岁在当地报刊发表散文，1946年考入上海美术专科学校，1949年任杭州绘画研究社社长。

20世纪50年代后，他曾任中学教师与上海工艺美术设计师。20世纪80年代，他曾任工艺美术家协会秘书长。其先后出版诗集、文集30余种。2001年，他在耶鲁大学美术馆举办大型个展，并在芝加哥美术馆、夏威夷美术馆、纽约亚洲协会美术馆巡回办展，随展出版精装画册。他于2011年逝世。同年，乌镇为纪念他起建"木心美术馆"。

木心在晚年回望一生，曾经这样评论自己："我是一个人身上存在了三个人，一个是音乐家，一个是艺术家，还有一个是画家。"他认为各种艺术形式之间是相互映照的关系，这种关系就是艺术之间的共通性。在木心看来，无论是何种形式的艺术，都要遵循"内在的无形的格律"，这种无形的格律就是对美的体察与表现。

四、如何胜任社会型职业——热情与利他

擅长社会型职业的人大多喜欢与人交往，关注他人利益，期待人际互动和谐友爱，善于言谈，关心社会问题，渴望发挥自己的社会作用；寻求广泛的人际关系，比较看重社会义务和社会道德；善于与人打交道，能够不断结交新的朋友，从事提供信息、启迪、帮助、培训、开发或治疗等事务，并具备相应能力。

典型的社会型职业有中小学教师、行政人员、咨询人员、心理咨询师、公关人员等。

扩展阅读

社会型职业

心理咨询是一种特殊的工作，咨询师和当事人之间会建立一种关系，并通过这种具有治疗作用的关系，实现当事人的成长。在咨询过程中，咨询理论和技巧是必需的，但是咨询师本身

的特质对于咨询效果的影响更值得我们关注，这些特质包括咨询师的价值观、自我开放的程度、自觉能力、个人成长等方面。

五、如何胜任企业型职业——引领与表达

从事企业型职业的人大多具有领导才能，表达能力和号召力强，喜欢竞争、敢冒风险、有野心、有抱负，习惯以权力、地位、金钱等来衡量做事的价值，做事有较强的目的性；能够将自己认为好的产品、思想等传播出去，能带领团队实现目标，重视影响力的实现；具备经营、管理、劝服、监督才能。

典型的企业型职业包括项目经理、销售人员、营销管理人员等广大经济行业从业者，以及期待具有较大政治和社会影响力、语言表达能力和号召能力强的政府工作人员、企业领导、法官、律师等。

六、如何胜任事务型职业——秩序与细致

从事事务型职业的人大多尊重权威和规章制度，细心、有条理、讲究秩序，按计划办事，一板一眼、一丝不苟，追求细节的准确，习惯接受他人的指挥和领导，喜欢关注实际和细节情况，通常行为谨慎和严谨；善于与文件、文字、数字等打交道，具有记录、归档、据特定要求或程序来组织数据和文字信息的能力。

典型的事务型职业包括秘书、记事员、会计、出纳员、银行柜员、行政助理、图书馆管理员、打字员、文字校对编辑、投资分析师等。

扫一扫听音频

成长与自我突破

扩展阅读

新手会计常犯的错误

在会计工作中，经常出现的差错种类很多，主要有记账凭证汇总表不平、总分类账不平、各明细分类账户的余额之和不等于总分类账有关账户的余额、银行存款账户调整后的余额与银行对账单不符等。在实际工作中常见的错误主要有以下3种。

（1）会计原理、原则运用错误

这种错误是指在会计凭证的填制、会计科目的设置、会计核算形式的选用、会计处理程序的设计等会计核算的各个环节出现不符合会计原理、原则、准则的错误。例如，规定的会计科目不设立，不应设立的却乱设立，导致资产、负债、所有者权益不真实；对现行财务制度规定的开支范围、标准执行不严等。

（2）记账错误

记账错误主要表现为漏记、重记、错记3种。错记又表现为错记了会计科目、错记了记账方向、错用了记账墨水、错记了金额等。

（3）计算错误

计算错误主要表现为运用计算公式错误、选择计算方式错误、选定计量单位错误等。

总结以上种种错误，其实做会计就是要细心、注意细节，只有这样才能早日把握节奏，尽快融入工作，做个称职的好会计。

◎ 练习8-2　　　　　　　　**紧跟理想职业**

　　试试看，对照上面不同类型的职业对于能力的要求，汇总3个理想职业（见图8-2）。要胜任这些职业，你需要在平时发展哪些能力呢？

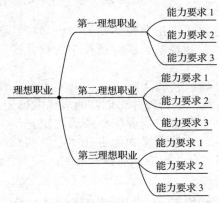

图8-2　理想职业汇总

汇总之后，你会发现有几项能力重叠，那么前3项需要特别发展的能力是什么？

（1）_____

_____

（2）_____

_____

（3）_____

_____

针对以上能力，你需要通过怎样的实践和学习来获得与提升呢？

（1）_____

_____

（2）_____

_____

（3）_____

_____

（4）_____

_____

（5）_____

_____

（6）_____

_____

　　这些能力的养成和提升不是一日促成的，需要大学生在以下几个方面坚持历练。

　　（1）保持思辨，重视学习能力：专业知识的积累能为增加自己的知识储备奠定坚实的基础。

（2）发现自我，强调自我规划：结合学习和实践经历，加强对自我兴趣、优势能力和职业价值观念的认知澄清，并尝试探索理想职业的可能性，提升职业生涯发展意识。

（3）职前历练，提升实践能力：将理想职业的远景目标落地到每一个学期，结合学习与实践，获取更多有关职业能力方面的知识，有针对性、有规划地对自身职业能力进行培养和提升。

（4）反思总结，认知自我：将在学校学到的知识与在社会实践中的所学相结合，并对二者不断进行反思总结，尤其是结合实践过程中的自我感知获得对自己职业兴趣、能力和价值观等方面的总结。

（5）勇于实践，敢于创新：要从实际出发，做实干者，在实干中总结经验教训、认识规律，只有这样才能在实践中创新，并将创新的成果发扬光大。

几年的大学教育只能为大学生的职业生涯发展奠定基础，对职业生涯起决定性作用的还是大学生本身的综合实力。这需要大学生在学习、实践的过程中，逐步尝试着做职业规划，并对照规划有步骤、有条理地发展相关能力。

第三节　磨刀不误砍柴工——职业准备与适应

一、大学生活怎么过——积累本领

大学阶段处于基础教育到社会生活的过渡阶段。与初高中的基础教育相比，大学生要掌握的不单单是更加复杂的学科理论、专业知识与职业技能，对综合素养的提升也是更为重要的。在这个过渡阶段，对每一个将要从校园人转变为职场人的大学生而言，除了去尽情遨游书海，体会完全自主的学习生活，还需要结合未来可能要进入的职场领域，做好本领的积累。综合素养的提升将为大学生适应社会工作奠定良好的基础。具体来说，大学生要关注以下几点。

扫一扫看微课

（一）养成良好的学习习惯，锻炼独立思辨能力

在大学学习中，课时少、知识的深度和广度增加，老师在课堂上的讲解大多是提纲挈领式的，因此大学生应该按照自己的计划和目标，选择吸收对自己有用的内容，积极融入、善于思考、大胆提问、小心求证的研究型学习中，培养和提升学习能力。

一般来说，大学生有4种主要的学习方法：一是学校规定的课堂学习；二是对课堂学习内容进行巩固和扩展的自我学习；三是善于思考、钻研的创造性学习；四是与同学组成学习小组，互相讨论与启发式地学习。大学生要根据自身实际情况，发挥主观能动性，自主选择适合自己的学习方法，以获得较好的学习效果。

在国外，许多学校把思维课程放在了教学规划里，将学生的思维分析能力看作重要的技能。大学生需要加强对逻辑思维知识的学习。在部分研究生入学资格考试、公务员考试、部分企业的笔试与面试中，都有与逻辑学相关的测试。大学生要学会积极思考，"学而不思则罔，思而不学则殆"。在平时遇到问题的时候，大学生要先自己动脑思考，思考他人的思路和解题过程，学习他人的思维分析过程，在思考过程中，多运用纵向思维，增加自己的思维深度；多练习批判性思维，基于客观理性的立场，独立思考、敢于质疑、挑战权威。

（二）培养良好的心态

大学生正处于逐步走向成熟的阶段。这一时期大学生的某些心理发展落后于生理机能的成长，加之各种因素的影响，其难免会产生困惑、烦恼、苦闷等不稳定情绪；自我心理矛盾不时发生，如理想与现实的矛盾、理性与感性的矛盾、竞争与安逸的矛盾等。若这些不稳定情绪和心理矛盾不能得到有效疏通，日积月累，就会形成心理障碍，从而影响日常的学习与生活。因此，大学生要及时疏导自己的心理困扰，养成良好的心态。有矛盾的时候，可以静下心来，多和朋友、亲属、专业老师、咨询师共同探讨，勇于思考和成长。

（三）提升人际交往能力

很多大学生习惯于在网络中发泄情绪、寻找精神寄托，忽视了或者不熟悉现实生活中人与人之间真实的互动，导致自身性格的封闭和人际交往能力的下降。

人际交往能力是一项很重要的能力，它在一定程度上能影响个人情绪的稳定、心理的变化，甚至是个人未来的发展方向。大学生格外需要认识自我，锻炼与他人的交往能力。大学生可以通过参与校园活动来培养自己的交往能力，结交有共同志向和爱好的朋友，也可以多学习社会交往知识，必要时可寻求专业的辅导和专门的练习。

（四）特别加强对自身工作能力的培养

大学生工作能力不强，常常表现为基础知识积累多，应用、动手和实践能力弱；受暗示、指导多，接受意识强，但自我决策能力比较弱、决策经验少；自我意识强，团队意识弱；不容易快速融入团体。大学生需要根据自身的职业生涯规划，通过对社会环境与行业环境的分析，了解目标职业的具体要求，审查自身水平与岗位要求之间的差距，及时采取措施锻炼能力、弥补不足；多关注自己职业生涯规划方向的实习信息，争取每一个可以实习的机会来锻炼自己，自觉主动地参与班集体的建设，有意识地提升团队意识，在丰富的社会实践活动中磨炼自己的团队精神。

总之，提升综合素养有助于大学生更好地适应大学生活和未来的职场生活。健康的心理状态、良好的学习和生活习惯、较强工作能力和人际交往能力，都有助于大学生高效、高质量地完成学习与工作，这是每个大学生都要坚持做的事情。

二、模拟职场怎么做——角色体验

人际交往能力、沟通能力、合作与组织协调能力、工作能力、创新实践能力、抗挫折能力等，是大学生的就业核心竞争力。这些大多是可迁移能力，是可以在大学期间历练后得到提升的能力，也可以在未来的工作中得到施展，产生良性效益。大学阶段，大学生有相对宽裕的可自由支配的时间，可以寻找资源，安排与理想职业相关的能力提升实践。职场人的角色体验活动，如校园实践、校外兼职、职场实习等都是很好的了解职场、了解职业、熟悉社会的途径。

例如，大学阶段是大学生培养组织协调能力的最佳时间，因为在这个阶段大学生有充足的时间去参加各种活动，这对锻炼大学生的组织协调能力有很大的帮助。一般认为，大学生的组织协调能力可以通过以下3种方式来提升。

（一）承担部分班级工作

大学和初高中不同，班级干部往往是班工作和活动的主要策划者与组织者。班干部根据自身分工的不同，要根据不同主题和同学们关心的议题，开展不同形式和内容的活动，并思考如何让班上的同学参与活动，还需要与其他的班干部相互配合，与班级辅导员、学校相关部门及时沟通。这些工作都可以锻炼大学生的组织协调能力。

（二）参与学生会、兴趣社团等组织所开展的活动

学生会是学生进行自我管理、自我教育和自我服务的团体组织，是连接学校和学生的桥梁。学生会在团委老师的带领下开展文艺、体育、学术、对外交流等不同领域的活动。学生会成员在这些活动中自主解决出现的各类问题，组织团队、带领团队等各方面的能力都会得到培养，大大小小的成绩也会提升自身的成就感。许多企业在招聘时，都喜欢录用曾在学生会工作过的优秀毕业生，因为这类毕业生有较强的组织协调能力、抗压能力和工作适应能力，处事、思考问题较成熟，优势方面相对突出，能够较快、较好地融入工作环境，并且有较高的工作效率。

（三）校外兼职与职场实习

相较于学生会而言，校外兼职、职场实习在安全性、风险性、困难度等方面则更具挑战性，往往更加辛苦，实习机会良莠不齐，有不稳定性，需要大学生接触社会中的各种人，但它们又更加接近现实的职场。怎样才能运用好校外兼职与职场实习机会，有效地提升能力呢？

1. 放平心态——校外兼职、职场实习通常比较辛苦并且富有挑战性

毕竟职场对从业者的评价维度与学校对学生的评价维度不同。原本在学校里习惯感受到的理解、接纳、支持，在职场中不是"必备品"。大学生对职场往往有一个渐渐熟悉的过程，其间难免产生压力感、挫败感，甚至无能感。这些感受都是正常的，所有的职场新人都是在实践中从零开始学习的，心态要保持平和。

2. 保持觉察——负向体验和正向体验一样，都具有分析价值

实践的过程也是发现自我、发展能力的过程。正向的收获和成就、积极的体验和情绪，能够告诉我们乐于做什么、擅长做什么、做什么比较有价值。反过来，实践中不满意、不愉快、不舒服，甚至令人愤怒的体验，虽然不会增加我们的愉悦感，但是对于发现自我同样具有重要的分析价值。那些让人不满意的兼职、实习经历，通常是因为这当中有几种元素和我们的兴趣、能力、价值观等方面相冲突了，或者没有达到我们先前的期待。

3. 利用"第三只眼睛"——了解企业需要什么样的员工以及自己可以从中历练什么

在模拟职场体验中，除了自身可以获得第一手资料，还可以利用"第三只眼睛"去观察职场和职场人。例如，在职场当中，某项工作强调员工具有什么素质？某个部门的主要工作包括哪些内容？什么样的员工可以做这个团队的领队？从长远来看，怎样的员工具有长久的职场竞争力？你目前心仪的职业，未来有什么发展可能性？在你的岗位上，你可以收获什么？保持好奇心，会让我们在职场中的每一个岗位上都有所收获，也可以适时地保护我们，防止我们掉入某些"就业陷阱"。

扩展阅读

兼职过程中的注意事项

（1）在校外做兼职之前，必须问清楚工作的性质、时间、地点、形式、待遇等细节，仔细斟酌后再做决定。

（2）参加兼职工作最好结伴而行，临行前应告知室友或好友自己的去向和工作单位的联系方式，如果有必要，可以约定同学定时联系。

（3）在工作之前，如果兼职单位以任何借口收取费用或要求抵押有效身份证件，都应果断拒绝。

（4）不可盲目轻信任何高工资、高待遇、少投入的噱头广告或单位宣传，警惕掉入传销陷阱，提高防范意识。求职过程中，一旦发生自身合法权益或人身自由受到威胁或侵害的情况，应设法借故离开，及时报警，保留证据，并及时和学校老师、相关部门取得联系。

（5）做兼职工作时，不要随意接受别人的无来由馈赠，不要轻易将自己的私人信息告知他人。

（6）女生外出兼职要注意着装，尽量职业化，警惕雇佣方对自己的过分亲热、过多表扬，甚至无故请吃饭等行为；不要轻易答应异性送自己回校或回家，晚归最好让朋友接应或走人多路亮的地方；尽量不跟他人走人少昏暗的地方，应酬场合尽量不要饮酒，避免酒后安全隐患。

（7）工作途中注意交通安全，保管好自己的贵重物品。

三、初入职场怎么干——积极适应

隋毅的师兄张磊毕业半年了，和求职大军一起奔波于各种招聘面试现场。在经历了漫长的求职过程后，张磊终于在当地的一家外贸公司找到了一份工作。在他终于松了一口气，觉得自己可以稳定下来的时候，他得知大学同班同学小刘入职了上海的某家外企，工资比他高一倍。于是张磊开始心理不平衡起来，他觉得大家都是一所学校一个专业的学生，为什么小刘就能找到更好的工作，而自己选择这份工作仅仅是因为不想再继续待业。因此张磊开始对自己的工作产生懈怠情绪，工作时不认真，在很多简单的工作中也开始出现差错。公司基于张磊这种消极的工作态度，最终在试用期还没结束时就辞退了他。

张磊的主要问题在于心态不正确，他得知同学找到了好工作而产生了攀比的心理，从而看不起自己的本职工作，结果消极怠工，致使好不容易找到的工作也丢掉了。

完成角色转变，在职业生涯的初期格外重要。在个人发展历程中，人们会随年龄的增长而扮演不同的角色。大学生面临着从学生向职场人转变的任务。大学生在进行角色转变的过程中可能会出现一些适应问题，甚至产生畏惧、抗拒的心理。在这种情况下，大学生需要做的是找到问题并且努力解决它们。以下是几种常见的问题。

一是眼高手低。很多大学生都有高远的个人理想与职业目标，面对基础性工作，觉得自己的能力远高于此。长此以往，缺乏完成工作的基础能力，不能很好地胜任本职工

扫一扫听音频

从小事开始——
培养你的职业素养

作，这在很大程度上会影响自身职业生涯的发展。"不积跬步，无以至千里"，只有打下扎实的基础，才能有长久的进步与发展。

二是心浮气躁。许多大学生刚迈入职场时好胜心强，急于证明自己的能力，喜欢和他人进行攀比，若某同学找到了好工作或工资高于自己，就有可能产生失落的情绪；或者当真正面对机会时，又担心自己能力有限，害怕表现不佳会受到大家的嘲笑，产生畏惧失败的心理。其实每个人的人生轨迹都不一样，只要按照自己制订的职业生涯规划脚踏实地为实现目标努力奋斗就一定会有收获。

三是抗挫折能力弱。刚参加工作的大学生往往特别想表现自己美好的部分，希望在工作中不犯错、获得领导和同事的好评，一旦在工作中遇到挫折或负面评价，就会胡思乱想、意志消沉、不自信、灰心丧气，提不起对工作的兴趣，甚至陷入恶性循环。

从学生到职场人的角色转变过程可能是一个困难的过程，因此每个大学生都要做好充分的心理准备，并以积极的心态去面对，努力适应变化。针对在角色转变过程中可能出现的问题，大学生可以采取以下几种措施。

（一）学会虚心学习

不管你在学校里成绩有多好，有多么厉害的成就，在转变成职场人后，你就需要摆正自己的心态和位置，要从工作中的小事做起，虚心向其他同事学习，不断积累工作知识和经验。只有虚心学习，才会使你进步更快。

（二）学会控制情绪

人在情绪不佳的时候，思维和行为都会受到影响。作为职场人，你需要学会控制自己的情绪，不要把日常的情绪带到工作当中，要认真努力地完成日常工作任务。

（三）重视岗前培训

很多企业在新员工入职前，都会对他们进行岗前培训。你一定要重视岗前培训，它能帮助你了解工作内容、职责以及有效的工作方法，使你快速地融入职场生活，大大缩短角色转变所需的时间。

（四）避免工作失误

刚步入职场的大学生由于经验不足，在工作岗位上难免犯错，但是这并不意味着犯错是理所应当的。大学生应当认真完成工作，尽可能避免工作失误，不要给公司和团队造成损失。

（五）勇于挑战自我

对于刚走上工作岗位的大学生来说，应该胸怀大志，并严格要求自己，要在工作岗位上不断挑战自我，主动接受新的工作内容锻炼自己，遇到问题要勤于思考，要在工作中逐步形成自己的见解和看法，培养独立工作的能力。只有这样，才能在职业生涯道路上节节攀升，最终取得事业的成功。

从学校走向社会是大学生人生中一个重要的转折点，对每个大学生的意义都非比寻常。这意味着他们要正式告别学生时代，从相对单纯的学校环境进入复杂的社会环境中，这是每个大学生一生中的必经过程，是他们迈向成熟的真正开始。

对话空间 **我的核心竞争力可以不是专业优势吗**

甄力从大一开始就做了多份兼职工作，除了解决自己的学费、生活费外，还能帮助父母减轻家庭的负担。在甄力看来，做兼职更为重要的是锻炼了自己吃苦耐劳、不怕困难的精神和迅速适应新环境的能力，尤其是加深了自己对教育工作的认知。当看到自己辅导的学生成绩提高了，甄力打心底里为学生感到骄傲。虽然自己学的是计算机类专业，也基本做好了要考研的准备，但是研究生毕业后，就一定要从事计算机软件开发工作吗？

张帆：我的英语成绩不错，但是我并不打算做翻译，我打算从人力资源主管助理入手，慢慢拓展其他的可能性，我相信未来自己一定会完成华丽转身的。

杨洋：我对教育和英语的喜好一半一半，因此最好的选择就是做一名英语老师。我的高校实习经历让我有了一些经验，我想这是我的重要竞争力。流利的英语口语是我的另一个优势，应聘国际学校英语老师正好契合了我的专业特长。

某传媒公司的总裁：我大学学的是医学专业，是父母帮我报的专业，但我对于医学并没有太大兴趣。大学期间我参加的社团是校报编辑部的学生记者团，在团队里我和文字、创意打交道，感觉这才是我想要的。因此大学的实习生活我基本上都是在类似的文化机构里度过的，毕业后也没有涉足医学领域，而是继续发挥我在文字、创意等方面的优势，另创天地。

某信息技术公司的人力资源主管：其实我们特别缺乏既懂技术又会沟通的培训专员。我们平时接触的计算机方向的员工往往容易埋头研发，不懂如何与其他员工交流，显得沉默寡言。然而，在对外业务方面，了解并满足客户的需求，将我们的产品介绍给客户等，这些都需要员工有较强的沟通和表达能力。所以没有无用的才能，关键是要找好安放才能的地方。

价值引领 ●

勤学苦练，为国多炼"争气钢"

"中国青年五四奖章"获得者唐笑宇2008年从北京科技大学冶金工程专业毕业后，进入河钢集团邯钢公司邯宝炼钢厂，成为一名转炉车间上料工。他在该岗位上不断提升自己，经常在下班后还要把白天师傅教的技术、工作中遇到的问题和书本知识放在一起琢磨，几年间看过的书摞起来比他的个头还高。他工作了两年多就担任了炉长，带领团队在全厂12个炼钢小组的综合排名中名列第一，还创下连续10个月钢水成分不超内控的纪录。之后，他却辞去了炉长职务，专心做工艺技术员。很多人不太理解他的"倔脾气"，但是他却很坚定，因为他知道自己不满足于熟练掌握操作，更希望投入设备的创新和研发中，为提升整个生产线的效率攻坚克难，努力钻研如何提高效率、节省成本又保证生产安全，他每天在生产中记录下各种数据并进行分析，有问题及时向专家请教，不断进行石灰配比实验。最终，他成功地将260吨（1吨=1000千克）转炉工序灰耗降到每吨钢15千克，为企业大幅降低了生产成本。2018年4月10日，他代表中国参加了第十二届模拟炼钢挑战赛世界总决赛，从来自50多个国家和地区的1515名参赛者中脱颖而出，摘得职业组总冠军。正是坚持梦想、勤学苦练，为国家多炼"争气钢"的意志和持续钻研的精神，让唐笑宇成为一名不可多得的具备强大核心技能的专业人才。

第九章 就业准备

困境引入

为什么说要知己知彼然后有的放矢

甄力在宿舍的卧谈会上说起自己前几天做的一个关于就业的梦。甄力梦到自己投出去 100 多份求职简历，4 个月后才收到 1 个电话通知。让他更加惊恐的是，公司人力资源部门打来电话通知的时候，自己竟然忘记了投递的是什么岗位！梦中他投出去的 100 多份简历都是一个样子的，完全忘了打电话的公司招的是什么岗位，心中不停地后悔为什么没有听从前辈的嘱咐，为什么没有分门别类、有针对性地投递岗位申请，为什么没有做好记录！就在考官一脸严肃地让甄力说说自己对岗位的认识和胜任岗位的能力是什么时，甄力又紧张又尴尬，什么也说不出来，这时候梦醒了。甄力和室友们坦言，现在已经是大三下学期了，马上就要进入大四，真怕梦里的事情变成现实啊！

2023届全国高校毕业生约1158万人，同比增加约82万人。求职过程对很多大学生来说都是既充满挑战又让人身心疲惫的。求职过程一般需要一个较长的周期，2022年某高校的就业质量报告显示，本科毕业生平均求职时长为2.87个月，平均投递简历6.85份，平均获得面试机会2.00个；硕士毕业生平均求职时长为3.99个月，平均投递简历13.82份，平均获得面试机会3.81个。要想在整个求职过程中获得更多的机会并求职成功，需要付出更多的努力，主动出击，提升比如查找工作信息、编辑简历、汇总信息、笔试、面试等能力。此外，求职过程也是一个自我激励的过程，需要总结经验，有的放矢，做好主动出击、自己给自己加油鼓劲、设立目标、获取支持、管理压力等方面的准备，成为自己的"依靠"，走好充满挑战的求职道路。

第一节　如何搜集和理解就业信息——就业信息的获取和整理

一、路在何方——寻找就业信息的途径

及时获取就业信息是就业成功的基础。随着移动互联网的快速发展，大学生获取就业信息的渠道也有了新的变化。下面是一些常用的寻找就业信息的途径。

扫一扫看微课

（一）依靠校园渠道

上文提到的某高校的就业质量报告显示，校园渠道依然是学生求职的核心渠道（占比为34.82%）。各高校的大学生就业办公室或就业指导中心是高校学生毕业就业的行政管理部门，与各部委和省市的毕业生就业主管部门及用人单位有密切的联系，作为官方途径，其往往可以利用校友资源、院校背景汇集更具有院校针对性的社会需求信息。具体到院系也会有集中发布就业信息的学院就业服务网页，那些信息大多来自学院所涉及的专业领域的对口单位。

学校和学院发布的招聘信息有三大特点：一是针对性很强，因为一般用人单位是在掌握了学校、学院的专业设置、生源情况、教学质量等信息后，才向学校、学院发出需求信息的；二是可靠性强，为了对广大毕业生负责，在把用人单位提供给学校的需求信息公布给学生之前，学校就业主管部门要先对就业信息进行审核，保证信息的可靠性；三是成功率高，一般毕业生只要符合条件并善于把握机会，与用人单位面谈顺利，马上就能签下就业协议书。

（二）依靠"人才交流会""供需见面会"

这类活动有的是学校主办的，有的是当地毕业生就业主管部门组织的。因为是供需双方之间见面，大学生通过这类活动不仅可以掌握许多用人信息，而且可以当场与用人单位签订协议。此外，随着在线直播、互联网平台等的快速发展，线上招聘会也越来越受到毕业生的欢迎，如2023年10月1日—11月30日，由工业和信息化部、教育部主办的2023年全国中小企业网上百日招聘高校毕业生活动就吸引了7000多家企业参加，招聘岗位更是多达2万多个，毕业生可以在招聘会网页上在线投递简历，获得面试机会。

（三）依靠互联网平台

随着信息时代的到来，通过互联网求职成为目前大学生主要的求职方式之一。互联网平台将求职信息及招聘信息公开，用人单位和求职者可以通过网络互相选择、直接交流。随着社交媒体的发展，用人单位也纷纷在各大社交媒体平台设立官方账号，发布招聘信息，但是对于此类信息大学生需要用心甄别，避免误信虚假宣传，遭遇网络诈骗。2022年3月28日，国家智慧教育公共服务平台正式上线，其中的子平台国家24365大学生就业服务平台作为首个国家官方的就业公共服务平台，整合了如前程无忧、智联招聘等多个互联网平台的资源，提供了丰富的政策、岗位信息和指导服务，全年共享岗位达到1370万个，2022年通过该平台就业的毕业生占毕业生总数的31.6%。

（四）依靠自身和家庭的人际网络

上文提到的某高校的就业质量报告显示，毕业生通过亲友渠道获得就业机会的比例占7.66%，其也是一个重要的求职途径。有关求职网络的研究表明，相较于强关系（家庭成员和亲密的朋友），弱关系（不太亲密的熟人）与工作信息和面试数量的相关性更强，这被格兰诺维特称为"弱关系优势"。所以大学生在求职过程中需要主动拓展自己的人际交往范围，同时调动强关系和弱关系，寻找更多的资源。

（1）亲朋好友。他们从事不同的职业，与社会有多种联系，可以从不同渠道带来各种用人单位的需求信息。

（2）学校的老师。他们比一般人更了解本专业毕业生适合就业的方向和范围。他们在与校外的研究所、企业合作开发科研项目和教学活动中，对一些对口单位的人才需求信息了解得比较详细。

（3）校友。他们提供的就业信息比较接近本校尤其是本专业的毕业生在人才市场上的求职状况，及其在具体行业中的实际工作、发展状况。近几年毕业的校友有对就业信息的获取、比较、选择、处理的经验和竞争择业的亲身体会，他们提供的就业信息比一般的就业信息更有参考、利用价值。

（五）依靠社会实践（或实习）

社会实践是大学生自主了解就业信息的重要途径。多项针对用人单位的调查显示，社会实践都是用人单位在考察人选时最看重的经历。在社会实践的过程中，通过自己的努力赢得用人单位的好感、信任，获取就业信息甚至直接获得工作机会的大学生不乏其人。因此，大学生在各种社会实践活动中，在了解社会、提高思想觉悟、培养实践能力的同时，要做一个搜集就业信息的有心人。另外，还有一个很重要的实践环节是毕业实习，实习单位一般比较对口，通过实习可以直接掌握就业信息，在实习过程中与用人单位达成就业协议也是一个很好的就业途径。

具体在搜索就业信息的过程中，大学生应尽可能多维度地了解工作的情况，包括：关于岗位本身的情况，如工作内容、工作环境、薪资待遇、组织文化；关于从业者的情况，如所需的教育背景、能力技能要求、人格特征；关于工作发展的情况，如行业和岗位的发展前景、对个人成长的帮助、对生活的影响等。

对于非毕业生来说，提前了解和搜集就业信息对未来的就业也大有裨益，本书第四章列出了多种进行职业探索的方法，其中主要的方法概括如下。

（1）"影子行动"：如影随形地跟随一位优秀职场人一天至一星期不等的工作时间，了解其工作的实际情况。

（2）"人物访谈"：寻找理想职业领域的优秀人物，进行访谈。访谈可以涉及职业内容、要求和未来的发展。在多次人物访谈中，加深对岗位的理解和认识。

（3）"直接体验"：直接到职场实习。实习的正向、负向感受都可以作为个体资源。带着"第三只眼睛"体会实习、兼职的过程。

（4）"间接经验"：通过互联网平台获取关于职业分类、公司岗位设置、从业者的感悟等的信息。

创新就业渠道

（1）提前实习、电话联系或者亲自拜访

一般单位从产生用人需求到广泛发布信息会有一个周期，如果有自己向往已久的单位，提前实习、直接电话联系或者亲自拜访表达应聘意向，既可以节省时间，又可以尽快获得确切信息。但是要注意对于明确表示拒绝来访的单位，就不要贸然前往，否则容易引起对方反感。

（2）参加比赛或者电视节目

现在有很多针对大学生的职业规划大赛、互联网创业大赛、求职比赛或者电视节目，比赛获胜或者在节目中表现好可能会直接获得某公司的录用通知。整个比赛或者节目录制过程对大学生来说也是一个展示和锻炼自己的机会，就算没有求职成功也可以通过查漏补缺获得经验，或者获得更多的关注。

（3）通过自媒体等创新形式求职

我们都在谈获得关于工作机会的信息，仿佛我们是信息搜索方，而用人单位是信息发布方，其实在这个互动过程中，随着网络特别是自媒体的普及，我们也可以转换思路，变成主动的信息发布方。比如求职论坛不仅是求职者在看，用人单位也会看，求职者发布高质量的自我介绍的帖子，制作视频简历，通过自媒体发布自己的作品，在直播平台上直播，等等，也可能会引起用人单位的关注。当然，可能还有更多的创新形式有待大家去发现。

二、如何看招聘信息——掀开招聘启事的"面纱"

要探索招聘信息所列的要求以及背后所暗藏的能力指向，需要先了解招聘信息是如何产生的。在一个单位中，有岗位空缺了，人力资源部门就需要对缺岗的人员进行招聘。招聘专员在面对草拟的招聘启事时，常常需要多问几个为什么，通过不同角度的问题来进一步澄清岗位的能力需求概况。例如，为什么这个岗位需要这些技能呢？这个岗位是否有一些特殊要求呢？同样的条件下，愿意优先录用哪一类人员呢？如果没有人达到所定的标准，是否愿意降低标准呢？能接受的最低标准是什么？招聘启事是招聘专员几经调整、与缺岗职位领导几经核对后确定的文稿，因此，对招聘启事进行细致解读，确实能够洞悉文字背后隐含的能力指向。

例如你正在找工作，看到下面的招聘启事。

某教育传媒集团成立于2004年，是国内专业的儿童文化、传媒、教育、娱乐产品的运营商。该集团整合了一系列少儿刊物的内容编辑和发行渠道，建立了一个全国范围内的小学学校直销体系。

招聘岗位及人数：市场文案专员1人。

任职要求如下。

　　1. 汉语言文学、公关、新闻、师范、教育、市场营销相关专业本科及以上学历，有广告公司工作经验者优先考虑，男女不限。

　　2. 能独立完成项目策划方案、市场策划方案、广告策划方案、品牌推广方案、产品说明书等专业文案，熟悉品牌推广与维护。

　　3. 有强烈的事业心和开拓创新意识，对教育服务行业有浓厚兴趣，有敏锐的市场洞察力。

　　4. 思维活跃，创新能力强，文字功底扎实，文笔优美流畅。

　　招聘方想招聘的岗位名称是市场文案专员。招聘启事中对应聘者的硬件要求：①汉语言文学、公关、新闻、师范、教育、市场营销相关专业本科及以上学历；②有广告公司工作经验者优先考虑；熟悉品牌推广与维护。

　　招聘启事中对应聘者的软件要求：①能独立完成方案的策划，文字功底扎实；②有强烈的事业心和开拓创新意识；③对教育服务行业有浓厚兴趣；④有敏锐的市场洞察力；⑤思维活跃，创新能力强。

　　应聘者对于硬件要求可直接说明是否具备，对于软件要求则需要提炼能力关键点：其一，能独立完成各项方案的策划，确实需要一定的实践经验，可以是实习经验，也可以是正式的工作经验，还需要较好的文字功底；其二，具有强烈的事业心和开拓创新意识，对教育服务行业要有浓厚兴趣，需要具有吃苦精神和拼搏意识；其三，具有创新能力，思维活跃。

　　这样分析下来，你原有简历和面试中的相关陈述，就可以依照招聘启事里的硬件、软件要求进行调整和设计。例如：你所学的专业是汉语言文学专业，在某传媒公司（或广告公司）实习过；在教育培训机构做过市场部经理助理，参与了4个推广项目的策划，积累了实践经验，锻炼了方案策划能力；你在本科阶段连续两年暑假去山区支教，对教育事业十分热忱，有吃苦精神和拼搏意识；曾在学校的创新创业大赛中获得"最佳创意奖"。上面的实践活动可以放在前面说，其他的实践活动，如爱好篮球，是篮球队的队长，在院系联赛中锻炼了组织协调能力等，可以在后面简单提及。

　　应聘者应聘的原则就是首先分析招聘岗位的硬件、软件要求，然后紧扣要求进行自身情况的分析和介绍，相关度最高的放前面，相关度低的放后面，毫无关联的可以删除。针对每一个岗位，都需要对简历内容做具体的调整和修改，以免让用人单位觉得"文不对题"。

◉ 练习9-1　　　　　　**应聘时更好地展现自己**

　　"打工达人"甄力已经积累了下面5项实践活动。

　　（1）去年暑假，甄力和几个要好的高中同学一起，开办了一个针对中小学生的数学和英语暑期辅导班。他们教授了学生很多学习心得和方法，获得了学生和家长的好评。

　　（2）甄力在大学上课之余，还给两个小学生补习英语和语文，学生家长对于甄力深入浅出地讲解问题的能力很满意，这两个小学生的成绩也有了很大提高。

　　（3）周末，甄力还在学校东门外的快餐店打工，能够挣得一部分生活费，减轻了家庭负担。

　　（4）甄力平时还会做文字校对兼职，在一定程度上夯实了自己的文字功底，养成了细心的习惯。

　　（5）甄力和打工认识的3个小伙伴一起组队参加了学校举办的创业大赛，他们策划了一个和编程能力有关的教育培训项目"星辰计划"，项目已经通过初赛筛选，进入全校的20强。

甄力在应聘上面案例中的市场文案专员岗位时，可以围绕哪些要求怎样进行实践活动的排序和陈述？

_____

_____

_____

_____

_____

👁 **练习9-2**　　　　　　　　**分析招聘启事**

针对下面的招聘启事进行分析。

某通信有限公司成立于2001年5月10日，是某集团的直属子公司，立足移动通信终端产品的研发、生产和销售等领域，旨在为客户提供高品质的移动终端产品和服务。

招聘职位名称：网络客服专员（人才储备）。

招聘人数：5人。

职位描述如下。

1. 通过网络聊天工具或其他途径，及时、高效、准确地了解客户需求。
2. 为客户提供专业的解答与服务。
3. 妥善处理客户疑问和投诉，努力提高客户满意度。
4. 做好记录，把各类问题分类汇总，及时向领导反馈并提供改善方案。
5. 负责客户关系维系及回访工作。

招聘要求如下。

1. 本科及以上学历。
2. 具有较强的责任心和良好的服务意识。
3. 具有良好的沟通与协调能力。
4. 打字速度不低于75字／分钟。
5. 能适应倒班轮休工作（双休）。
6. 有电商客服经验者优先。
7. 表现突出者可竞选业务、营销专员。

招聘方想招聘的是网络客服专员，从招聘要求来看，这一岗位的硬件要求是_____

_____

_____；

软件要求是_____

_____

_____。

三、找准就业新赛道——新职业和灵活就业

《新青年 新机遇——新职业发展趋势白皮书》显示，已经有17.5%的年轻人在尝试传统行业以外的新职业，58.5%的年轻人对新职业抱有强烈兴趣。目前新职业都有哪些？新职业发展状况如何，发展前景是怎样的？你在大学毕业后要选择从事新职业吗？

《中华人民共和国职业分类大典（2022年版）》将近年来已发布的新职业纳入其中，与2015年版相比，增加了法律事务及辅助人员等4个中类，数字技术工程技术人员等15个小类，碳汇计量评估师等155个职业。2022年版《大典》的一个亮点就是首次标注了数字职业（标注为S），共标注97个数字职业。自2019年以来，人力资源和社会保障部发布了5批共74个新职业，随着职业发展潜能的不断释放，新职业的从业人员将拥有更大发展空间，新职业也将为经济高质量发展注入新动能。2023年7月，人力资源和社会保障部中国就业培训技术指导中心联合阿里巴巴钉钉发布《新职业在线学习平台发展报告》，报告指出对于数字化技能的偏好成为新职业时代的显著特点。数字化管理师、无人机驾驶员、人工智能工程技术人员、农业经理人、物联网工程技术人员成为人们最想从事的新职业。而新职业往往需要更多的专业知识和技能，大学生要想拥抱新职业需要更多地主动学习，提升就业竞争力。

> **扩展阅读**
>
> ### 大模型带火新职业
>
> ChatGPT等大模型的火爆带火了"提示词工程师"（Prompt Engineer）这个新职业。有人将"提示词工程师"称为"会咒语的那群人"。通过以ChatGPT、Midjourney为代表的生成式人工智能（Generative Artificial Intelligence，GAI）生产内容已不是新鲜事，然而精准地借助生成式人工智能生成高水平的作品却并非易事，操作者需要将复杂任务拆分成人工智能能识别的语言并提出多个需求，从而获得更准确的回答。由此也衍生出了一个"专门向人工智能提问"的职业——提示词工程师。目前国内各大招聘平台上名为"Prompt工程师"或"Prompt Engineer"的职位月薪大多在1.5万~6万元。有人认为提示词是人工智能大众化不可或缺的一环，求职者应紧跟时代潮流快速学习，也有人认为提示词工程师是训练人工智能的过程中临时出现的一个工种，将会在程序不断自我完善的过程中成为过去式。这究竟是怎样的职业？未来发展如何？
>
> 在2023年5月举行的2023中关村论坛全体会议上，百度董事长兼首席执行官李彦宏大胆预测10年后全世界有50%的工作将是提示词工程，并呼吁国内教育加强对学生提问能力的培养。作为人工智能领域的教育工作者，唐晓岚建议，无论是否是计算机专业的学生，都应该对新技术持开放的态度，并有意识地锻炼掌握它们的能力。"更重要的是，应该有针对性地培养该领域和其他学科的交叉能力，把工具用好，在不断变化中找到属于自己的位置。"

拥抱新职业的大学生往往选择灵活就业，灵活就业人员也早已不是"打零工者"，包括个体经营、非全日制以及新就业形态等从业人员。智联招聘发布的《2023大学生就业力调研报告》显示，2023届毕业生选择自由职业的比例为13.2%，较去年的18.6%有所下降，但还是保持了10%以上的比例。

选择灵活就业不一定一直"灵活"下去，有些同学选择了自由职业之后，可能会发现所选择的职业并不适合自己，但是对一些大学生来说，灵活就业给了他们一个了解真实社会的机会，同时他们可以在真实的社会生活中对自己的能力和发展方向进行一次校

准，有些同学也是在一次次"碰壁"中成长得越来越快。当前对于灵活就业的政策支持还有待完善，但是这种现象也在快速改善，2020年国务院办公厅发布《关于支持多渠道灵活就业的意见》，出台了多项支持灵活就业的保障措施，如鼓励个体经营发展，按规定给予创业担保贷款、税收优惠、创业补贴等政策支持；增加非全日制就业机会，对就业困难人员、离校2年内未就业高校毕业生从事非全日制等工作的，按规定给予社会保险补贴；支持发展新就业形态，实施包容审慎监管，促进数字经济、平台经济健康发展，为劳动者居家就业、远程办公、兼职就业创造条件。

第二节　如何展示自己——简历制作与面试技巧

一、怎样制作简历——简历制作的10项要领

在快速运转的人力资源部门，招聘者浏览每份简历的平均时间不超过15秒，要想让招聘者在快速阅读自己简历的情况下，发现自己的核心竞争力和想要突出的重要元素，一定要讲究方法。下面介绍制作简历的10项要领。

扫一扫看微课

（1）标明你的"求职意向"。这其实意味着，申请一个岗位就要针对那个岗位进行简历的调整。明确的求职意向标识，对自己而言是一份提醒；对不同类别的岗位要制作有针对性的简历，这对应聘单位而言则是一份尊重。一个人写简历的用心程度反映出其对目标岗位的热衷程度。

（2）"教育背景"的表述需用倒叙的方式。也就是说，最近取得的学位写在最上面，这样重要的学历因素可以被快速捕捉到。

（3）"工作经历"和"校园实践"的整理。要针对目标岗位进行案例分析和归纳，把岗位要求的因素提炼出来，要按和目标岗位的关联度对"工作经历"和"校园实践"进行排序，重要的、关联度高的"工作经历"和"校园实践"往前放，不重要、关联度低的"工作经历"和"校园实践"往后放；每一项"工作经历"和"校园实践"的表述注意多采用数字，以突出重点。

（4）"专业课程"的介绍。原则上不需要写，除非是新增专业，或者是有辅修的交叉课程、专业外课程与目标岗位相关的才需要写。

（5）"科研成果"与目标岗位相关，能够证明专业能力的才写，如应聘教师岗位，那么以往做过的课题、发表的论文和参加的学术竞赛等就是相关项目。

（6）"所获奖项"按照单位层级的高低程度进行罗列。切忌内容的堆砌，只有原则上有帮助的才写。

（7）"爱好"方面，与职业诉求无关的不写，如"爱唱歌"等爱好和"科研工作者"申请就毫无关系，不必填写。

（8）"自我评价"方面，有则添彩，简历一般为1页或2页，此部分仅用于填满整页。人力资源部门也知道这部分主要是为表现求职者的自信。

（9）"求职信"的作用不大。但真正锁定一个单位或岗位许久、观察深入、很有心得的同学，可尝试撰写。

（10）不建议通篇用表格做简历。表格往往会因为格式布局而浪费一些页面空间，可以巧用线条等隔开不同区域，清晰又简洁。

制作和发送简历是大家很熟悉的，但说到管理简历的投放，可能有的同学就会有疑惑。投了哪个单位、什么岗位、岗位有何要求、进度如何，这些问题看似简单，但当投了较多的简历后，求职的进度管理就需要提上日程了。

◎ 练习9-3 　　　　　　　　　　**制作简历**

下面的两份简历都占用了一页纸。仔细看看这两份简历的排版、内容，你觉得哪一份简历更具有说服力，更能证明求职者的胜任力？

你认为哪份简历的哪些地方更加符合我们前面所说的要求？

（1）_____

（2）_____

（3）_____

（4）_____

（5）_____

通过对比学习，请根据你未来可能的求职目标制作一份简历。

简历一

基本信息

姓　　名：×××　　　　学位：硕士

出生日期：××年12月　　籍贯：××

政治面貌：中共党员

电　　话：1381190×××× ；5880××××

邮　　箱：zhang×××××@163.com

教育背景

2021年9月—2024年6月　北京××大学 文学院 汉语言文学专业

2017年9月—2021年6月　××大学 文学院 汉语言文学专业

基本技能

英语水平：具备较强的听、说、读、写能力；通过大学英语六级考试（有口语证书）、托福iBT。

计算机水平：国家二级，能熟练操作Office办公软件、Photoshop等。

普通话：二级甲等。

教师资格证。

驾照。

实践与实习

2019年9月在××市××中学实习，任实习语文教师；

2020年3月在××教育中心实习，任代课语文教师；

2020年10月至今在××教育中心任线上语文教师；

2021年6月在××教育中心实习，任语文教师；

2022年2月做北京冬残奥会志愿者。

自我评价

➢ 为人和善，性格乐观，易与人沟通；对学习和工作认真专注，力求做到最好；热情开朗，积极上进，吃苦耐劳，学习能力强，热爱教育事业。

➢ 喜欢写作，热爱各种体育运动。

求职意向　教师

简历二

林××

学校：北京××大学 ｜ 专业：传播学、汉语言文学

学历：硕士研究生 ｜ 政治面貌：中共党员 ｜ 毕业时间：2024年6月

联系方式：lin××××@163.com；1358199××××

应聘职位　光明日报社 编辑

照片

教育背景

2021年9月至今　北京××大学传播学硕士，课程平均成绩为92.14分，排名前10%。

2017年9月—2021年6月　北京××大学汉语言文学专业本科，平均绩点为3.92，排名前10%，保送读硕。

实践经历

北京××大学记者团　　　　　　学生记者　　　　　　　2017—2019年
- 在北京××大学官方微信公众号发表新闻推文20余篇，点击量超10万次
- 参与2018年北京市"学术前沿论坛"报道并撰写采访稿

北京××电台节目制作中心　　　记者、编辑　　　　　　2019年8—11月
- 为40余期《全世乐》节目进行前期采访、文稿整理或后期编辑，共约10万字
- 参与10期《1039都市调查组》节目的采访、文稿编辑，共计5万字

北京××大学校团委宣传部　　　《××团讯》编辑　　　2018—2020年
- 为校团委宣传材料《××团讯》编辑新闻稿件100余篇

北京××大学广播台　　　　　　副台长　　　　　　　　2018—2019年
- 策划组织北京××大学第六、第七届主持人大赛
- 安排播音部日常工作，策划录制"剑胆琴心""岁月如歌"等系列节目

北京××大学文学院　　　　　　硕士研究生年级大班长　　2021年至今
- 负责年级247名同学的联络工作，组织各专业班级开展系列活动

- 组织2022年互联网文化季网络小说评审工作
- 为国际写作中心揭牌仪式宣传片担任摄影助理
- 2021年9月赴北京××大学参加诗词联吟活动

获奖情况

- 北京市人文知识竞赛三等奖；本科专业一等奖学金，硕士专业二等奖学金；
- 获北京××大学"优秀研究生""优秀学生干部""优秀团员""优秀毕业生"称号；
- 2022年"北京冬残奥会优秀志愿者"；
- 具有较强的科研能力，曾主持国家大学生创新性实验计划"中国传统戏曲的创意传播方式探究"，发表传播学、汉语言文学专业相关学术论文3篇。

二、怎样自我介绍——面试中的自我介绍

　　求职中自我介绍的核心就是结合对应聘岗位能力需求的分析，用具体事例"证明"自己就是招聘方所需要的人，具备岗位要求的相关技能；真诚地展现自己有优势的方方面面，留意面试官所关注的要点，让面试官喜欢自己，同时注意分寸。有了自我介绍的良好开端，面试的历程就可以相对顺利地开展。

　　自我介绍的内容大致包括如下两个部分。

　　第一部分，简单的背景介绍，即简单的个人信息介绍。

　　第二部分，相关工作经验介绍。需结合对目标岗位的认识，梳理岗位需要的核心能力，并列举几段与目标岗位相关的工作经历或实习经历。

　　需要注意的第一个方面是，要用具体事例向面试官证明你的3个W，也就是"做了什么"（What have you done）、"学到了什么"（What skills have you gained）、"达成了什么"（What have you achieved）。例如，简单笼统地说"我表达能力强"或"我勤奋肯干"，显然没有太大说服力，需要摆事实、讲数字，如"我被破例允许以实习生的身份，在每天的晨会上做数据分析报告""在主动完成分配的工作之余，我还在实习的两个月内，先后帮助同事完成了××、××和××3个设计方案"。

　　需要注意的第二个方面是，你要优先列举与目标岗位联系紧密的经历，对其他工作经历依相关度递减排序。例如去投资银行面试，之前与金融相关的经历要优先陈述，营销方面的经历次之。

　　研究表明，有效的面试具有几个共同特征：①能够体现专业的形象和得体的着装；②表现得自信；③表达清晰、简明扼要、切中要点，善于合作；④适时变换音调和音量；⑤保持适当的眼神交流，从容不迫、坐姿端正、神情专注。

练习9-4　　　　　　　　　**面试策略分析**

　　甄力的老乡李斯和陈胜同时获得了某外企助理职位的面试机会，请分析他们的自我介绍有什么不同，分别会取得什么效果。

李斯在自我介绍的时候说："我叫李斯，来自××外国语大学英文系，有较好的文字表达能力。我从师兄那里知道的贵公司，我对贵公司关注已久，知道你们有很多国际合作业务，而我的英语很好，过了专业八级，口语也不错，去年暑假的时候在学校做一个考察团的随团翻译兼助理工作，在2周的时间里带着外方去了10个地方，工作得到了外方的认可……"

陈胜的自我介绍是："我叫陈胜，是××外国语大学英语系大四的学生，今年22岁，湖北人，我的学习成绩在班级一直名列前茅，我辅修了旅游管理专业，还考取了导游证。我喜欢打篮球……"

面试的本质是一场交流，能够促进沟通的有效策略就是不断考虑对方的需要。在自我介绍的环节，准备是否充分、是否贴合对方的需要非常重要。李斯的自我介绍很容易把面试官的注意力吸引到自己擅长的领域，而陈胜的介绍中规中矩，反而让他无法预测面试官会从哪里发问。把面试当作交流，要求我们转变视角，考虑对方听到我们的表达后的感受和反应，根据当时的情境和面试官的兴趣，灵活地安排自己讲话的侧重点和内容，而不是从自己的视角出发。

三、面试考查的是什么——面试要诀

面试是招聘者和求职者之间近距离地直接交流，也是双方博弈的过程。它往往既是整个求职过程的最后一个环节，也是最为复杂、最具技巧性、最具决定性的一个环节。

根据面试设置的标准化程度，面试可分为结构化面试、非结构化面试和半结构化面试。

扫一扫听音频

面试中有哪些
提问陷阱

（一）结构化面试

结构化面试又称为规范化面试，依照预先确定的题目、程序和评分标准进行，过程中要求做到题目结构化、程序结构化、评分标准结构化。政府部门的公务员面试往往采用结构化面试。

（二）非结构化面试

非结构化面试是指事先规定框架结构，不使用有确定答案的固定问题的面试，这在企业的面试初期阶段运用较多。

（三）半结构化面试

半结构化面试是介于结构化面试与非结构化面试之间的一种面试形式。

此外，根据面试题目的内容，面试可分为情景性面试和经验性面试。在情景性面试中，面试题目主要是一些情景性问题，如假定一个情景和一些条件，然后考量求职者在特定的情景中是如何反应的；在经验性面试中，主要是问一些与求职者过去的工作经验有关的问题。根据面试的进程阶段，面试又常常分为一次性面试与分阶段面试。根据面试的实施方式，从求职者的角度来讲，面试可分为单独面试与小组面试，小组面试包括无领导小组面试。根据面试的压力状况，面试还可分为压力性面试和无压力性面试，其目的不只是看在有压力的状态下求职者会如何解决问题，更多的是要看其在有压力的状态下的情绪反应情况。

面试的设置与形式多种多样。对面试的提前学习有助于了解面试的本质。从招聘者角度来看，面试是根据相应需求岗位人才的标准，从数目庞大的求职者中筛选出部分候选者，给予他们面对面交流的机会，通过交流对其相应的素质和能力做进一步的核查与了解，选出合适的人才，为组织的进一步发展注入新鲜血液的过程。

从中我们可以提炼出4个关键点："人才是有标准的""面试是要去核查求职者是否合适""面试是一个交流过程""人才是要为岗位和组织的发展服务的"。

对于求职者而言，面试并不是简单地介绍我姓甚名谁等基本信息，而是要结合岗位、组织，具体谈谈自己是如何契合的。面试有做好岗位和组织分析、证明自己可以胜任、清晰有效地表达自己和建立良好互动关系4个要诀。

第一，面试之前，一定要对自己要申请的岗位和组织进行尽量多的了解，包括这个岗位自己是在什么平台获知的、对它的感觉如何，岗位要求是什么，组织文化如何，组织有哪些业务，自己要从事的工作在整个组织工作中处于什么位置，等等。做好这些准备可以让自己的面试具有目的性和针对性，能够有效地提高面试成功率。

第二，在面试介绍中，要充分证明自己能够胜任这个岗位。对于每一个岗位的申请，都要事先准备，找出面试官所关注的要点。

第三，在面试交流时，不仅要清晰地表达自己的想法，还要有效地交流，确信面试官能够正确、清晰地理解自己所说的内容。

第四，面试过程中，要始终保持友好、亲善的良好互动关系。你和面试官之间的交流通畅、愉快，会让面试官觉得你具有组织所需要的气质和品格。要达到这样的目的并不容易，需要充分了解组织文化。此外，行为风格和一些微小的行为细节也是传递这些信息的重要途径。

👁 **练习9-5**　　　　　　　**无领导小组模拟面试练习**

1. 准备工作

准备面试题目，布置场地，还原度越高越好，解释无领导小组面试的目的，选择6位同学组成面试小组，其他同学作为面试官从旁观察。

2. 分发考题

下面是本次面试题目：现在发生海难，一游艇上有8名游客等待救援，但是现在直升机每次只能够救一个人。游艇已坏，不停进水。寒冷的冬天，海水刺骨。游客情况如下。

（1）将军，男，69岁，身经百战；

（2）外科医生，女，41岁，医术高明，医德高尚；

（3）大学生，男，19岁，家境贫寒，参加国际奥数大赛获奖；

（4）大学教授，50岁，正主持一个科学领域的研究项目；

（5）运动员，女，23岁，奥运会金牌获得者；

（6）经理人，35岁，擅长管理，曾将一大型企业扭亏为盈；

（7）小学校长，53岁，男，劳动模范，"五一劳动奖章"获得者；

（8）中学教师，女，47岁，桃李满天下，教学经验丰富。

请你们将这8名游客按照营救的先后顺序排序，确定最终的方案。

每个人有3分钟的读题时间，1分钟的自我介绍及观点陈述时间，小组有15分钟的讨论时间，最后选一个同学进行1分钟的总结陈词。

3. 观察和评估的参考标准

（1）语言表达能力：表达是否流利，能不能很好地表达清楚自己的观点，能不能倾听他人的观点，以及组织语言的情况。

（2）角色适应能力：每个人的角色是什么，完成的情况如何。比如，领导者需要把握方向，引导大家参与，给每个人说话的机会；时间管理员需要进行时间规划、时间管理，使讨论有效；记录总结员需要清晰记录并标明重点，配合领导正确总结；贡献者需要贡献正确、有影响力的观点。

（3）合作协同能力：能否合作协商解决问题，是否总是抢话，是否能够听取别人的意见，并且为了小组的目标努力。

（4）逻辑思维能力：有自己的思考，并且标准清晰、逻辑清楚。

（5）应变能力：找到自己的角色，并且适时提出观点，推进讨论。

（6）解决问题能力：小组讨论遇到问题时表现如何，能否找到解决问题的办法、协调大家的关系。

（7）仪表仪态：评估职业态度和重视程度，非语言信息是否到位、恰当等。

4. 反馈

最后由教师或扮演面试官的同学给予点评和反馈，帮助大家总结提升。

第三节　好心态助力成功就业——就业心理调适

一、如何应对就业焦虑——焦虑心理调适

"不仅要忙论文，还要找工作，想起来就紧张……""求职太重要了，我感觉很焦虑，同时又无力应对。""第一份工作太重要了，选错了，这辈子就完了！"这些焦虑的念头常常会出现在毕业生的脑海里。在求职过程中，特别是面试过程中，焦虑是很正常的现象，适度的紧张在面试过程中还可能会让你保持兴奋的状态，获得更好的表现。

扫一扫看微课

当我们试着去接纳焦虑情绪时，我们会发现，它常常源于对做好事情的美好期待，即想要很快、很好地做好某件事。人们之所以会焦虑，是因为在认知层面常伴有一些不合理的信念。这些信念通常和"必须""绝对""全部""一定"相关联，会有夸大、绝对化的特点。

扫一扫听音频

焦虑情绪管理三步走

对于这些不合理的信念，要做的第一件事情是"觉察"，意识到这些信念的非合理性。这些信念本身就容易引起个体的焦虑。要做的第二件事情，不是去压抑、否定、指责这些焦虑情绪，而是尝试与自己对话："我知道自己这样想是为了更快、更好地完成任务。""我的焦虑感存在于身体的哪个部位？我想要和它说说话。""和我的焦虑感说说话，能收获什么？"我们还可以主动以身心互动的方式做调节，无论是做瑜伽还是放松冥想，都可以产生良性的影响。

当焦虑情绪被"读"懂了时，我们的焦虑程度就会逐渐降低。慢慢地，我们就可以转向如何促进目标达成，聚焦目标的落地行动。例如："我现在大二，我可以为大四找工作做的准备是……""如果不能满足所有的期待条件，那么在职业价值观排序中，我看重的几项是……"。

二、如何应对前途茫然——迷茫心理调适

"这个工作一般，那个工作也一般，让我怎么选？""不知道自己要什么，简历只能乱投一气，四处撒网。"这种迷茫的状态在大学毕业生中比较常见。

要弄清楚自己当下应该选择什么、决定什么、向哪些单位投递简历等，最需要做的是要看清楚自己的内在，而不是一味地看职业可以给予自己何种便利。例如：我的兴趣集中在哪个维度？我愿意在职场中运用我的哪些优势？我的职业价值观中有哪些是我比较看重的，排序如何？我理想的工作是什么？当下的可能性有哪些，我的价值观排序又是怎样的？当可能的选项已经出现，接下来就是计划如何实现目标，确定清晰明确的计划实施意向，具体说明何时、何地以及如何将计划付诸行动（例如，"我将在周一午饭后在家里打3个求职电话"），并采取行动。

和自我对话正是自我支持的"同理心时刻"，回顾自己从入学到毕业季的整个蜕变过程，自己已不是当时稚气未脱的样子，而变得更加成熟、现实和有能力。在这个时刻可以和一个信任的朋友在一起，邀请朋友在旁边倾听，一点一点地梳理并总结自己的想法，也可以采用写日记的方式，和自己进行一番安静的对话，回顾过往，展望未来。

◎ 练习9-6　　　　　　　　　我的"生涯决策董事会"

参照图9-1所示的"生涯决策董事会"示意图，回答下列问题。

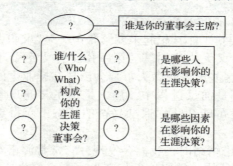

图9-1　"生涯决策董事会"示意图

（1）"谁/什么（Who/What）构成你的生涯决策董事会？""是哪些人在影响你的生涯决策？是哪些因素在影响你的生涯决策？"

_____

_____

_____

（2）他们（它们）之间又是如何排序的？你对此的感觉如何？

_____

_____

_____

（3）如果你想要让自己感觉更有力量、让生涯决策更贴近自己的内在感受的话，你想要做什么样的调整？

_____

_____

_____

_____

三、如何应对自我怀疑——提升自我效能感

挫败感是求职者频繁体验到的情绪。"我很糟糕，连这种单位都不要我""我以为我很优秀，一次次被拒的事实告诉我，我很差劲"，被拒绝带来的挫败感还常常引发负向的自我评价，甚至伴随自责和自我怀疑。而持续的自我怀疑和无能感引发的自我设限，对于求职者而言，无疑是百害而无一利的。

有研究者发现提升自我效能感的干预比不包含该内容的干预对求职产生的效果好2倍。自我效能感指的是人们对自己是否具有实现目标所需行为能力的判断。自我效能感高的人更愿意开展必要的求职活动，也更有可能制订和实施求职策略，面对困难坚持不懈，并成功找到工作。求职是一个过程，遇到挫折时产生对自我价值的怀疑是正常的，我们应该从发展性的角度去看待和评价"过程"中的自己。

有一个关于"爬蚤"的有趣实验。实验者把跳蚤放在桌上，一拍桌子，跳蚤立即跳起，跳起高度是其身高的100倍以上。之后，实验者将跳蚤罩在一个玻璃罩内，跳蚤跳起时就撞到了玻璃罩，连续多次后，跳蚤主动改变了跳起高度来适应可能受限的环境。跳蚤每次跳跃总保持在罩顶以下高度，以免被撞。接下来，实验者开始逐渐降低玻璃罩的高度，而跳蚤每次都在碰壁后主动改变自己的跳起高度来适应新变化。最后，当玻璃罩接近桌面时，跳蚤已无法再跳了。即使实验者把玻璃罩打开，再拍击桌子，跳蚤也仍然不会跳，变成了"爬蚤"。

跳蚤变成"爬蚤"，并非丧失了跳跃的能力，而是在一次次受挫之后逐渐适应了环境。科学家把这种现象叫作"自我设限"。在现实生活中，有些人遇到一些困难，遭到外

界的一些打击、责难、批评时，也会慢慢丧失信心和勇气，甚至开始颓废起来。

"跳蚤效应"指跳蚤调节自己跳的目标高度去适应限制，不再改变。很多人不敢去追求梦想，不是追不到，而是心里已默认了一个"高度"。这个"高度"常常使他们受限，看不到未来确切的努力方向。

因此，在面对挫折和打击时，如果可以从发展自我的角度出发，探究自己哪方面的表现还不够好，还需要调整和改进的是什么，这样就能够让未来的目标成为可能，"打击"就有可能变成"转机"；在这个过程中还可以主动寻求社会支持，从他人那里获得有形的和情感上的支持，以对身心健康起到保护作用。

扩展阅读

"红梅花"求职心态

如何用良好的心态帮助自己成功就业呢？对于处在职业生涯开辟期的大学生来说，拥有怎样的心态就会呈现出怎样的状态。下面分享"红梅花"（Reasonable+Expressing+ Developing+Positive+Accepting+Matching，RED PAM）求职心态。

- **Reasonable**：找工作是人生道路上的一大挑战，过程中出现困难是必然的、可理解的、可预见的。
- **Expressing**：每个人的自我价值可以经由职业得到体现和表达。
- **Developing**：求职中的碰壁有利于个人在反思、调整和历练中成长。
- **Positive**：保持积极主动的心态有助于求职。
- **Accepting**：健康的就业心态基于良好的自我认知和自我接纳。
- **Matching**：找到合适工作的关键点在于双方的匹配。

"梅花香自苦寒来。"让我们向着属于自己的方向勇敢前行吧！

💬 **对话空间**

杨洋经历了五六次中学英语老师的求职面试，都以失败告终。心灰意冷的杨洋听到张帆拿到第三个录用通知的消息后，在宿舍里大哭了一场，觉得自己频繁被拒，简直没用极了。从此杨洋每日灰心丧志，很是消极。

张帆："杨洋一直在翻译和英语老师两个职业之间徘徊，导致她教学实务方面积累的经验不足，只要她再好好练习一下课堂呈现的部分，我相信她还是有机会成为英语老师的。"

某中学副校长："说实话，杨洋还是很出色的，但是我听她的叙述，发现她的很多实践经历都是做翻译、同声传译，杨洋这么优秀的学生，我担心我们的工资薪酬和她的理想收入差别太大。反复考虑之后，我们还是选了一个安心教学的毕业生。"

某中学校长："我是十分认可杨洋的英语专业素质的，但是杨洋毕竟是外省的，我们那边的条件相对艰苦，我担心她不会长久地待在那边。"

职业规划专家："对于没有应聘成功的单位，我们可以讲究策略地询问招聘方对自己的哪些地方还不是特别满意。收集这些意见可以为以后的求职面试做参考。有的时候，招聘方的拒绝并不是因为我们一贯自动化反应的'我不够优秀'，而是包含很多可能性。"

比如自己太优秀，单位担心自己待不长。所以请先别一头扎进'我很糟糕'的负向意识里，冷静地交流和梳理更为有价值。"

翻译公司人力资源主管："杨洋的翻译水平和英语表达能力都不错，我们很看好她，但是最近有几位已经工作了五六年的成熟翻译过来应聘，他们的经验更丰富，所以就优先考虑了。"

• **价值引领** ◦◦

新青年、新机遇与新挑战

党的二十大报告指出，"完善促进创业带动就业的保障制度，支持和规范发展新就业形态。"近5年来，受产业结构调整、平台经济兴起、青年人就业观念转变等因素影响，我国职工队伍整体状况较之前发生明显变化。其中，以新职业从业者为重要组成部分的新就业形态劳动者队伍持续发展壮大。全国总工会2023年2月发布的第九次全国职工队伍状况调查结果显示，全国职工总数约为4.02亿人，其中新就业形态劳动者有8700万人，约占两成。

新就业形态是新一轮信息技术革命特别是数字经济和平台经济发展带来的一种就业新模式，是劳动者依托互联网平台获得就业机会，从事劳动工作并取得劳动报酬的就业形态。与传统就业形态相比，新就业形态呈现出劳动关系灵活化、工作内容多样化、工作方式弹性化、工作安排去组织化、创业机会互联网化等突出特征。

毕业于北京城市学院的艾海音学的是珠宝鉴定与经营。因为自己的家人就在与珠宝相关的行业工作，她从入学之初就做好了单干的打算。她觉得留在大企业中，最初的几年很难接触到真正的专业技术，但是如果自己创业，前期需要的资金又比较多。为了能顺利进入行业，艾海音在校期间就跟合作伙伴一起做了很多调研，毕业之后，就开了自己的"微店"。在艾海音看来，自己的很多同学选择做博主，都是最大限度地发挥自己的优势。而她之所以选择灵活就业，是因为知道这种工作形式能让她的个人能力得到极大的提升。"职业没有高低贵贱之分，要看自己的能力。"艾海音说。正是这种灵活就业的形式让她的个人能力有了快速的提升。现在艾海音的"微店"已经能保证一年20万元的纯利润了，艾海音便开始寻找到大的珠宝公司工作的机会，"要提升自己的能力与探索资源"，因为艾海音还有更为远大的目标："我身边的同龄人都喜欢'国潮'，我希望将来能建立自己的珠宝品牌，我的品牌就做'国潮'，做中国人自己的珠宝品牌。"

近年来，新就业形态在保就业、稳就业中发挥了积极作用，但在劳动者权益保障等方面也暴露出许多问题和短板。如在劳动收入方面，新就业形态劳动者收入较高，但职业内部的收入差距和波动性较大。在社会保障方面，除城乡居民养老保险和工伤保险外，享有其他社会保障的人数占比均未超过五成。在职业流动性方面，新就业形态劳动者的职业流动性较强，超七成受访者换过两次以上工作。相关保障措施有待进一步完善。

第十章

创业

我是否适合创业

　　张逸最近得知，师兄张扬加入了一个创业团队，用游戏的方式帮儿童学编程。团队里聚集了编程高手、绘画高手、场景设计师，还有一个研究儿童心理的人，人才济济。张扬鼓励张逸也加入进来，这件事给了张逸不小的冲击。其实关于开发一款新游戏的想法，大家在打游戏的时候一起念叨过许多遍，但是张逸从来没有当真过，张扬的行动力和激情点燃了张逸那颗蠢蠢欲动的心。他开始认真思考到底要不要加入。

正在上大学的你，是否有过创业的念头？如果你是张逸，会不会加入呢？在2020年7月，中国人民大学联合多所高校和机构发布了2019年《中国大学生创业报告》，对全国33个省（自治区、直辖市）89所高校的9104名在校大学生和1009名创业大学生进行问卷调查的结果显示，2019年有超过75%的受访在校大学生具有创业意愿，其中有超过25%的在校大学生的创业意愿较强。尽管受到多种因素影响，2022年的《中国大学生创业报告》显示有较强创业意愿的在校大学生占比下降到15%，但还是有相当比例的大学生对创业感兴趣。不过当前大学生创业面临着机遇和挑战，具体到每个大学生身上，要不要创业、如何创业这一系列问题需要其对自己充分了解，对生活方式展开探索。

第一节　创业都是突发奇想吗——创业概况

张扬最近接受了校报的采访，记者十分关心他创业的心路历程，好奇他在什么时候开始有了创业的想法，又是如何下定决心创业的。张扬认为自己的想法并不是凭空而来的，他本来就是学计算机专业的，爱打游戏，专业敏感性让他非常关注一些游戏设计的问题，他也很喜欢思考"为什么这款游戏能流行"之类的问题。在和朋友交流的过程中，彼此的想法碰撞出火花，大家一致认为可以利用专业所长开发一套游戏程序来帮助儿童学习编程。于是这个创业想法就出现了。

扫一扫看微课

有了一个新想法就能创业吗？从创新到创业有多远的距离？本节将介绍创新和创业的区别与联系，以及当下创业的机会和挑战。

一、创业是少数人的游戏吗——理解创新与创业

很多大学生可能都会有突发奇想的时刻，但是真正付诸实践的少之又少。在思考为什么少之又少这个问题之前，首先需要澄清3个相互关联的概念：创意、创新和创业。

扫一扫听音频

创意是如何发生的

（一）创意——头脑中的新概念

创意是新颖又有用的想法，创意和活力正是大学生群体的一个重要标签。有了创意，我们就有了解决问题的智慧，我们每天的生活也因此而充满活力。创意本质上就是创造性思考在生活中的应用。有创意的人总是不满足于唯一的解决方案，擅长在短时间内就某一问题想出多种解决方法，具有洞察力、好奇心，热情、开放。创意不仅能为生活增色，而且会激发我们的动机，吸引我们持续投入，直至成功。对张扬的团队来说，仅有创意显然不足以支撑创业的想法，而把游戏和编程教育相结合的点子是把大家聚起来、让大家愿意为之尝试的前提。因此，在创意、创新和创业3个概念中，创意是前提，是头脑中的新概念，点燃的是创业者内在的动力系统。

（二）创新——将想法变成行动

创新是以提出有别于常规或常人的见解为导向，利用现有的知识和事物，在特定的环境中，为满足社会需求而改进旧事物或创造新的事物，并能获得一定有益效果的行为。与创意停留在思考层面不同，创新会扩展到行动层面。例如，有的大学生准备考研时想

在自习室午睡，觉得回宿舍会浪费时间，于是设计了一个课桌睡眠枕，这就是实用又有趣的创意，而把这个点子做成产品，应用到考研同学群体中，它就成了一个创新性的产品。因此，任何工作、任何领域都可以创新，只有创新才有生命力，只有创新才能体现特色。

企业的发展更是离不开创新，利用新的想法带动变革，不断整合各种信息、资源、机会和技术，创新就转化成了生产力。没有核心科技，没有技术创新，企业将会面临巨大的困境。而对于一个国家来说，创新就是竞争力，整个人类社会的进化史就是不断创新的过程。从低级到高级、从简单到复杂、从原始到现代，文明的每一次进步都是由创新带来的，创新就是发展。

对个人来说，创新是把新想法和新思路落地的过程，否则再多的创意也只是纸上谈兵。需要指出的是，创新意味着冒险，并不一定总会成功，但是敢于创新代表了一种精神、一种勇于尝试的态度，也给自己提供了更多的空间和机会。

（三）创业——实践并持续

创业，是创立基业、开创事业的意思，是创新的实践性应用。例如，张扬和几个朋友有了创意并开始尝试把游戏教学程序做出来，也只是在完成一项创新性的工作，但是选择专门成立机构或公司对产品进行推广、销售就是创业。创业是一个个体寻求机会进行价值创造的过程，因此，最佳的创业是创新活动的延伸，是投入地做自己喜欢的事情的一个自然而然的结果。乔布斯最初并未想批量生产个人计算机，而是想研制出来自己使用，但是朋友不断邀约，他就试生产了100台，于是就有了后来的苹果公司的雏形。没有建立在创新基础上的创业行为很难走得长远。

二、现在是创业的好时机吗——创业的机会

真正促使张扬加入创业团队的契机是他参加了"互联网＋"大学生创新创业大赛。在这个过程中，他的创业团队得到了很多老师和其他专业人士的指导，完善了创业项目，并获得了校赛的一等奖，还得到了一笔奖金。这让他们创业的想法越来越强烈。对张扬的团队来说，创业有哪些机会和挑战呢？

（一）科技进步的社会背景

随着互联网的飞速发展、国家产业结构的升级，知识在企业中的分量越来越重，投入的资金相对减少，同时交易成本下降，另外信息资源越来越透明和易于分享，这使得硬件阻力变小，让善于学习和接受新鲜事物的大学生有了更多的机会创业。2011年3月，教育部建立全国大学生创业服务网，致力于打造集"互联网＋"大学生创新创业大赛大赛支持、创业项目对接、创业培训实训、政策典型宣传、创业专业咨询五大功能于一体的大学生创业服务平台。2023年11月，在全国大学生创业服务网上，可以看到推荐靠前的大学生创业项目大多是高科技项目，尤其是"互联网＋"相关项目（见图10-1）。

图10-1　大学生创业项目举例

（二）平台建设和优惠政策

在科技进步和万众创新的时代背景下，政府和学校层面也在积极为大学生创业提供支持和指导。

1. 政府政策鼓励

各级政府部门为了鼓励大学生创业，纷纷出台了相应的优惠政策，包括资金、税收、贷款等方面。2019年6月，国家税务总局发布了《"大众创业　万众创新"税收优惠政策指引》。2023年11月，财政部发布《关于提前下达2024年中央专项彩票公益金支持大学生创新创业教育项目预算的通知》，提前下达7000万元资金，用于支持各地依托省内高校建设国家级创新创业学院、国家级创新创业教育实践基地。其实从2016年开始，中央专项彩票公益金就开始支持大学生创新创业项目，为大学生创新创业教育提供实质性的资金支持。

扩展阅读

大学生创业优惠政策

（1）大学毕业生在毕业后2年内自主创业，到创业实体所在地的工商部门办理营业执照，注册资金（本）在50万元以下的，允许分期到位，首期到位资金不低于注册资本的10%（出资额不低于3万元），1年内实缴注册资本追加到50%以上，余款可在3年内分期到位。

（2）大学毕业生新办咨询业、信息业、技术服务业的企业或经营单位，经税务部门批准，免征企业所得税2年；新办从事交通运输、邮电通信的企业或经营单位，经税务部门批准，第一年免征企业所得税，第二年减半征收企业所得税；新办从事公用事业、商业、物资业、对外贸易业、旅游业、物流业、仓储业、居民服务业、饮食业、教育文化事业、卫生事业的企业或经营单位，经税务部门批准，免征企业所得税1年。

（3）各国有商业银行、股份制银行、城市商业银行和有条件的城市信用社要为自主创业的毕业生提供小额贷款，并简化程序，提供开户和结算便利，贷款额度在2万元左右。贷款期限最长为2年，到期确定需延长的，可申请延期1次。贷款利息按照中国人民银行公布的贷款利率确定，担保最高限额为担保基金的5倍，期限与贷款期限相同。

（4）政府人事行政部门所属的人才中介服务机构，免费为自主创业毕业生保管人事档案（包括代办社保、职称、档案工资等有关手续）2年；提供免费查询人才、劳动力供求信息，免费发布招聘广告等服务；适当减免参加人才集市或人才劳务交流活动收费；优惠为创办企业的员工提供1次培训、测评服务。

2. 学校政策鼓励

对大学生创业者来说，他们需要面临学业和创业兼顾的现实问题。2017年2月，教育部颁布了新修订的《普通高等学校学生管理规定》（以下简称《规定》）。《规定》从保留入学资格、休学创业、折算学分、转专业等方面为大学生创新创业提供制度支持。

3. 创业教育

创业教育不仅能给大学生提供知识和信息，而且能帮助大学生了解创业的全过程，获得宝贵的创业实践经验。创业教育的形式多样，一般包括创业课程、创业类社团、创业讲座、创业计划大赛、参观创业企业、与创业者交流、参与创业企业的实习项目等形式。创业教育正深度融入高校人才培养体系，与此同时，高校创业教育活动还从过去各高校的单打独斗行为向联盟化方向发展，并涌现出一批具有较大影响力的全国性创业教育合作组织。

👁 **练习10-1** 　　　　**创业支持政策调研探索**

（1）与几个同学组成一个小组，了解所在的城市、学校为大学生创业提供了哪些支持，请写下来。

_____
_____
_____

（2）假设你要创业，可能会经历什么程序？
_____
_____
_____

（3）逐条分析支持政策与自己创业的关系。
_____
_____
_____
_____

（4）和小组成员讨论对自己创业最有益的政策。
_____
_____
_____
_____

三、创业有哪些困难——创业的挑战

大学生创业对很多人来说还是新鲜事，真正创业的大学生在实际创业过程中会面临很大的挑战。

（一）配套政策不成熟

政策从出台到真正落实需要一个过程。尽管各级各类机构对大学生创业的支持越来越多，也越来越具体，但是推进力度还远远不够。在一项针对大学生创业者的访谈中，部分大学生认为"创业比赛中评委的专业程度不够，现在比赛的评委大多是学校相关课程或负责部门的老师，评判标准还停留在计划书格式是否标准、内容是否丰富等层面"，而创业讲座中嘉宾所讲的内容也存在与实际脱节的问题。

不仅如此，由于大学生社会经验普遍不足，在创业过程中，还需要提防被诈骗的风险。有调查发现，近五成受访大学生创业者对合同诈骗及其形式不清楚，还有近三成受访大学生创业者表示会一次性与

扫一扫听音频

大学生创业者是如何
走上创业之路的

好朋友或信得过的合作伙伴签订大额合同。这表明在创业过程中，由于识别诈骗能力不足，很多大学生创业者会面临较大的风险。大学生创业环境本身并不完善，缺乏有效的资金保障机制和创业保险，创业扶持政策与大学生创业的现实需求存在差距，创业政策与大学生创业者的实际期望还有落差，创业救援与风险熔断措施并不完善，这些都导致大学生创业被骗事件时有发生。

（二）融资困难

目前资金不足依然是大学生创业的主要障碍。大学生自主创业的资金主要依靠父母、亲友投资或借贷和个人积蓄，虽然政府持续鼓励金融机构按照市场化、商业可持续原则对大学生创业项目提供金融服务，解决大学生创业融资难题，但是在大学生创业者的资金来源中，商业性风险投资、政府资助所占的比例均较小。一般来说，大学生创业融资有表10-1所示的几个渠道，但是不同的融资渠道各有利弊。对大学生创业者来说，除了亲人可能是不要回报的，其他的投资者都希望能分享利益，这些投资的性质决定了融资并不容易。特别是金融机构贷款和政策基金在落实上还存在一些现实问题。

表10-1 大学生创业融资渠道分析

融资渠道	优点	缺点
亲情融资	筹措资金速度快、风险小、成本低	自筹资金有限
政策基金	较容易获得、成本低、无须信用担保	规模小、程序严格、竞争激烈
合伙融资	优势互补	易产生矛盾
金融机构贷款	利率低、有补贴	门槛高
风险投资	筹资快、渠道多	风险大，实现增值目标后风险投资可能因为风险控制而退出
天使基金	操作简单、筹资快、门槛低	投资人与创业者在股权分配上易产生摩擦

现在有种倾向是以获得了多少融资来衡量一家新创企业的成就，但是是否需要融资、融多少，还要看项目自身的需要，不能为了融资而打乱企业自身的发展节奏。大学生创业者不要舍本逐末，融资的关键在于企业的业务有所增长。

（三）团队不稳定

张扬参加的创业团队的领导者叫李斯，这是李斯第二次创业。在团队成立之初，李斯就很真诚地和大家分享了自己的教训，上次创业就是因为大家都是同学，有困难一起上，有钱平均分，并没有说清楚到底谁是领导，也觉得都知根知底不用说，结果在项目开始有收益的时候就出现了问题，人心散了，后来遇到竞争对手，不得不解散了团队。这次李斯提出一定要好好设计团队构成和职责分工，得到了大家的支持。

在导致大学生创业失败的诸多因素中，团队因素的比重排在第二位。大学生创业团队的成员多是自己的同学，团队建立往往是依靠感情，而不是基于契约。随着新创企业的成长，这种重感情轻契约的伙伴关系会逐渐暴露矛盾和问题。例如，在工作上有的人付出很多，但在利益分配时并没有实现合理分配，如果没有妥善解决这一问题，最终只能导致团队解散。

实际上大学生创业团队所处的阶段不同，团队的影响大小也不同。有研究发现：在想法期，校内创业环境能够激发团队的创业激情，但激情会影响团队理性评估创业的想法，而使命导向的团队成功的可能性更大；在启动期，团队特别容易忽略关键技术等要素的重要性，如果没有关键技术，后续发展很可能受限；在成长期，团队内部要素（即团队文化、管理能力等要素）对创业结果的影响比资金等要素的影响更大；在成熟期，大学生创业特别容易受毕业、融资和机会等因素的影响，出现不同的结果。

（四）经验不足

大学生在创业初期可能只有一腔热血，但在实际的创业中却可能遇到各种问题，下面是几种由于经验不足而产生的问题。

1. 风险意识薄弱

有的大学生只是单纯觉得创业是一件很酷的事情，就选择投入创业，但是并没有提前做好风险评估，对创业的艰难、市场的残酷、创业的复杂性没有足够的认识，对经营企业的有关知识技能（如财务、营销和管理等）的了解也只停留在理论阶段，对于企业运营更是缺乏实战经验。他们遇到挫折，很容易一蹶不振，这不仅给个人，还给家庭造成了很大的压力和损失。

2. 准备不足

受自身经验少、资金不足等条件限制，大学生普遍比较青睐投资少、见效快、技术含量比较低的行业，但是这类行业普遍市场前景不佳、生命力不强，如外卖、食品店等项目，虽然有所创新，但是盈利模式不明显。

（五）家庭支持不够

在我国现实的环境下，家长普遍希望子女有个稳定的工作，能够顺利地工作、结婚、成家立业，大学生创业往往很难立刻获得家长的支持。通过对有创业经验的大学生的调查发现，父母从事工商业的大学生更愿意选择创业，这也说明，父母对创业的态度对子女做出创业选择有巨大影响。

第二节　什么是创新创业孵化器——培养创造力

一、人人都有创造力吗——创新观念

目前，大学生创业还面临种种困难和限制，尤其是在整个大学生群体中，创业还属于小众的选择，但是调查显示有90%的大学生有创业的想法，这或许表明了他们的一种态度，那就是开创事业的雄心。创业教育的目的，不是尽快培养出更多的大学生经理，而是培养大学生创新创造、勇于开拓的精神和素质。有了这种精神和素质的人不管走上何种工作岗位，都将发挥发动机的作用，推动自己、企业甚至是国家进步。

扫一扫看微课

（一）讲创造力时我们在讲什么——创造力的构成

大家可能都听说过爱迪生发明灯泡的故事，你的印象可能是：爱迪生一个人待在一个黑屋子里，试验发光的材料，经过99次失败后终于迎来了1次成功，于是举世闻名。

其实真实的情况并不是这样的，爱迪生当时是在一个科学实验室里工作，和他一起工作的还有很多优秀的科学家，灯泡只是在实验室众多相关创新成果的基础上诞生的一项发明。

这样的对比说明了我们在谈创造力时的一些误区。例如：创新的点子都是天才们想到的，常人很难想到；发明都是独立完成的，都需要科学家与世隔绝才能创造出来；等等。其实每个人都有灵感乍现的时候，如张扬和其团队成员想到用游戏的形式教儿童学编程。那么我们的创造力和发明家的创造力是不是一回事呢？

心理学家考夫曼和贝格托对于创造力的构成进行了深入的研究，提出了创造力的 4C 模型，帮助我们理解不同层次的创造力表现，也为我们培养自己的创造力提供了依据。4C 分别代表的是杰出创造力（Big-C）、专业创造力（Pro-C）、小创造力（Little-C）和微创造力（Mini-C）。

1. 杰出创造力

杰出创造力是指开辟了某个新的领域，或者奠基性地把某个领域带上了一个新台阶的能力。人们认为创造力是少数人才有的，往往是在这个语境下谈创造力。

2. 专业创造力

专业创造力是指在特定领域中，由接受过专业训练的个体所表现出来的创造力。专业创造力可以通过学习和练习不断提升。专业创造力强的人就是在自己的专业上通过持续的努力而取得优秀表现的。动画大师宫崎骏获得威尼斯电影节终身成就奖时，记者问他电影中所有奇幻人物的灵感来自哪里，他说这些奇幻人物早就是他日常生活中的人物了，最终的创作都是建立在日常积累的基础上的。

3. 小创造力

小创造力是指大部分个体在日常生活中所表现出来的创造力，也就是我们常说的"灵感"或新颖的想法。它的出现可能较为随意，并不一定会产生创造性成果。例如，在宿舍聊天时，你想到一个有趣的接话方式，并因此引得哄堂大笑，室友夸你幽默、有创造力。

4. 微创造力

微创造力代表的是个体对经验、行为和事件的新颖和个性化的创造性解释，也许在以后就表现为创造性作品。微创造力表现出一定的创造力特征，可能比专业创造力经受的训练要少，但是已经表现出创造力的素质。

这 4 种创造力是一种逐渐递进的关系。小微创造力不断积淀，并加以练习，就有可能转变为专业创造力，而专业创造力是通向杰出创造力的阶梯。专业创造力能促使我们获得成就感，也是使我们所服务的组织踏实进步的重要因素。

（二）创造力培养受哪些因素影响——创造力的心理模式

我们都希望自己的创造力有所提升，但是创造力培养的结果会受一些因素的影响。

1. 创造力与智力

心理学家很早就开始关注创造力与智力的关系，吉尔福特综合以往研究者的结果，总结出创造力与智力的关系模型（见图10-2）：低智力的人创造力一定不高，但是高智力的人也不一定有创造力。

2. 创造力的心理模式

心理学家发现人们对创造力是否会增长、是否能培养的看法和思维模式会影响人们的创造性行为；不仅如此，对能力、智力的看法也会影响能力和智力的表现。

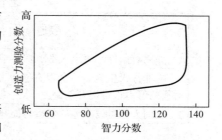

图10-2 创造力与智力的关系模型

教育心理学家德韦克把这种思维模式称为心理模式。她把人们对一些个人特质的内隐看法分成两种：一种是成长型，人们相信自己的能力和智力是会改变的，是能够提升的；另外一种是固定型，人们相信自己的能力和智力是固定不变的。二者在很多方面都存在差异（见表10-2）。

表10-2　成长型和固定型两种思维模式的差异

思维模式	成长型	固定型
信念	能力、智力是可以提升的	能力、智力是固定不变的
遇到挑战时	倾向于迎接挑战	倾向于避免挑战
遇到阻碍时	面对挫折，坚持不懈	自我保护或轻易放弃
对努力的看法	认为熟能生巧	认为努力是不会有结果的，而且越努力说明能力越差
对批评的看法	态度更中性，愿意从中学习	尽力避免，忽视批评中有用的反馈
看到他人成功	从中获得新知和灵感	觉得他人的成功是一种威胁
结果	能取得很高的成就	很早就停滞不前，无法取得原本可能取得的成就

德韦克对美国一所学校的初中生进行了一项长达两年的追踪研究，她发现：在起始数学成绩相同的情况下，持成长型思维模式的个体只需要一个学期的时间，数学成绩就显著领先于持固定型思维模式的个体。持成长型思维模式的个体在面对困难任务时，表现出更强的韧性，且与持固定型思维模式的个体之间的差距呈持续扩大的趋势。

在创造力领域里也是如此，持固定型思维的个体会认为创造力是一种稳定的特质，每个人的创造力水平是固定不变的；而持成长型思维的个体，则认为创造力是可塑的，是可以通过后天的努力提升的。这种根本性的认识差异决定了人们"允许"自己在创造力方面有多大的成长空间。

◎ 练习10-2　　　　**测测你的创造力心理模式**

下面的测试测查的是你对创造力的观点，请根据题目与你个人情况的符合程度评分并填入表10-3，1分代表非常不同意，2分代表不同意，3分代表中立，4分代表同意，5分代表非常同意。

表10-3　创造力心理模式自测表

题目	非常不同意	不同意	中立	同意	非常同意
1. 如果有条件，每个人都能够在某方面有所创新					
2. 除非你天生就是一个很有创造力的人，否则通过后天的努力很难提升创造力					
3. 任何人都可以将他的创造力提升到一定水平					

续表

题目	非常不同意	不同意	中立	同意	非常同意
4．你必须天生就是一个很有创造力的人，如果没有天赋，你很难成为一个真正有创造力的人					
5．熟能生巧，坚持不懈和努力拼搏是提升一个人的创造力的最佳途径					
6．虽然创造力是可以提升的，但是真正有创造力的人大多是天生的					
7．罗马非一日建成，提升创造力需要努力拼搏，后天的努力远比天赋更重要					
8．一些人很有创造力，一些人没有——即使努力也不能改变					
9．你表现出何种水平的创造力并不重要，因为你总是有机会去提升自己的创造力					
10．在人的一生中，真正的创造力是天生的、固定不变的					

上述题目中的奇数题得分总和反映了你在成长型思维模式上的得分，而偶数题得分总和反映了你在固定型思维模式上的得分。你可以对比自己两种思维模式的得分，看看哪种占主导。

德韦克有关固定能力观的干预实验

德韦克通过调查和实验，以及自己的亲身经历，深刻体会到固定型思维模式对人发挥潜能的阻碍作用。她设计了"大脑研讨会"项目，在初中生中展开实验。她把数学成绩很差的学生分成两组，都开设了8周的干预课程。一组采用"大脑研讨会"的方法，她告诉学生们大脑的运行法则，分享新的研究成果：大脑就像肌肉，它具有极强的可塑性，你越使用它，它就会变得越强壮；同时强调科学家已经证明了，学习的时候，大脑会变得更强壮；还分享了大脑是如何进行神经传导的，及其和学习行为之间的关系，并传授了一些学习技巧。对于另外一组，她只传授了一些学习技巧。结果发现，第一组学生的数学成绩显著提高了，老师的评价也十分积极，而那些只学了学习技巧的学生进步不大，因为思维模式没有改变，他们没有动力主动把这些技巧应用到自己的学习中去。

二、创造力可以提升吗——创造力促进

如何才能培养并提升自己的创造力呢？创造力研究者特蕾莎·阿马比尔总结出了3个提升创造力的条件，分别是专业知识、创造性思维和内在动机。

（一）专业知识

专业知识包括领域的知识、所需的专门技能、有关领域的特殊天赋，可以通过先天的认知能力、先天的理解和操作技能、正规的和非正规的教育获得。你头脑中储存的必要知识越丰富，你就越容易将它们以有用的方式整合起来。如何让这套底层操作系统发挥作用呢？

1. 唤醒惰性知识

提升知识的"可提取性"，不要让自己辛辛苦苦积累的知识"睡大觉"。其实很多人在浏览微信、微博时会随手收藏有意义的内容，但是却很少整理。某知名导演分享了一个游戏，就是把收集到的想法用"如果"造句，不断扩展自己的思路，做好笔记。我们可以通过添加标签、定期整理、讲述内容等方法对自己进行训练。

2. 注重积累

有关研究发现，要成为一个领域的专家大概需要10000小时的投入，这些投入并不会立刻产生效果，而是会经历长时间的沉淀和加工。钢琴家莫扎特写出有创造力的作品花了10年的时间，在此之前他也只是对别人的作品进行简单拼接。除此之外，还要注重知识之间的联系，专业知识在专家头脑中是按照简约、系统性较强的图式的形式存储的，而在普通人头脑中，知识是相互独立的。

3. 加入可迁移思考

当我们身处新环境时，需要想一想，过往经历中有哪些经验可以迁移过来，运用到新的环境中。许多跨领域的成功人士正是将各种技能迁移运用的典范。因为在知识的积累上，"组合拳"具有较广泛的适用性。对一个人来说，跨界、跨领域的合作往往是创新的摇篮，不同专业之间的互动可能产生新的火花。对一个团队来说更是如此，例如，张扬的创业团队中成员的专业背景并不相同，但大家通过思维碰撞提出了新的商业模式，这正是可迁移思考的表现。

（二）创造性思维

创造性思维是一种具有开创意义的思维活动，即开拓人类认识新领域、开创人类认识新成果的思维活动。创造性思维是以感知、记忆、思考、联想等能力为基础，以综合性、探索性和求新性为特征的高级心理活动，需要人们付出艰苦的脑力劳动。一项创造性思维成果往往要经过长期的探索、刻苦的钻研甚至多次的挫折方能取得，而创造性思维能力也要经过长期的知识积累、素质磨砺才能具备，至于创造性思维的过程，则离不开繁多的推理、想象、联想等思维活动。现在的很多关于创造力的培训，如头脑风暴、发散思维训练等，都是通过培养创造性思维来提升创造力的。

人工智能和创造性思维

随着科技的迅猛发展，人工智能已经渗透到我们的生活和工作中。人工智能在数据分析、物联网、智能驾驶等方面已经取得了巨大的成功。2023年，ChatGPT已经更新到4.0版本，知识库已经更新到2023年4月，支持理解图片、识别意图，具备了很多领域的专家知识，有业内人士认为"ChatGPT在文本创作等方面的表现能力不亚于在某一行业工作了3年左右的员工"。人工智能对创造性思维培养的影响也是深远的。

马文·明斯基是"人工智能之父"，"框架理论"创立者，他在《创造性思维：人工智能之父马文·明斯基论教育》一书中指出传统教育更多的是提供思维的内容，而学习者更需要的其实是思维的方法与工具。学习者需要在完成任务的过程中，不断磨砺自己的思维技巧，从而养成创造性思维，提升自己解决新问题的能力。

他尤其强调可以通过把自己想象成计算机的方式来培养创造性思维："许多人坚信，将自己想象成机器必然会带来令人沮丧的无助感，因为这意味着你原来是什么就一直是什么，而你对此无能为力。然而，我认为恰恰相反：将自己视为一种机器可以是一种解放的想法，因为无论你不喜欢自己的什么方面，你都可以通过修复漏洞解决！"

（三）内在动机

思维训练只能训练创造力的形式，而创造力的核心——创意本身，则受内在动机的影响。内在动机只有被工作本身的吸引力和挑战所激发才有可能表现为创造力。内在动机强的人的创造行为一般受兴趣驱动，并且其缓解外部压力的能力也较强。热情可以让一个人的注意力集中。当然外在的社会环境也直接影响一个人的内在动机，进而影响其创造过程。

发展内在动机就是要保持自己的好奇心和开放性，给创造力的发挥留出空间，去标签化，尝试用新的连接来进行新的解释或实验，同时不断提升专注力。

还有的学者将环境划分为催化因子和阻碍因子。如果环境提供了清晰的目标、足够的自由度，支持、鼓励我们从以往经验中学习，允许集思广益，其将成为创造力的催化因子；反之则成为阻碍因子。

三、什么样的人在创业——创业者素描

据钱江晚报，截至2022年12月31日，浙江2022届大学毕业生总数为382619人，自主创业总人数为6303人，同比增加2191人。相比整个在校生群体来说，大学生创业人数并不多，但是数量的增长还是非常显著的。从创新、创造到创业是一个落实和践行的过程，需要创业者从发散思维中回归，不断提升行动力。到底是什么样的人在创业呢？创业者具有哪些共同的特质呢？

心理学家在创业者身上发现了一些共性：他们通常都追求自主性，拥有较高的成就需求，具有内控性人格，对模糊状态比较能容忍，有高风险偏好，拥有企业家型的自我概念，具体来说包括以下几个方面。

（一）强烈的创业意愿

强烈的创业意愿和决心是创业者身上首要的特征。有了创业的意愿，并下定决心去创业才有可能成功。虽然每个人创业背后的动机不尽相同，但是强烈的创业意愿能够促成创业行为，直接影响创业结果。思考和推理是创业者所应具备的能力，大家在平时就要注意这方面能力的培养，一旦出现机会就可以有所行动。

（二）勇于承担风险

创业是一场机会和风险并存的冒险活动。创业者要具备风险评估的能力，对可能遇到的困难有一定的预估，有强大的心理承受能力，这样才能提高创业的成功率。

（三）有执行力、行动力

创业就是要行动。很多大学生的创业计划变为现实靠的还是那股子韧劲和行动力。

（四）注重积累

创业是一个从无到有、从小到大的积累过程。你的创业方向离不开你决定创业那一刻之前的人生积累，尤其是你的职业生涯的积累，切忌闭门创业。

（五）强大的创业自我效能感

强大的创业自我效能感是一个创业者必备的素质，只有相信自己、热爱自己的产品才能说服优秀的伙伴加盟，才能忍受挫折，坚持下去。相信自己首先要认识自己，了解自己身上的闪光点，并且利用这种优势发挥出最大的价值。

（六）关注价值

与企业中的员工相比，创业者更关注价值的创造。这不仅是指创造经济价值，还包括创造社会价值。社会价值往往是推动个人实现创业梦想的原动力。

第三节　创业者与创业爱好者的区别——创业实践

扫一扫看微课

一、为什么要创业——创业的初心自检

（一）我的创业初心

有网友对"创业者和创业爱好者"的区别做了准确的解读——看行动。创业者是在做实事，而创业爱好者只是在说空话。创业行动背后的动力是什么？这是每一个创业者需要回答的第一个问题。当在创业的过程中产生纠结、胆怯、恐惧或者退缩的想法时，想想自己为什么会创业，或许会有新的理解和收获。

1. 被媒体影响

媒体对创业的报道往往侧重创业的成功案例，生动的描述特别容易使人们产生一种错觉——创业没有那么难。但是这种想法很容易被击退，因为当创业者面对真实的、复杂的创业环境时，这种泡沫很容易被戳破，创业者也会深受打击。

2. 对现实感到迷茫

有些大学生因为不喜欢自己的专业，对现实感到迷茫而想创业，其创业结果也必然是不理想的，因为直接创业并没有解决对原有专业兴趣不足的问题，还制造了新的问题。虽然创业也是一种探索，或许有的大学生能在创业中找到自己的热情所在，但是解决现实烦恼的不是创业，而是探索。

3. 追求自由的生活方式

一项调查表明，有31%的大学生创业的原因是希望追求自由的生活方式。但是值得进一步反思的是，对你来说什么是自由呢？如果自由只体现在时间安排上的话，那么创办公司可能并不自由，因为对于初创公司，创业者需要倾注很多的时间和精力来运营。

如果自由是探索自己的理想的话，创业则正是用极大的热情实现人生理想的过程。

4. 创业是创新工作的延伸

对有些人来说创业就是做自己很喜欢、很投入的事情的一个自然而然的结果。我们不可能选一个完全不熟悉的领域创业，因此创业离不开之前的积累。对大学生来说创业就是以往的生活、实习和研究的延伸。

（1）你要参与很多专业的实践活动，如写文章、编程序、做设计等。

（2）你要有很多合作经验，如组织社团合作等。

（3）你要有挣钱的经验，如参加实习等。

（4）你要有把你的想法落实的经验。

（5）你要有探索精神，如喜欢思考。

（二）我适合创业吗

米顿把创业者定义为喜欢冒险的人，他认为创业者倾向于寻找并管理具有未知性的情境，正因为他们能够避开风险，因此常常准备去接受风险。他还认为，创业者乐于投身不确定的未知的事情，具有较强的模糊性容忍特质，因此模糊性容忍也被看作创业心理特质中的重要因素。

但是对创业影响更大的是人们对创业的自我效能感，即对自己是否具备对抗风险、实现目标、处理好人际关系、获得机会、获取关键资源、拥有创新性的能力的主观判断。创业自我效能感可以用来预测创业行为的选择、维持和结果。

◉ 练习10-3　　　　　　　　**创业自我效能感**

请根据题目与自己情况的相符程度，对以下22个题目打分，分值为1～5分，1分代表完全不符合，2分代表比较不符合，3分代表中等，4分代表比较符合，5分代表完全符合。

（1）我不喜欢墨守成规，喜欢探索新鲜事物。（　　　）

（2）我喜欢多角度思考问题，灵活解决问题。（　　　）

（3）我经常能提出新的点子和建议。（　　　）

（4）我易于接受新鲜事物。（　　　）

（5）我自身创造力强。（　　　）

（6）我对新任务中的挑战能自如应对。（　　　）

（7）我在压力和冲突下通常会不知所措。（　　　）

（8）我总是担心事情的结果不是所预期的那样。（　　　）

（9）我喜欢冒险。（　　　）

（10）我总是喜欢用已有的方式处理问题。（　　　）

（11）我善于发现细分市场。（　　　）

（12）我善于分析外部环境，发现机会和潜在问题。（　　　）

（13）我能够识别一个创意的潜在价值。（　　　）

（14）我能准确感知消费者未被满足的需要。（　　　）

（15）我经常主动与别人交流。（　　）

（16）我能够有效地说服与我意见不同者。（　　）

（17）我觉得与别人合作是一件很愉快的事情。（　　）

（18）我在与别人交往中遇到障碍时，有信心通过自己的努力去解决它。（　　）

（19）我有长期计划来兑现自己的承诺。（　　）

（20）我为实现目标开始了实际准备行动。（　　）

（21）我愿意付出非同寻常的努力去实现这个目标。（　　）

（22）如果失败我也不会丧失为实现目标而努力的信心和勇气。（　　）

这些题目涉及创业自我效能感的5个方面，其中，1～5题可反映你的创新效能感；6～10题可反映你的风险承担能力，7题、8题、10题是反向积分，分数越高表明承担风险的能力越差；11～14题可反映你的机会识别能力；15～18题可反映你的关系协调能力；19～22题可反映你的组织协调能力。你可以根据自己每个方面的得分了解自己的创业自我效能感，看自己是否已经做好了创业准备。

知乎的联合创始人黄继新认为，创业的4个重要前提是思考力、行动力、心气和时机。对于创业项目，你要比其他人都想得多，想得透彻；要设法把想法变成产品，并设法找到志同道合的伙伴，不断优化产品；不怕输，不服软；还需要关注时机。

二、为什么创业不能说说而已——创业的过程

创业是一项具体的行动，对有志于创业的大学生来说，参与创业课程、参加创新大赛、找有经验的前辈寻求建议、模拟创业等都是不错的实践活动，只有开始实践，及时总结，才能在创业之路上走得更远。

（一）确定创业项目

选择一个创业项目是创业的开始。什么样的创业项目称得上好的项目呢？一般来说，一个好的项目就是要对一个棘手的问题提供有效的解决方案。不管你是发现了别人没有发现的需求，还是对很多人已经发现的需求提出了新的解决方案，都可能转化成不错的创业项目。

张扬的小侄子参加了一个编程培训班，但是他学习编程语言时感到非常吃力，因此来请教学计算机的张扬。在和小侄子沟通的时候，张扬发现了青少年编程的培训市场非常火热，但是目前有关编程的教学方法不仅无趣，而且效果一般。这一发现让他在和朋友沟通后，决定设计一款编程学习游戏，进军青少年编程的培训市场。

要把实际问题转化成创业项目需要很多的积累，你可以优先在自己的专业领域中发现创业项目。除此之外，你还可以对不同的创业形式进行进一步探索，比如当下比较流行的互联网创业，或者开个人工作室、网店，做餐饮，宣传汉服文化，旅行跟拍，等等。此外还要有更广阔的视野，从中华民族伟大复兴战略全局的视角寻找创业机会，关注创新驱动发展战略、健康中国战略、平安中国战略、区域协调发展战略、乡村振兴战略等。《中国大学生创业报告2022》显示，"移动互联网"领域的创业意愿在大学生中排在首位，教育、金融、数字创业、前沿科技、医疗健康等相关领域紧随其后。至于你该选择什么样的创业项目，则需要你对个人、环境等多种因素综合考虑。广泛地了解创业有关信息

并进行相关的学习，对每个创业者来说都意义重大。

（二）调研与评估

接下来你需要对你选择的创业项目进行调研，对创业风险、竞争对手进行进一步了解和评估，具体来说需从以下5个方面入手。

1. 你的目标用户群体

你准备提供的产品面对的目标用户群体是谁？你解决了用户的什么需求？这种需求出现的频率是高还是低？

2. 市场需求

产品的市场需求是否足够大？发展前景如何？如果需求非常小，那么可能限制创业的规模；如果需求非常大，就需要特别考虑市场的准入门槛和市场饱和度等因素。

3. 你的竞争对手

关于产品、服务和商业模式，竞争对手的情况如何？这决定了你在创业过程中会遇到多大的阻力。通过与竞争对手交流，了解对手的情况，也可以帮助你制订更合理的战略计划。

4. 你的产品是否容易被复制

张扬有一位室友在学校门口摆摊卖烤冷面，当时学校门口的小吃街上并没有相关生意，所以他的摊位一下子就火了。但是好景不长，不到一个月的时间，同一条街上就出现了三四个卖烤冷面的摊位，有的甚至还同时搭售其他小吃。张扬室友摊位的顾客越来越少，最后只好关门大吉。

如果你的产品是非常容易被复制的，那么随着竞争对手跟进，你的企业会受到很大的影响。不管是产品还是盈利模式，如果太容易被复制，就会引来大量的竞争对手，你的企业很可能因此失去发展壮大的机会。例如，2016—2017年火热的共享单车市场，随着资本的介入，大量的竞争对手出现，很多跟风的企业纷纷倒闭。

5. 盈利模式

盈利模式就是指你如何赢利。例如，你的技术非常先进，解决了难题，那么靠技术就可以吸引资本，你的技术就具有较大的经济价值。对于大多数的新创企业而言，盈利模式往往是成功的商业模式。作为创始人，你在创业开始阶段就需要考虑盈利的问题，应知道如何才能实现盈利，保证企业的可持续发展。

（三）组建团队

接下来就需要组建团队，找到并肩作战的搭档，整合资源，提高创业的成功率。

1. 该和什么人合作

对很多大学生创业者来说，创业团队成员往往是熟人或同学，那么最核心的要素就是，大家拥有共同的价值观和梦想，愿意投入。但是要想使企业走向成熟，光靠热情远远不够，还需要一个高效的合作团队，需要有想法的人成为领导者，需要同样有冲劲的人冲锋陷阵，需要有懂沟通技巧的人成为团队的黏合剂。要让每个成员的能力都发挥出来，只有所有成员劲往一处使，彼此互相支持，才能带来团队的成功。

2. 团队架构

对一般的创业团队来说，核心成员大多是3～5人，核心成员构成了共同创业者。在团队成立初期就有明确的团队构架非常重要。为了避免股权分散，初创团队可采用3人架构，CEO应控股或拥有不低于40%的股份，有专家建议初始CEO或团队领导者的股份不低于66%。

（四）撰写《创业计划书》

选定创业目标，搭好团队架构，不管是否参加比赛或融资，你都需要做一份《创业计划书》。好的《创业计划书》不仅可以帮助团队在创业比赛中获奖，还是寻求投资人投资时的重要材料。一般来说，好的《创业计划书》应包含以下7方面内容。

1. 投资亮点

要用尽量精练的语言介绍项目的亮点，可以从技术、产品、团队、商业模式、竞争优势等方面突出亮点。

2. 公司或项目介绍

公司或项目介绍主要包括项目简述、团队介绍、产品与技术介绍、资质与专利介绍、同类对比等细项。

3. 简单的行业分析

行业分析部分要介绍和公司相关的行业情况，回答3个问题：你做的市场有多大？有多少先行者？你的实力如何？

4. 竞争优势介绍

竞争优势介绍是指根据项目状况，具体从产品、团队、市场或其他角度出发阐述公司与竞争对手的差异。

5. 发展战略

发展战略包含阶段性目标和为了实现目标而采取的具体策略，需制订3年的规划，或者是1年的行动方案。

6. 财务预测

财务预测是指未来3年的财务预测，包括主营业务收入预测、公司净利润预测等，也可包含产品用户数增长趋势等关键绩效指标的预测。

7. 融资要求和用途

融资要求和用途部分要介绍需要的资金数目和具体用途。

（五）项目运营

从做项目书到真正把项目做起来，从注册公司、开业到卖出第一个产品，通过有效的运营不断把公司做大、做强，这个过程非常不易。你需要给公司起名，注册公司，办理工商、税务手续，选择办公地点。如果选择的是提供产品的创业项目，运营包括招人、进货、加工、生产、销售环节；如果选择的是提供服务的创业项目，运营包括准备、营销等环节。每一个环节都需要创业者亲力亲为，不断地解决问题，促进项目有效推进。

👁 **练习10-4**　　　　　　　**创业过程访谈**

请你和同学组成3人小组，每人寻找一位正在创业或曾经创业的同学，对他进行访谈，回来后分享总结重要发现。访谈参考题目如下。

（1）你是怎么想到要创业的？

（2）你在创业过程中遇到的最大的挑战是什么？

（3）谁给了你最大的支持？

（4）请按照时间节点谈谈你具体的创业过程。

（5）你对大学生创业有哪些经验和教训可以分享？

（六）融资

公司是否要融资，特别是是否要在创业初期就走融资的道路，还要看项目自身的需要。对大部分创业者来说，最初的项目启动资金往往来自自己的家庭，但是家庭的资金支持毕竟有限，获得投资人的青睐是很多创业者梦寐以求的。不少创业者都在不断地根据投资人的偏好修改自己的《创业计划书》，以求获得投资。

三、为什么说创业是一场心理革命——与成败同行

创业不仅是一项创举，更是一场心理革命，往往给创业者带来极大的满足感，也可能带来极大的失落感。创业的节奏很快，需要创业者快速行动，不断成熟进化；还需要创业者不断反思，勇于面对失败。

扫一扫听音频

创业路上的心理进化

（一）创业需要积极的心态

1. 与焦虑为伴

一位咨询师遇到一个创业者来访。他的公司并不缺资金，运行良好，但是创业者却总是为融资焦虑失眠，一旦公司发展降速，创业者就着急上火，就会觉得资金不够，急忙去找投资，反而失去了焦点。这背后是创业者"总是不够"的信念驱使他不能放松。

大学生创业者虽然和这个创业者处于不同的发展阶段，但是很可能会面对同样的焦虑和压力。开始创业前为要不要创业焦虑，坚定创业想法后为选择创业方向焦虑，选定创业方向后为搭建团队焦虑，等等，这些都是对大学生创业者心理素质的考验。有调查显示，创业者的心理健康和压力情况不容乐观，正确面对负面情绪是每一个创业者必须具备的能力。产品上市有时间节点，创业却是一场马拉松。我们既要学会与焦虑为伴，又要学会用可持续发展的心态来看待变化和挑战，觉察自己的焦虑程度，学习与它的相处之道。

👁 练习10-5　　　　　　　　　　**创业路上与焦虑做朋友**

（1）请觉察一下，你在什么时候最能体会到焦虑的存在？

_____

_____

（2）当焦虑降临时，你会做些什么来降低它的负面影响？谁能帮上忙？

_____

_____

_____

（3）如果焦虑是朋友，它的出现是为了提醒你、帮助你，你觉得它在提醒你什么，希望它在什么地方帮助你？

_____

_____

2. 增强心理弹性

心理学界用心理弹性的概念来描述人的心理功能及其发展并未受到严重压力/逆境的损伤性影响的心理发展现象。在压力情境下，心理弹性强的人能很好地进行自我调整从而适应环境，产生焦虑情绪的可能性较小。我们可以通过以下途径来增强心理弹性。

（1）主动调整以适应环境。关注自己的情绪，并且主动调整。

（2）积极思考和行动。多采用以问题为中心的方式来解决问题，而不是以情绪为中心。

（3）自信乐观，进行积极的自我暗示，相信自己能够渡过难关。

（4）给自己容错的空间。鼓励创新就是要容忍和接纳创新所带来的失败，对自己的失败进行积极思考。从整个社会层面来说，只有容忍失败的大环境才可能鼓励更多的创新。

（5）重整旗鼓。当身心状态失衡时，给自己恢复的空间，避免用不健康的方式应对压力。

（6）积极寻求环境中的保护因素，寻求真正的支持与肯定。

（二）创业需要快速学习

创业和创新的本质是不断尝试用新的思路解决问题。特别是互联网等高新技术行业，技术更新日新月异，能够虚心求教和在实践中学习，并且快速做出反应，这是创业者要具备的能力。

1. 开放的态度

（1）从行动中学习。在整个创业过程中，创业者都需要保持开放的学习态度，既要向有经验的前辈学习，向竞争对手学习，向市场学习，又需要从实践的过程中学习。因此，参加创业比赛、参与别人的创新项目、实习都是不错的方法，可以帮助大学生创业者积累经验。

（2）从反馈中学习。可以依据产品的市场反馈不断更新产品理念，同时创新的理念又能促进产品的进化；可以通过员工的反馈获得公司管理调整的依据，及时消除团队之间的隔阂；可以通过专业人士，甚至对手的反馈，获得公司制订策略的参考。初创公司就是在快速有效地学习、不断地调整中成长的。不断把握用户需要，不断与时俱进，小步快跑，有韧性，甚至做好连续创业的准备，是一个创业者必备的素质。

2. 从失败中学习

创业不可能一下子成功，创业者需要从失败中学习。对没有经验的大学生创业者来说，失败的可能性要比社会上的创业者更大，但这恰恰提供了非常宝贵的经验。有人做过测算，如果说一个人在某个领域首次创业的成功率只有30%，那么他在这个领域连续创业两次的成功率就会提高到51%。

　　对创业者来说，面对失败，发现并善用这些宝贵的经验就显得尤为重要。其实可以从头再来正是年轻的大学生创业者们的优势。如果暂时因为生活所限、条件不具备或经验不足而创业失败，那么创业者要做的就是保留梦想，积累经验，寻找机会再次开始。

💬 对话空间

　　男生516宿舍对于张逸要不要加入张扬师兄的创业团队展开了热烈的讨论。

　　隋毅："以我对你的了解，这大概是你第一次这么苦恼，用心想这么久。我猜你是真的动心了。找到让自己动心的机会并不容易，所以我非常鼓励你加入，去追求你的梦想。"

　　贾道："创业就是一件高风险的事情。看之前的共享单车，也是大学生创业，融资上亿元，全球推广，现在怎么样？资本热度退去，共享单车行业都变得冷清起来。我劝你还是努力学习，安守本分最重要。"

　　甄力："我不可能去创业，对此我也没有什么高见，但是我建议你去咨询一下学校的创业辅导老师。我在就业中心勤工助学时，见到他辅导一些创业团队，讲得很专业。"

　　创业辅导老师："要不要创业，最终还是要张逸自己做出选择。我可以讲一讲我与大学生创业者这个群体接触时的一些感受。首先，我特别喜欢这群人，他们普遍都很实际，也很有活力；其次，他们的学习速度惊人，几个月不见，他们的变化往往让我对他们刮目相看。但是，创业最大的挑战还是心理上的，包括能不能承受压力，无论我怎样描述都不如你亲身体验更加真切和具体。你做好准备了吗？是否愿意在创业这条道路上走下去？"

● 价值引领 · · · · · · · · · · · · · ·

全国人大代表廖志略：推动特色产业发展，为乡村振兴贡献力量

　　"90后"廖志略是土生土长的广东化州人。2015年从广州华商职业学院毕业后，他毅然回到家乡，从事化橘红的种植工作，当起了"新农人"。几年间，他奔忙于田间地头，不断钻研种植技术，成立了种植专业合作社，带领上千名村民激活了没落已久的化橘红产业。

　　2023年，身为化州市培林橘红种植专业合作社社长的廖志略又多了一个新身份——全国人大代表，将农民群体的声音带上两会，为乡村特色产业发展发声。

　　廖志略从小跟着外公在田间地头干农活，学习化橘红传统炮制手艺。他坦言，化橘红几乎是当地每家农户都在种植的农作物。然而，随着生活水平不断提高，越来越少人愿意回到农村发展，果农也遇到了一大难题：销售难。这直接导致化橘红的种植面积越来越小。于是，在高考填写志愿时，他选择了对口的市场营销专业，期待学成归来为家乡尽一份力。合作社成立初期，廖志略便碰到了难题，许多果农因不信任不愿与合作社合作。但是廖志略没有气馁，他通过不同形式来收购果农们的鲜果，并尝试各种方式打开市场。2021年，廖志略开启了新的尝试，通过短视频进一步传播化橘红文化，逐渐收获了更多的消费者青睐。经过多年的努力，如今，合作社已经和当地1000多户果农建立深入的合作关系，其中不乏困难户和五保户，带动当地超3000人直接就业。

廖志略表示："回乡后，我将第一时间把会议精神带到田间地头，讲给身边的果农们听。同时，我将立足本职工作，振兴化橘红特色产业，为推动乡村振兴政策落地贡献一份力量。"